Simon Brown

Feng Shui ASTROLOGIE

W0371728

4	9	2
3	5	7
8	1	6

Entwickeln Sie Ihr volles Potential mit dem traditionellen Neun-Ki-System.

a life book

Gewidmet meinem Vater Michael Brown und
meinen Großmüttern Marjory Knox und Louise Brown

Die Originalausgabe erschien 1999 bei
Ward Lock
Wellington House
125 Strand
London WC2R OBB

© 1999 Text Simon Brown
© 1999 Illustration und Zusammenstellung Carroll & Brown, London

Deutschsprachige Ausgabe:
© 2000 Gräfe und Unzer Verlag GmbH, München

Alle Rechte vorbehalten. Nachdruck, auch auszugsweise, sowie die Verbreitung durch Film, Funk und Fernsehen, durch fotomechanische Wiedergabe, Tonträger und Datenverarbeitungssysteme jeglicher Art nur mit schriftlicher Genehmigung des Verlages.

Übersetzung aus dem Englischen: Martina Killmayer
Redaktion: Adriane Andreas
Satz und Herstellung: Renate Hausdorf
Projektleitung: Birgit Dollase
Umschlaggestaltung: Grafikhaus, München

ISBN 3-7742-1859-5

Printed in Great Britain

Inhalt

Was ist Feng Shui Astrologie?

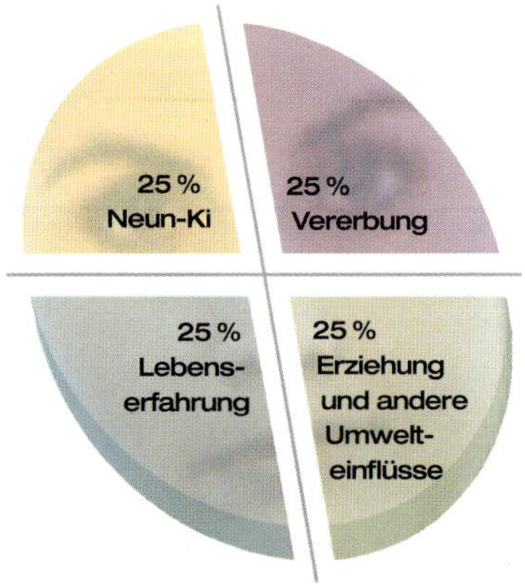

Einfluss der Neun-Ki Energie
Verschiedene Faktoren beeinflussen den Charakter eines Menschen mehr oder weniger stark. Vererbung, Erziehung und Lebenserfahrung spielen zusammen, dazu kommt die Wirkung von Neun-Ki. Wenn diese Einflüsse alle gleich stark wären, würden sie sich zueinander verhalten wie in der Abbildung oben.

Die japanische Feng Shui Astrologie, auch Neun-Ki Astrologie genannt, ist eine der ältesten astrologischen Schulen der Welt. Zugrunde liegt das Prinzip der sich endlos bewegenden Kraft »Ki«, die das Universum durchdringt. Zum Zeitpunkt Ihrer Geburt standen die Planeten in einer bestimmten Himmelsposition. Der von ihnen ausgehende Energiefluss ergab ein besonderes Muster, das auf Sie einwirkte. Die sich wandelnde Ki-Energie hat sich seither stets mit Ihrer persönlichen Energie vermischt und tut dies auch weiterhin. Welche Energien das sind, wie Zeit und Himmelsrichtungen sie verändern, wie sie auf Sie einwirken und Ihr Verhalten und Ihre Beziehungen zu anderen bestimmen, davon handelt dieses Buch.

Feng Shui Astrologie anwenden

Feng Shui Astrologie kann Ihnen helfen, mit den Kräften der Natur und der Energie des Ki besser umzugehen, die sowohl *für* Sie, aber auch *gegen* Sie gerichtet sein können. Sie bekommen wertvolle Informationen über Aspekte Ihres eigenen Charakters und Hilfestellung in verschiedensten Lebenssituationen. Feng Shui kann Ihnen auch helfen, andere besser zu verstehen. Vergessen Sie aber nicht, dass Menschen Individuen sind und viele Faktoren Persönlichkeit und Charakter ausmachen. Trotzdem wird es für Sie von Vorteil sein, wenn Sie mit Feng Shui Astrologie einen kleinen Einblick in Ihren eigenen Charakter oder den einer anderen Person bekommen. Die folgenden Beispiele zeigen, wie Feng Shui Astrologie Ihr Leben in vielen Bereichen günstig beeinflussen kann.

Familie Sie können mit Feng Shui Astrologie die beste Zeit für eine Schwangerschaft bestimmen. Oder wenn sich Ihr Kinderwunsch bisher nicht erfüllt hat, hilft es Ihnen vielleicht zu wissen, dass eine besonders günstige Zeit dafür noch kommen wird. Ebenso ist es möglich, durch Feng Shui Astrologie Gefühle und Verhalten Ihrer Kinder besser zu verstehen.

Ortsveränderung Mit einem Umzug entfernen Sie sich aus einem bestimmten Energiefeld und lassen sich in einem anderen nieder, was Ihr Leben nachhaltig verändern kann. Es ist wichtig in eine Himmelsrichtung umzuziehen, die Sie in einen Ki-Energiebereich bringt, der für Ihre Lebensziele günstig ist. Die Ki-Energien verändern jedes Jahr ihre Position nach einem feststehenden System. Sie können also herausfinden, welche Himmelsrichtung in einem bestimmten Jahr für Sie die günstigste ist oder welches Jahr am besten für den Umzug in eine bestimmte Richtung ist.

Partnerschaft Feng Shui Astrologie kann Ihnen nicht nur helfen, einen anderen Menschen besser zu verstehen, sie kann Ihnen auch zeigen, wie gut Ihre beiden Ki-Energien zusammenpassen. So können Sie die Bereiche herausfinden, in denen Sie gut harmonieren, und ebenso mögliche Konfliktfelder aufdecken. Mit Feng Shui Astrologie finden Sie etwa den besten Zeitpunkt für eine neue Partnerschaft, eine Verlobung oder Heirat. Und sie gibt Ihnen die Möglichkeit, Ihre Kinder oder Ihren Partner bei der Entfaltung ihrer Fähigkeiten zu unterstützen.

Karriere Feng Shui Astrologie unterstützt Sie bei Ihrer Karriereplanung und gibt Ihnen Hinweise, auf welchem Gebiet Sie am meisten Erfolg haben werden. Mit Feng Shui bestimmen Sie die besten Zeitpunkte für Entscheidungen, Veränderungen oder neue Initiativen. Denn manche Zeiträume sind günstiger als andere, um eine neue Karriere zu starten, mehr Anerkennung zu bekommen, nach einer Beförderung zu fragen oder Leitungsfunktionen zu übernehmen.

Beruf Wenn Sie daran denken sich selbständig zu machen, kann Ihnen Feng Shui bei der Planung helfen: der beste Zeitpunkt für den Start; wie Sie ein gutes Team zusammenstellen; der beste Moment für Expansion, Wettbewerb oder Personalaufbau; der richtige Termin für den Eintritt in einen neuen Markt oder für Absatzsteigerung; der optimale Zeitpunkt für PR-Maßnahmen, den Gang an die Börse, Kreditaufnahme oder Verkauf des Geschäfts; die richtige Zeit für innere Entwicklung oder die Konzentration auf Kundenbeziehungen – all diese Entscheidungen können mit der Anwendung von Feng Shui Astrologie optimiert werden. Das Gleiche gilt für Entscheidungen über Ort und Zeit von Zweigstellengründungen oder einen neuen Firmenstandort.

Reisen Soweit es möglich ist, sollten Sie vor einer Reise den besten Tag oder Monat dafür bestimmen. Vor allem dann, wenn es in Bezug auf Beruf oder Familie eine wichtige Reise ist, wenn es etwa um Vertragsabschlüsse, Eigentumserwerb, ein wichtiges Geschäftsgespräch, einen Interviewtermin, einen Vortrag, ein erstes Treffen mit den Schwiegereltern oder einen Heiratsantrag geht. Da die Himmelsrichtung eine wichtige Rolle spielt, würden Sie idealerweise eine für Sie günstige Reiserichtung wählen, in der Realität ist dies jedoch nicht immer umzusetzen. Wenn Sie häufig reisen, sollten Sie Feng Shui Astrologie aber dazu nutzen, um öfter günstige Richtungen zu wählen und Himmelsrichtungen mit möglicherweise schädlichen Auswirkungen zu meiden.

Grundlagen der Feng Shui Astrologie

Teil eins

Feng Shui Astrologie kann Ihnen helfen, zur richtigen Zeit am richtigen Ort zu sein und so das Beste aus Ihren Chancen zu machen. Um dies zu lernen, brauchen Sie zunächst Basiskenntnisse über Feng Shui Astrologie: über die Ki-Energie, Yin und Yang, die fünf Elemente, die acht Richtungen und das magische Quadrat.

Die Ki-Energie

In vielen Teilen der Welt glauben die Menschen, dass es eine unsichtbare Energie gibt, die durch das Universum fließt: durch ihren Körper, ihre Nahrungsmittel, ihr Haus, ihr Büro und durch die Luft, die sie umgibt. Diese Energie wird in Japan »Ki« genannt, in China »Chi« und in Indien »Prana«. In diesem Buch wird sie als Ki bezeichnet, weil die Art der Feng Shui Astrologie, um die es hier geht, hauptsächlich in Japan praktiziert wird.

Genau wie andere Kräfte der Natur ist das Ki nicht statisch. Es bewegt sich von einer Person oder einem Gegenstand zum anderen durch feste Materie und durch die Atmosphäre hindurch. Diese konstante Bewegung führt dazu, dass Ihre persönliche Energie sich fortwährend mit dem Ki um Sie herum vermischt. Das der Feng Shui Astrologie zugrunde liegende Konzept ist, dass Sie durch das Verständnis der Ki-Bewegung im Raum Ihr Leben so planen können, dass das Sie umgebende Ki sich harmonisch mit Ihrem persönlichen Ki verbindet und Ihnen Gesundheit und Glück bringt.

Um die Bewegungen des Ki zu verstehen, sollten Sie wissen, wie die Ki-Energie im Universum fließt. Die Erde sendet Wellen von spiralförmiger Ki-Energie in das Weltall aus. Ebenso befinden sich die übrigen Planeten in einem permanenten Prozess von Aufnehmen, Umwandeln und Aussenden von Energie. Indem die Erde sich um die Sonne dreht, ändert sich ihre Position im Verhältnis zu den anderen Planeten, so dass deren Ki-Energie jeden Tag zur Ki-Energie der Erde auf andere Weise in Beziehung steht. Da die Bewegungen der Planeten zyklisch sind, gilt das Gleiche für den Fluss der Ki-Energie. Er folgt einem Neun-Jahres-Zyklus und innerhalb dessen weiteren monatlichen, täglichen und sogar stündlichen Zyklen (siehe Seite 108).

In der Feng Shui Astrologie gibt es neun verschiedene Typen der Ki-Energie, die jeweils bestimmten Jahren, Monaten, Tagen und Stunden zugeordnet sind. Die zum Zeitpunkt Ihrer Geburt vorherrschende Energie formt Ihren Charakter, beeinflusst die Art, wie Sie Dinge tun und wie Sie Ihr Leben führen. Sie legt auch fest, wie Sie auf die anderen Ki-Energien reagieren. Mit Hilfe Ihres persönlichen Feng Shui Geburtshoroskops (siehe Seite 34–73) lernen Sie die Besonderheiten der neun verschiedenen Ki-Energien kennen und welche Rolle sie in Ihrem Leben spielen. Auf diese Weise können Sie für sich eine Strategie finden, die Ihr Leben erfolgreicher machen wird.

In jedem Jahr herrscht eine andere Energieform vor, beeinflusst Ihre persönliche Ki-Energie und bestimmt damit, ob es für Sie gut oder schlecht ist, ein neues Vorhaben anzugehen. Wenn Sie diese Energie zu Ihrem Vorteil nutzen, werden Sie merken, dass es für bestimmte Dinge einfacher ist, mit der Strömung zu fahren als dagegen. Feng Shui Astrologie kann Ihnen entscheidende Hinweise geben, wenn es um die Planung von bedeutenden Ereignissen geht, etwa den Beginn eines neuen Jobs, Heirat oder Umzug.

Es wird oft gesagt, dass man für Erfolg im Leben nur zur richtigen Zeit am richtigen Ort zu sein braucht, gute Kontakte und etwas Glück haben muss. Wenn Sie lernen, Ihr Geburtshoroskop entsprechend zu deuten (siehe Seite 34–73), werden Sie in Zukunft zur richtigen Zeit am richtigen Ort sein und sich dies kostbare Glück erobern!

Die persönliche Ki-Energie

Das Geburtsdatum, nicht der Zeitpunkt der Empfängnis, bestimmt Ihre persönliche Ki-Energie. Bis zum Tag der Geburt waren Sie in die Ki-Energie Ihrer Mutter eingebettet..

Die Energiezentren des Körpers

Die Ki-Energie fließt durch den ganzen Körper, aber sie konzentriert sich in sieben Zentren, auch Chakren genannt. Diese sieben Chakren befinden sich am Scheitel, zwischen den Augen, an der Kehle, über dem Herzen, am Solarplexus, unterhalb Ihres Nabels und im Dammbereich.

Yin und Yang

Diese beiden asiatischen Wörter beschreiben die gegensätzliche und sich dabei ergänzende Natur der Energie, die das ganze Universum durchströmt. Allgemein gesagt beschreibt Yin eine eher passive Energieform, während Yang für Aktivität steht. Yin und Yang sind in allem, was in der Welt existiert. Das heißt, Sie selbst und Ihre Umgebung bestehen immer aus einer Kombination dieser beiden Qualitäten – wobei manche Dinge mehr »yin« andere eher »yang« sind. Das betrifft sowohl Ihren körperlichen, geistigen und seelischen Zustand als auch die Nahrung, die Sie essen, die Gebäude, in denen Sie wohnen und arbeiten, Ihre Handlungen und Ihren Lebensstil.

Auch die Traditionelle Chinesische Medizin basiert auf dem Konzept von Yin und Yang. Wenn eine Person zum Beispiel über Schwäche, Lethargie oder Depression klagt, ist sie wahrscheinlich zu sehr yin. Um dieses Ungleichgewicht zu beheben, würde die Behandlung »mehr Yang einnehmen« beinhalten: Durch Essen von Yang-Nahrung (wärmendes, stärkendes Essen), sportliche Yang-Übungen und strukturierte, regelmäßige Lebensführung soll wieder eine gesunde Balance erreicht werden.

Die Vorstellung von Yin und Yang hilft auch, die Veränderungen im Zyklus der Ki-Energie zu verstehen, die wir alle immer wieder spüren. Die sich fortwährend wandelnde Ki-Energie ist mal mehr yin oder yang, je nach Tageszeit, Mondphase oder Jahreszeit. Wenn Sie also verfolgen, wie das Ki sich innerhalb eines Zeitraums verändert, können Sie sich auf die gerade vorherrschende Ki-Energie einstellen, sowohl bei Ihrer Planung als auch beim Lösen von Problemen.

Eine ausgewogene Partnerschaft

Yin-und-Yang-Persönlichkeiten, wie Laurel und Hardy, sind oft gute Partner, sowohl beruflich als auch privat.

Der Energiewandel während des Tages

Yin und Yang verändern sich mit dem Tagesablauf: Der Mittag hat zum Beispiel die meiste Yang-Atmosphäre, während Mitternacht vor allem ying ist. Nachts ist die Zeit der Yin-Energie, was ideal zum Schlafen ist (obwohl manche Menschen ihre kreativste Zeit in der Nacht haben und dies für sie zum Schreiben von Gedichten oder Musik oder für Romanideen die beste Zeit ist). Es ist auch eine Zeit, in der es Ihnen leichter fallen wird, tief in sich hineinzuschauen und nach Antworten für Ihr Leben zu suchen. Im Verlauf der Nacht nimmt der Yin-Einfluss ab.

Wenn die Sonne am Horizont aufgeht, beginnt eine starke Yang-Energie, die mit Aufstehen, dem Tagesbeginn und Aktivsein verbunden ist. Während des Morgens nimmt die Yang-Energie weiter zu, was den Tagesanfang zu einer guten Zeit für Yang-Aktivitäten wie Körperübungen, geistige Arbeit, Zielstrebigkeit, Konzentration und den Beginn neuer Projekte macht. Mittags erreicht die Yang-Energie in der Umgebung ihren höchsten Punkt.

Dann jedoch verändert sich die Energie schnell und wird mit der sinkenden Sonne mehr und mehr yin. Sie können diese sich beruhigende Phase nutzen, um Ihre Arbeit vom Morgen zu überprüfen, eher praktische Tätigkeiten auszuführen und etwas realistischer zu werden. Die starke Ki-Energie bei Sonnenuntergang ist hilfreich für das Abschließen von Projekten, das Gefühl von Belohnung für die Arbeit des Tages und Vorfreude auf den Feierabend.

Der Energiewandel während des Mondzyklus

Die Nacht wird primär vom Mond beeinflusst. Im Gegensatz zur Sonnenenergie, die stark yang ist, ist die Mondenergie vor allem yin. Während jedes Mondzyklus stehen Sie unter dem Einfluss der verschiedenen Mondphasen. Ein Vollmond macht Ihr Verhalten mehr yang, während ein Neumond einen Yin-Effekt hat. Interessanterweise scheinen bestimmte Ereignisse mit größerer Wahrscheinlichkeit an oder um den Vollmond herum aufzutreten, wie zum Beispiel Autounfälle oder der Beginn der Wehen bei Schwangeren, da sie alle mit Yang-Verhalten verbunden sind. In den Tagen vor dem Vollmond, wenn die Energie überwiegend yang ist, fühlen Sie sich eher aktiv, unternehmungslustig und kommunikativ. Deshalb ist diese Zeit des Mondzyklus ideal für Partys, PR-Events und Ausstellungen. Andererseits sind diese Tage eher ungünstig für Yin-Aktivitäten wie Heilung, Therapie und Meditation.

Der Energiewandel während der Jahreszeiten

Yin und Yang verändern sich auch mit den Jahreszeiten: Der Winter hat viel Yin-, der Sommer sehr viel Yang-Energie. Die Yin-Energie von Herbst und Winter ist gut geeignet, um Erfolge abzusichern, praktisch zu arbeiten und Projekte abzuschließen, während die Yang-Zeiten des Frühlings und Sommers gut sind, um neue Wege zu erkunden, geistig aktiv zu sein und ehrgeiziger zu werden. Darüber hinaus hat jemand, der im Winter geboren ist, eher einen Yang-Charakter als jemand, der im Sommer geboren ist, weil die Mutter während ihrer Schwangerschaft mehr Yang-Nahrung zu sich genommen hat, die auf ihr Baby einen Yang-Einfluss ausübt.

Geographische Einflüsse

Das Prinzip von Yin und Yang kann auch auf die geographische Lage angewendet werden. Jemand, der in einem kälteren Klima geboren wurde und dort lebt, wird stärkere Yang-Eigenschaften haben als jemand, der aus einem warmen Klima kommt. Kinder, die in einem kälteren Klima aufwachsen, essen viel wärmende Yang-Nahrung wie Brei, Eintöpfe und dicke Suppen, während Kinder aus einem warmen Klima sich mehr von kühlender Yin-Nahrung wie Salaten, Früchten und Säften ernähren.

Die fünf Elemente

Welches Element sind Sie?

Um Ihr Element herauszufinden, suchen Sie Ihren Zahlencode (ab Seite 20). Die Zuordnung der Elemente zu den Zahlen sehen Sie oben.

In der Feng Shui Astrologie gibt es fünf Lebenskräfte oder »Elemente«: Erde, Holz, Feuer, Metall und Wasser. Alles im Universum – die Jahreszeiten, die Farben, menschliche Eigenschaften – kann einem dieser fünf Elemente zugeordnet werden. Auch jede der neun verschiedenen Arten der Ki-Energie findet in einem Element seine Entsprechung. Eines der fundamentalen Prinzipien der Feng Shui Astrologie ist die Art, wie die fünf Elemente zusammenspielen. Bei jeder Person herrschen Charakterzüge eines bestimmten Elements vor. Wenn Sie wissen, welche Elemente sich fördernd oder störend zueinander verhalten, können Sie voraussagen, wie Menschen mit unterschiedlichen Ki-Energien miteinander auskommen werden.

Die Abbildung rechts zeigt, wie die Elemente zueinander in Beziehung stehen. Der Energiefluss im Uhrzeigersinn von einem Element zum nächsten wird auch der »generative Zyklus« genannt. Jedes Element unterstützt das nachfolgende und kommt in diesem Prozess zur Ruhe – wird unter extremen Bedingungen aber auch ausgelaugt. Zum Beispiel kann jemand mit Feuer-Energie einen anderen mit Erd-Energie unterstützen, wird aber möglicherweise durch diese Beziehung auch geschwächt. Die sternförmigen

Das Zusammenspiel in der Partnerschaft auf der Basis der Fünf Elemente

Wasser – Wasser Die beiden Partner haben ein sehr enges Verhältnis, sollten aber das Bedürfnis des anderen respektieren, auch mal Zeit allein zu verbringen. Das könnte bedeuten, dass sie sich zeitweise wenig sehen.

Wasser – Holz Dies ist eine harmonische Beziehung, in der die Person mit der Wasser-Energie unabhängig ist und gleichzeitig die tatkräftige und karriereorientierte Person mit der Holz-Energie unterstützt.

Wasser – Feuer In einer solchen Verbindung kann sich der Partner mit der Feuer-Energie manchmal behindert, der Wasser-Partner dagegen unterlegen fühlen. Gemeinsame Aktivitäten werden zu mehr Holz-Energie führen, was die Beziehung harmonischer macht.

Wasser – Erde Der Erde-Partner ist in der Beziehung abhängiger, vorsichtiger und ängstlicher und behindert unter Umständen den unabhängigen Geist seines Wasser-Partners. Mehr Metall-Energie (materieller Wohlstand) macht diese Kombination harmonischer.

Wasser – Metall Eine harmonische Partnerschaft: Menschen mit Metall-Energie mögen Liebe und Zuneigung, Menschen mit Wasser-Energie sind von Natur aus liebevoll. Beide müssen jedoch mit ihrer Zuneigung großzügig umgehen, um die Beziehung zu erhalten.

Holz – Holz Diese Beziehung basiert auf viel Verständnis füreinander und beide Partner können ihrer Karriere nachgehen, ohne einander zu behindern. In einer sehr karriereorientierten Beziehung kann es jedoch an Leidenschaft, Intimität und Liebe mangeln.

Holz – Feuer Ein Mensch mit Holz-Energie bringt in die Beziehung Tatkraft und Initiative ein, während der Feuer-Partner den aktiven unternehmungslustigen Lebensstil des Paares organisiert, was beiden gefällt.

Linien innerhalb des Kreises zeigen den so genannten »destruktiven Zyklus«, in dem jeweils zwei nicht benachbarte Energien in Beziehung stehen.

In einer Partnerschaft, in der zum Beispiel Erde- und Wasser-Energien aufeinander treffen, können die Partner sich immer wieder in turbulente Situationen verwickeln, in denen sie sich gegenseitig kontrollieren, hemmen und frustrieren. Um miteinander auszukommen, müssen sie viele Kompromisse schließen und die Verschiedenheit des anderen akzeptieren lernen. Sie haben aber auch den Vorteil einer anregenden Beziehung und die Chance, sich gegenseitig Erfahrungen zu bieten, die sie alleine nicht machen würden.

In einer Gruppe von Menschen, etwa am Arbeitsplatz oder in einer großen Familie, wird es wahrscheinlich eine Mischung aller fünf Elemente geben, was das Harmoniepotential fördert. Es kann für zwei Menschen, die allein miteinander leben, langfristig schwieriger sein, eine harmonische Beziehung zu führen, außer sie haben besonders gut harmonierende Ki-Energien. Die Erfolgschancen für zwei Menschen mit demselben Element sind gut, da sie einander wahrscheinlich verstehen, allerdings mit dem Risiko, dass die Beziehung irgendwann stagniert.

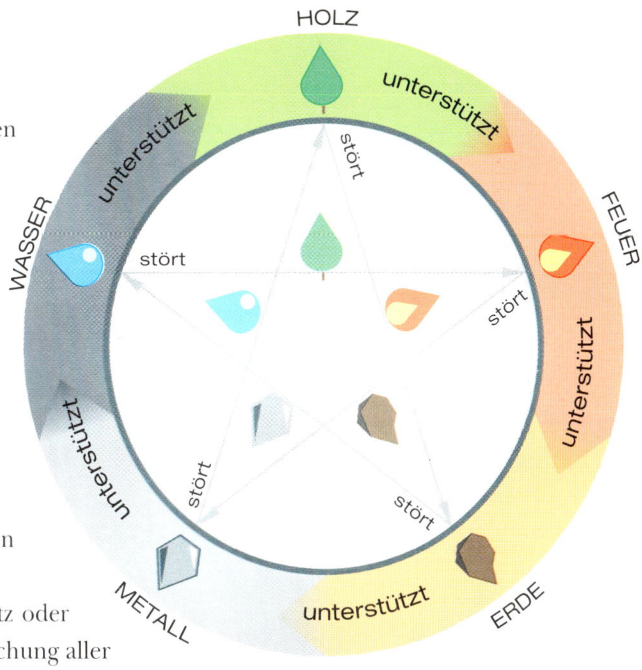

Unterstützend oder störend?
Jedes Element hat eine unterstützende Beziehung zu den beiden Elementen an seiner Seite, verhält sich aber zerstörerisch gegenüber den anderen.

Holz – Erde Eine Person mit Holz-Energie könnte seinen Erd-Energie-Partner dominieren und mit dessen Langsamkeit manchmal die Geduld verlieren. Ein aktives gemeinsames Privatleben ist der Schlüssel zu mehr Harmonie.

Holz – Metall Der Partner mit Metall-Energie könnte für den eher unbekümmerten Lebensstil des Holz-Partners zu diszipliniert sein. Mehr Sexualität schafft mehr Wasser-Energie und damit mehr Harmonie.

Feuer – Feuer Eine gefühlvolle und leidenschaftliche Beziehung. Streit kann häufige Trennungen bringen, obwohl sich die beiden bald wieder versöhnen.

Feuer – Erde Dies ist eine ausgeglichene Beziehung, in der der Erde-Partner die emotionalere Seite des Feuer-Partners beruhigt. Beiden ist gemeinsam, dass sie mit Beziehungen sorgfältig umgehen.

Feuer – Metall Der gefühlvollere und spontanere Feuer-Mensch findet vielleicht seinen Metall-Partner manchmal zu pedantisch und reserviert. Mehr Erde-Energie (zum Beispiel ein Hausbau) würde hilfreich sein.

Erde – Erde Die Partner teilen viele gemeinsame Werte und verstehen einander gut. Andererseits könnte es ihnen miteinander langweilig werden, so dass sie sich nach anregenderer Gesellschaft umsehen.

Erde – Metall In dieser Partnerschaft fühlen sich beide aufgehoben. Beide haben eine langfristige Lebensplanung und wachsen in der Beziehung immer näher zusammen.

Metall – Metall Durch das beiderseitige Interesse an Wohlstand, Lebensstil und Genuss passen die Partner gut zusammen. Wenn sie sich nicht binden wollen, kann es aber auch eine unsichere Beziehung sein.

Die acht Richtungen

Die acht Himmelsrichtungen

Der Feng Shui Kompass unterteilt den Kreis in acht ungleiche Segmente. Norden ist dabei immer unten, so wie es auf alten orientalischen Landkarten üblich war.

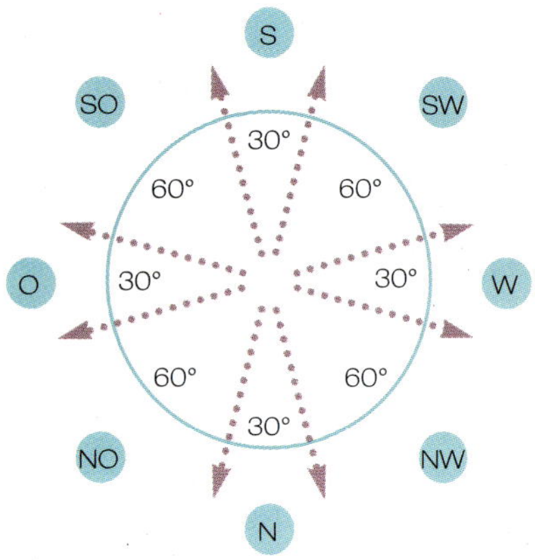

Umzug in ein neues Haus

Zeitpunkt und Himmelsrichtung eines Umzugs wirken sich darauf aus, wie Sie die neue Ki-Energie vertragen.

Ein wichtiger Aspekt in der Feng Shui Astrologie ist die Bedeutung der acht Richtungen. Sie sind die Basis für die so genannte Kompass-Schule im Feng Shui. Dieses sehr differenzierte Verständnis der Ki-Energie bezieht den Raum und den Standort mit ein. (Der im Feng Shui gebräuchliche Kompass ist in verschieden große Segmente von je 30° und 60° aufgeteilt. Die 30°-Segmente zeigen nach Norden, Osten, Süden und Westen, die 60°-Segmente Richtung Nordost, Südost, Südwest und Nordwest.) Jede der acht Richtungen ist mit einer anderen Art von Energie verbunden und hat deshalb eine andere Bedeutung für Ihre persönlichen Ziele.

Jedes Jahr passt Ihre eigene Ki-Energie mit einer oder mehreren der acht Richtungsenergien besonders gut zusammen. Mit dem jährlichen Wechsel des Ki-Energie-Musters ändern sich jedes Jahr auch die für Sie günstigen Richtungen. Wenn Sie den besten Zeitpunkt für eine wichtige Entscheidung bestimmen, sollten Sie das Wissen über die Einflüsse der Himmelsrichtungen mit einbeziehen. So können Sie nicht nur herausfinden, wann Sie am besten einen neuen Job anfangen, sondern auch, wohin Sie sich auf der Suche nach diesem Job am besten ausrichten. Sie können die Ki-Energie der acht Richtungen auch in einem größeren geographischen Zusammenhang nutzen, zum Beispiel bei der Planung einer großen Reise.

Das Konzept der acht Richtungen hat noch andere Aspekte, die über Reisen oder Ortswechsel hinausgehen: Es kann Ihnen bei persönlichen Lebensentscheidungen oder bei der Lösung von Problemen helfen. Wenn Sie sich zum Beispiel ein Kind wünschen und an einen Umzug denken, wäre es günstig, nach Norden zu ziehen, da diese Richtung in der Feng Shui Astrologie mit Empfängnis verbunden ist. Sie können stattdessen auch versuchen, Ihre Energien zum Norden Ihres Hauses hin auszurichten – indem Sie dort neu einrichten, einen Frühjahrsputz machen oder ein paar schöne Pflanzen aufstellen.

Mit jeder Richtung sind bestimmte Vorhaben verbunden – mit Südosten zum Beispiel Kreativität, mit Westen Liebe. Wenn Sie ein bestimmtes Ziel erreichen wollen, schauen Sie auf Seite 122 nach der zugehörigen Himmelsrichtung. Sie könnten dann beispielsweise beim Schlafen so liegen, dass der Kopf in die betreffende Richtung zeigt, was Sie leichter zum Ziel bringen wird.

Jede Himmelsrichtung ist nicht nur mit einer der neun Ki-Energien verbunden, sondern auch mit einem der fünf Elemente und einer bestimmten Tageszeit und Jahreszeit, in der die Energie dieser Richtung am aktivsten ist (siehe Seite 74–93).

Das Magische Quadrat

Wie Sie inzwischen gesehen haben, gibt es viele verschiedene Aspekte in der Feng Shui Astrologie – aber das Magische Quadrat verbindet sie alle. Das Magische Quadrat hat nach der Überlieferung seinen Ursprung im Norden Chinas, wo um 4000 v. Chr. ein Mann namens Fu Hsi dadurch bekannt wurde, dass er zum Schutz gegen die bis dahin regelmäßigen Überschwemmungen die Ufer des Flusses Lo befestigen ließ. Eines Tages, als Fu Hsi am Ufer des Flusses meditierte, bemerkte er eine Schildkröte, die aus dem Wasser kroch. Auf ihrem Rücken sah er ein merkwürdiges Muster aus Wassertropfen, das ihn sehr erstaunte. Der Panzer der Schildkröte hatte die Form eines Quadrats, das in neun Felder aufgeteilt war, und jedes Feld enthielt eine Gruppe von Tropfen, die je eine Zahl zwischen 1 und 9 ergab. Was das Quadrat magisch macht, ist die Anordnung der Zahlen: Jede Zahlenreihe ergibt immer die Summe 15, sowohl in horizontaler als auch vertikaler oder diagonaler Richtung (siehe rechts).

Fu Hsi versammelte später viele Schüler um sich und versuchte, ein schlüssiges System zu finden, das alle aus dem Quadrat sich ergebenden philosophischen Fragen erklärt. Schließlich wurde jede Zahl des Magischen Quadrats in Bezug gesetzt zu Yin und Yang, zu einem der fünf Elemente (Wasser, Holz, Feuer, Erde und Metall) und zu einer der acht Himmelsrichtungen. Daraus ergibt sich, dass jede Zahl einen in sich abgeschlossenen Charakter beschreibt und eine besondere Art von Ki-Energie hat. Indem er dieses alte Wissen zusammenfasste, entwickelte Fu Hsi ein machtvolles Instrument zum Verständnis des Universums und allem, was darin enthalten ist. Auch Sie können Zugang zu dieser Macht finden, indem Sie die Feng Shui Astrologie dazu nutzen, Ihrem Leben eine Richtung zu geben.

Nach den Regeln der Feng Shui Astrologie können Sie mit dem Magischen Quadrat, das sowohl als Landkarte als auch als Zeitplan dienen kann, die Bewegungen Ihrer Ki-Energie für jedes Jahr, jeden Monat, jeden Tag und jede Stunde bestimmen. So können Sie vorausberechnen, was Sie am besten wann tun (wobei das Jahr den größten Einfluss hat, die Stunde den kleinsten). Die Anordnung der Zahlen im Magischen Quadrat stellt das vorherrschende Muster der Ki-Energie in jedem Jahr des Neun-Jahres-Zyklus dar (siehe Seite 118–125). Das Muster ändert sich jedes Jahr und wird dann durch ein anderes Quadrat repräsentiert. Die neun Zahlen des Magischen Quadrats sind den neun einflussreichsten Planeten zugeordnet – Sonne, Mond, Venus, Jupiter, Saturn, Mars, Neptun, Uranus und Pluto. Die sich verändernde Stellung der Himmelskörper zueinander spiegelt sich in den verschiedenen Mustern der Neun-Ki Zahlen wider (siehe Seite 118–125).

Die Schildkröte des Fu Hsi

Mit dem Magischen Quadrat können Sie die zum Zeitpunkt Ihrer Geburt vorherrschenden Ki-Energien berechnen, was Ihnen bei wichtigen Lebensentscheidungen helfen wird.

Ihr Neun-Ki Zahlencode

Teil zwei

Die drei Zahlen, aus denen Ihr individueller Code besteht, werden aus Ihrem Geburtsjahr, Geburtsmonat und einer Kombination dieser beiden Zahlen errechnet. Jede Zahl gibt Einblicke in spezifische Aspekte Ihres Charakters und ermöglicht Aussagen über Ihre erfolgreichsten Lebensstrategien. Ihren Zahlencode finden Sie mit einem Blick auf Seite 20.

Ihre Neun-Ki Jahreszahl

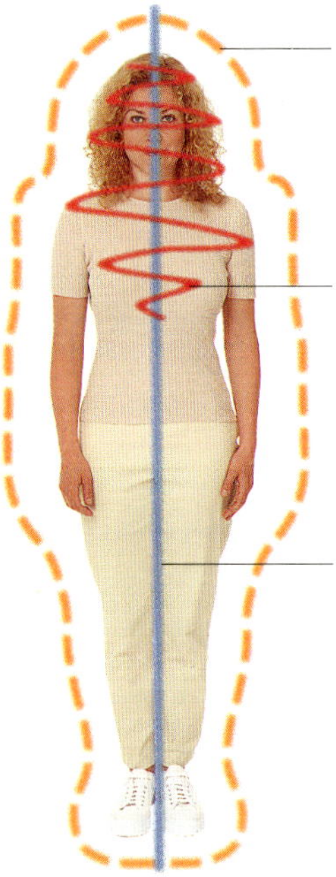

Die Achsenzahl repräsentiert die Ki-Energie, die die Oberfläche Ihres Körpers umgibt.

Die Monatszahl repräsentiert die Ki-Energie Ihres Verstandes, Ihrer Emotionen und der Körperteile.

Die Jahreszahl repräsentiert die Ki-Energie des zentralen spirituellen Kanals.

Die Neun-Ki Jahreszahl repräsentiert sowohl Ihre Charaktereigenschaften als auch Ihre inneren Werte und Ihre innerste Natur. Jemand mit der Neun-Ki Jahreszahl Acht zum Beispiel wird immer eine sehr zielorientierte Natur haben, während jemand mit einer Sechs als Jahreszahl Würde, Aufrichtigkeit und Respekt schätzt. Diese grundlegenden Werte begleiten einen Menschen von der Geburt bis ins hohe Alter.

Die Kenntnis Ihrer Neun-Ki Jahreszahl liefert Ihnen auch wichtige Informationen darüber, wie Sie im Leben vorwärts kommen können (siehe Tabelle gegenüber). Das ist besonders hilfreich für langfristige Planungen. Als Person mit der Jahreszahl Eins sind Sie zum Beispiel am besten beraten, wenn Sie Ihre Karriere langsam aufbauen. Wasser ist das mit der Zahl Eins verbundene Element: Man kann diese Strategie mit einem kleinen Bach vergleichen, der langsam, aber stetig zu einem mächtigen Fluss wird. Menschen mit der Jahreszahl Eins sollten sich keine Sorgen machen, wenn ein Freund mit der Jahreszahl Drei zunächst schneller vorwärts kommt und mehr zu erreichen scheint. Später im Leben, wenn die Zahl Drei müde sein wird, können Sie Ihre Kraft immer noch erweitern.

Eigenschaften der Jahreszahlen

	ERFOLGREICHE LEBENSSTRATEGIE	BEGABUNG/ MÖGLICHE BERUFE	INNERSTE NATUR
1	langsame Entwicklung von wachsender Kraft Flexibilität	künstlerisch/ Medizin Heilberufe	reserviert verschwiegen spirituell
2	Zuverlässigkeit tätige Hilfe Beständigkeit zunehmende Qualität	heimorientiert, familienorientiert/ Gastronomie Arbeit mit Menschen Pflegeberuf	praktisch abhängig familienorientiert mütterlich fürsorglich
3	schneller Start Vorwärtsdrängen Projekte realisieren	sorgfältig, vorne an der Front/ Wissenschaft Design Progressive Kunst	ehrgeizig progressiv begeisterungsfähig aktiv dynamisch
4	Harmonie fortschrittliche Haltung Vorausplanung	kreativ/ Medien Reisen Vertrieb Kommunikation	kreativ sensibel hartnäckig überraschend stark entschlossen
5	den Standpunkt ändern Chancen bekommen Ruhezeiten nutzen	Zentrum der Aufmerksamkeit, die treibende Kraft/ Politik, Business Gastronomie	mächtig zu Extremen neigend eigensinnig sehr moralisch stagnationsanfällig
6	langfristig Planen methodisches Vorgehen Stetigkeit	intuitiv/ Management Verwaltung Leitende Funktionen Selbständigkeit	ehrenhaft vertrauenswürdig gewissenhaft verantwortlich Respekt einflößend
7	positives Denken auf Erfolge hinarbeiten durch Wohlstand motiviert sein	gründlich/ Finanzen Entertainment Management	Vergnügen suchend jugendlich spielerisch stilvoll charmant
8	neue Gelegenheiten suchen plötzliche Veränderungen schnelle Bewegung	konkurrenzorientiert, spekulativ/ Immobilien Geldanlagen Handel	hart arbeitend eigenmotiviert zugewandt spielerisch
9	sich von Emotionen leiten lassen Energieschübe haben soziale Vernetzung	gesellig/ Handel Öffentliche Ämter Zukunftstrends	leidenschaftlich stolz auffallend schnell

So berechnen Sie Ihre Jahreszahl

Sie können Ihre Jahreszahl mit einem Blick bestimmen, wenn Sie auf Seite 20 nachschauen. Wenn Sie sie selbst berechnen möchten, müssen Sie zunächst die letzten beiden Zahlen Ihres Geburtsjahres zu einer Zahl addieren. Zum Beispiel: Wenn Sie im Jahr 1962 geboren sind, dann 6+2=8. Wenn Sie 1969 geboren sind, dann 6+9=15, 1+5=6. Sind Sie zwischen dem 5. Febr. 1900 und dem 4. Febr. 2000 geboren, dann ziehen Sie nun diese Zahl von 10 ab. Nach dem 4. Febr. 2000 Geborene ziehen sie von 9 ab. Also hat eine Person mit dem Geburtsjahr 1969 die Neun-Ki Jahreszahl 4 (6+9=15; 1+5=6; 10–6=4). Anders als der westliche Kalender beginnt der Neun-Ki Kalender erst am 3., 4. oder 5. Februar. Wenn Sie also zwischen dem 31. Dez. und dem 3., 4. oder 5. Febr. geboren sind, gehört Ihre Jahreszahl noch zum vorhergehenden Jahr. Zum Beispiel hat jemand mit dem Geburtsdatum 10. Jan. 1958 die Jahreszahl 7, die Jahreszahl von 1957 (in der Tabelle auf Seite 20 ist das bereits berücksichtigt).

Mit Hilfe Ihrer Neun-Ki Jahreszahl können Sie einiges über Ihre Eigenschaften und über Ihre Lebenschancen erfahren.

Spieler im Team

Ihre Monatszahl zeigt Ihre Charakterstärken. Für ein erfolgreiches Team ist es wichtig, dass eine große Bandbreite an Monatszahlen vertreten ist. Sie können entweder Ihre Monatszahl selbst ausrechnen oder auf Seite 20 nachschauen.

Wenn dagegen die Drei Ihre Jahreszahl ist und Sie Erfolge in den Anfangsjahren genießen, wäre es klug, sich abzusichern und einen Teil Ihres Vermögens für spätere Jahre aufzubewahren.

Ihre Jahreszahl wird Ihnen dabei helfen, Entscheidungen für eine langfristig erfolgreiche Karriere zu treffen. Für Erfolg und die eigene Zufriedenheit ist es sehr förderlich, eine Laufbahn zu finden, die die natürlichen Stärken zum Zug kommen lässt. Wenn zum Beispiel Ihre Jahreszahl Neun ist, würde eine Karriere im Bereich von Verkauf, PR oder Werbung zu Ihnen passen. Weitere Informationen dazu finden Sie auf Seite 25–33.

Was Liebe und Partnerschaft angeht, so können Sie aus den Jahreszahlen ersehen, wie sich die Partnerschaft langfristig entwickeln wird, ob sich die Partner tendenziell aufeinander zu oder auseinander bewegen werden. Die Beziehung zwischen einer Sechs und einer Sieben (beides Zahlen mit Metall-Energie) wird über die Jahre eher enger werden, da sie gemeinsame Erfahrungen und Verständnis füreinander teilen. Dagegen wird eine Partnerschaft zwischen einer Drei und einer Zwei (Holz- und Erde-Energien) eher distanzierter werden, da jeder sich in Richtung seiner ureigenen, jeweils andersartigen Ziele weiterentwickelt. Mehr Informationen über Partnerschaft auf den Seiten 94–106.

Ihre Neun-Ki Monatszahl

Die Monatszahl bezieht sich vor allem auf die Art, wie Sie denken, kommunizieren und fühlen. In dieser Hinsicht hat sie den größten Einfluss darauf, wie Sie sich im Alltag verhalten, und ist daher für Beziehungen zu anderen Menschen besonders wichtig.

Ihre Monatszahl kann Ihnen zeigen, wie Sie Ihre Ideen und Gefühle am besten ausdrücken. Darüber hinaus gibt sie Ihnen die Möglichkeit, andere besser zu verstehen und mit ihnen erfolgreicher zu kommunizieren, was häufig über Erfolg oder Misserfolg einer (Liebes-)Beziehung entscheidet. Wenn Sie zum Beispiel die Monatszahl Drei haben, werden Sie eher direkt sein und gleich auf den Punkt kommen. Es ist nicht Ihre Natur, taktvoll zu sein. Eine Person mit der Zahl Vier dagegen wird diesen Kommunikationsstil persönlich nehmen, weil sie empfindlicher ist. Das Wissen über die Natur von Menschen mit der Zahl Drei kann jedoch Verletzungsgefühle mildern.

Schauen wir uns ein anderes Beispiel an: ein Paar mit den Monatszahlen Neun und Fünf. Nach den Fünf Elementen (siehe Seite 10) ist diese Beziehung harmonisch. Die Person mit der Zahl Fünf jedoch drückt sich direkt und deutlich aus, während die Person mit der Monatszahl Neun mehr zu emotionalen und explosiven Reaktionen neigt. So eine Beziehung kann Anlässe bieten für feurige Auseinandersetzungen und emotionale Aufregung, besonders wenn die eher direkte Person ihren Partner kritisiert. In dieser Partnerschaft müssen beide eine strukturiertere Art von Kommunikation finden, besonders wenn sie aufeinander ärgerlich sind. Es könnte

Eigenschaften der Monatszahlen

	VERSTAND	KOMMUNIKATION	GEFÜHL
1	objektiv unabhängig rational	flüssig offen natürlich	tief emotional versteckt
2	methodisch praktisch realistisch	sorgfältig taktvoll verständlich	fürsorglich abhängig freundlich
3	präzise konzentriert zukunftsorientiert	zielgerichtet offen anmaßend	sehr angespannt selbstsicher begeistert
4	einfallsreich kreativ originell	überzeugend beharrlich nicht konfrontativ	liebenswürdig gefühlvoll romantisch
5	schwarz-weiß zentriert funktional	kraftvoll sich herunterspielend verführerisch	unbeständig entschlossen Mittelpunkt sein
6	organisiert intuitiv entschlussfreudig	aufrichtig vorsichtig respektvoll	kontrolliert würdevoll beherrscht
7	zielorientiert positiv stilvoll	charmant unterhaltsam verspielt	lebensfroh nachdenklich depressiv
8	wettbewerbsorientiert schnell clever	klar überzeugend drängend	wachsam empfindlich schnell veränderlich
9	schnell scharf spontan	leidenschaftlich ausdrucksvoll extravagant	feurig impulsiv stolz

Die Monatszahl berechnen

1	**4**	**7**	**8 (Erde)**
2	**5**	**8**	**2 (Erde)**
3	**6**	**9**	**5 (Erde)**

Sie können entweder Ihre Monatszahl auf Seite 20 heraussuchen oder sie wie folgt ausrechnen: Suchen Sie Ihre Jahreszahl in der Liste oben, dann merken Sie sich die Erde-Zahl am Ende der Reihe. Jeder Februar und November fängt mit einer Erde-Zahl an. Die darauf folgenden Monatszahlen nehmen mit jedem Monat um 1 ab. Da der Februar ein 2-Monat ist, ist der März ein 1-Monat, der April ist ein 9-Monat (weil der Zyklus wieder neu beginnt) und so weiter. Jemand mit Geburtsdatum 21. Juli 1953 hat zum Beispiel die Jahreszahl 2 und die Monatszahl 6. Neun-Ki Monate beginnen zwischen dem 3. und dem 9. Tag des westlichen Kalendermonats. Den genauen Monatsbeginn finden Sie auf Seite 20.

Gute Zusammenarbeit

Ihre Achsenzahl beschreibt Ihre Arbeitsweise und Ihr Sozialverhalten. Das kann hilfreich sein für das Knüpfen von Beziehungen, sei es auf der zwischenmenschlichen oder der beruflichen Ebene.

zum Beispiel klug sein, wenn beide mit der Antwort auf Kritik bis zum nächsten Tag warten; sie sollten jedoch niemals aus der momentanen Aufregung heraus Anschuldigungen machen.

Ein anderer wichtiger Faktor, der den Erfolg einer Beziehung bestimmt, ist die Art, wie Menschen emotional verbunden sind. Wenn die Bindung beiderseitig ist, kann sie zu einer tiefen, befriedigenden Beziehung führen. Wenn Menschen emotional nicht zusammenpassen, fühlen sie sich missverstanden, und jede kleine Verstimmung kann einen tieferen Riss verursachen.

Jeder kann alle Arten von Gefühlen empfinden, wenn auch manche heftiger empfunden werden als andere. Die Gefühle, die mit Ihrer Monatszahl verbunden sind, werden Sie wahrscheinlich heftiger und öfter treffen. Nutzen Sie die Übersicht auf der vorhergehenden Seite, um sich über Ihre stärksten emotionalen Eigenschaften klar zu werden. Vergleichen Sie sie mit jemandem, dem Sie nah sind. Das ist am besten in Liebesbeziehungen oder Familien anwendbar. Nehmen Sie zum Beispiel einen Bruder und eine Schwester mit den Monatszahlen Sechs und Sieben. Der Bruder mit der Sechs wird sich wahrscheinlich bemühen, ein würdevoller, verantwortlicher, beherrschter Mensch zu sein, während seine Schwester mit der Monatszahl Sieben eher verspielt sein wird, Vergnügungen sucht, Neckereien mag und Spaß haben möchte. Die Schwester wird ihren Bruder zu ernst und formell finden; der Bruder dagegen wird es schwer haben, sich mit der Schwester zu einigen, wenn es um Sorglosigkeit und Spaß geht.

Ihre Neun-Ki Achsenzahl

Die letzte Zahl in Ihrem Code wird aus Ihrer Jahreszahl und Ihrer Monatszahl errechnet und wird die Neun-Ki Achsenzahl genannt. Sie bezieht sich auf die äußerliche Ki-Energie und prägt oft den ersten Eindruck, den Sie auf jemand machen. Diese Ki-Energie beschreibt auch, wie Sie Dinge tun und wie Sie beruflich arbeiten.

Viele Menschen beurteilen Sie aufgrund Ihrer mehr oberflächlichen Achsenenergie, weil diese auf den ersten Blick am stärksten hervortritt. Später erst fängt man an, bei anderen Menschen die Monatsenergie mit einzubeziehen; denn nur wenn man sich besser kennt, kann man sich gegenseitig in Bezug auf die tiefer liegenden Energien schätzen. Sollte Ihre Jahresenergie sich sehr von Ihren anderen Energien unterscheiden, können andere sehr erstaunt sein, wenn sie Ihr tieferes Ich kennen lernen. Menschen mit der Jahreszahl Acht, der Monatszahl Drei und der Achsenzahl Eins (Code 831) können äußerlich ruhig und unkompliziert erscheinen. Tief innen sind sie jedoch aktiv und dynamisch. Dagegen werden Menschen mit derselben Jahres- und Achsenzahl im Wesentlichen so sein, wie Sie sie auf den ersten Blick wahrnehmen. Ist zum Beispiel das Jahr Sieben, der Monat Fünf und die Achse Sieben (Code 757), wird derjenige sowohl äußerlich als auch innen verspielt sein.

Einige Kombinationen können Verwirrung stiften. Eine 766 zum Beispiel wird äußerlich ernst erscheinen, und wenn Sie sie in Bezug auf ihre Monatszahl kennen lernen, wird sie immer noch verantwortlich und organisiert scheinen. Nur wenn Sie diesen Menschen wirklich gut kennen lernen, wird er seine verspielte und lebensfrohe Seite enthüllen. Manchmal hat eine solche Person, bedingt durch Erziehung und Lebenserfahrungen, diese Seite aber auch völlig unterdrückt.

Wenn Ihre Achsenzahl sehr verschieden ist von Ihren tieferen Energien, könnten Sie zu Hause eine andere Person sein als im Beruf. Eine 748 kann im Beruf scharfsinnig, kompetent und motiviert sein, aber liebenswürdig, lebhaft und unterhaltsam in einer entspannteren Umgebung. Die Übersicht rechts gibt Ihnen Beispiele, wie Menschen mit der jeweiligen Achsenzahl nach außen und im Beruf erscheinen.

Ihr Zahlencode gibt auch Hinweise darauf, ob Sie persönliche Veränderungen durchlaufen werden. Wenn zum Beispiel Ihr Code 196 ist, haben Sie Wasser-, Feuer- und Metall-Energien. Sie mögen das Alleinsein, aber zu anderen Zeiten sind Sie gesellig, leidenschaftlich und hitzig, im Beruf dagegen hoch organisiert. Auch wenn das für Sie selbst Abwechslung bedeutet, könnten Sie auf andere unbeständig wirken. Eine Person mit dem Code 225 (nur Erde-Energien) wird in allen ihren Eigenschaften beständig bleiben, auch wenn sich die Umgebung ändern sollte. Mehr darüber finden Sie auf den Seiten 25–33.

Eigenschaften der Achsenzahlen

	ERSTER EINDRUCK	ARBEIT
1	entspannt gelassen flexibel	sachlich unabhängig künstlerisch
2	gesellig freundlich besonnen	gründlich kooperativ vorsichtig
3	direkt kenntnisreich lösungsorientiert	sorgfältig begeistert technisch
4	freundlich liebenswürdig interessant	kreativ voller Ideen entschlossen
5	zäh konfrontativ einschüchternd	einflussreich eigensinnig auffallend
6	ordentlich formell eigensinnig	gut organisiert vorausdenkend ernsthaft
7	charmant stilvoll charismatisch	zielorientiert finanziell motiviert leichtherzig
8	direkt neugierig zugänglich	motiviert konzentriert wettbewerbsorientiert
9	gesellig intelligent etwas arrogant	emotional auf guten Ruf bedacht gut in Teamarbeit

So berechnen Sie Ihre Achsenzahl

Sie können Ihre Achsenzahl auf Seite 20 nachschlagen oder selbst ausrechnen: Wenn Ihre Monatszahl größer ist als 5, ziehen Sie 5 von Ihrer Monatszahl ab und ziehen dies Ergebnis von Ihrer Jahreszahl ab. Zum Beispiel: Wenn die Monatszahl 6 und die Jahreszahl 2 ist, dann ist die Achsenzahl 1 (6–5=1 und 2–1=1). Ist Ihre Monatszahl kleiner als 5, dann ziehen Sie sie von 5 ab und zählen die Zahl zu Ihrer Jahreszahl dazu. Beispiel: Ist die Monatszahl 4 und die Jahreszahl 1, dann ist die Achsenzahl 2 (5–4=1 und 1+1=2).

Die Übersichtstabelle

1 **Jahr 1937**

2 **Jan. 5**

3 00.59

4 Jahr **1**

5 **M6 A9**

So finden Sie Ihren Zahlencode

Suchen Sie zuerst Ihr Geburtsjahr in der grünen Spalte. Gehen Sie dann in der Reihe nach rechts bis zu Ihrem Geburtsmonat. Wenn Sie vor dem angegebenen Tag und der Stunde geboren sind, gehören Sie noch zum vorhergehenden Monat. Lesen Sie nun Ihre Jahreszahl, Ihre Monats- (M) und Achsenzahl (A) ab.

Diese Tabelle bietet einen schnellen Weg, um Ihre Jahres-, Monats- und Achsenzahl herauszufinden; wie Sie sie benutzen, lesen Sie links. Der Feng Shui Kalender ist anders aufgebaut als der westliche Kalender: Das Feng Shui Jahr beginnt im Februar, die Monate beginnen jeweils zwischen dem dritten und neunten Tag des westlichen Monats. Wenn Sie im Januar geboren sind, gehört Ihre Jahreszahl daher noch zum vorhergehenden Jahr. Beim Geburtsdatum 10. Januar 1954 wäre Ihre Jahreszahl 2, während jemand mit dem Geburtsdatum 4. Februar 1954 die Jahreszahl 1 hätte. Beachten Sie auch den Anfangstag und die Anfangszeit für jeden Monat. Sind Sie vor dieser Zeit geboren, bezieht sich Ihr Code auf den vorhergehenden Monat. Beim Geburtsdatum 6. März 1954 und der Geburtszeit vor 13.38 Uhr gehören Ihre Monats- und Achsenzahl noch zum Februar 1954 (= M8 A7). Sie lauten M7 A8, wenn Sie danach geboren sind. Die Uhrzeiten beziehen sich auf WEZ – wenn Sie also in einer anderen Zeitzone geboren sind, müssen Sie die entsprechenden Stunden dazuzählen oder abziehen.

Jahr 1937	**Jan 5** 00.59 Jahr **1** **M6 A9**	**Feb 4** 14:30 Jahr **9** **M5 A9**	**Mär 6** 10:34 Jahr **9** **M4 A1**	**Apr 4** 17:32 Jahr **9** **M3 A2**	**Mai 5** 13:20 Jahr **9** **M2 A3**	**Juni 5** 19:34 Jahr **9** **M1 A4**	**Juli 7** 08:41 Jahr **9** **M9 A5**	**Aug 7** 19:57 Jahr **9** **M8 A6**	**Sept 8** 00:37 Jahr **9** **M7 A7**	**Okt 8** 18:13 Jahr **9** **M6 A8**	**Nov 7** 23.00 Jahr **9** **M5 A9**	**Dez 7** 17.30 Jahr **9** **M4 A1**
Jahr 1938	**Jan 6** 06:40 Jahr **9** **M3 A2**	**Feb 4** 20:23 Jahr **8** **M2 A2**	**Mär 6** 16:22 Jahr **8** **M1 A3**	**Apr 4** 23:12 Jahr **8** **M9 A4**	**Mai 5** 18:51 Jahr **8** **M8 A5**	**Juni 6** 01:01 Jahr **8** **M7 A6**	**Juli 7** 14:08 Jahr **8** **M6 A7**	**Aug 8** 01:28 Jahr **8** **M5 A8**	**Sept 8** 06:13 Jahr **8** **M4 A9**	**Okt 8** 23:57 Jahr **8** **M3 A1**	**Nov 8** 04:53 Jahr **8** **M2 A2**	**Dez 7** 23:29 Jahr **8** **M1 A3**
Jahr 1939	**Jan 6** 12:41 Jahr **8** **M9 A4**	**Feb 5** 02:08 Jahr **7** **M8 A4**	**Mär 6** 22:13 Jahr **7** **M7 A5**	**Apr 5** 05:24 Jahr **7** **M6 A6**	**Mai 6** 00:24 Jahr **7** **M5 A7**	**Juni 6** 07:39 Jahr **7** **M4 A8**	**Juli 7** 19:37 Jahr **7** **M3 A9**	**Aug 8** 07:02 Jahr **7** **M2 A1**	**Sept 8** 12:45 Jahr **7** **M1 A2**	**Okt 9** 05:46 Jahr **7** **M9 A3**	**Nov 8** 10:48 Jahr **7** **M8 A4**	**Dez 8** 05:28 Jahr **7** **M7 A5**
Jahr 1940	**Jan 6** 18:43 Jahr **7** **M6 A6**	**Feb 5** 08:09 Jahr **6** **M5 A6**	**Mär 6** 04:15 Jahr **6** **M4 A7**	**Apr 4** 11:13 Jahr **6** **M3 A8**	**Mai 5** 07:00 Jahr **6** **M2 A9**	**Juni 5** 13:15 Jahr **6** **M1 A1**	**Juli 7** 01:09 Jahr **6** **M9 A2**	**Aug 7** 13:42 Jahr **6** **M8 A3**	**Sept 7** 18:20 Jahr **6** **M7 A4**	**Okt 8** 11:25 Jahr **6** **M6 A5**	**Nov 7** 16:33 Jahr **6** **M5 A6**	**Dez 7** 11:12 Jahr **6** **M4 A7**
Jahr 1941	**Jan 6** 00:07 Jahr **6** **M3 A8**	**Feb 4** 13:54 Jahr **5** **M2 A8**	**Mär 6** 10:00 Jahr **5** **M1 A9**	**Apr 4** 16:56 Jahr **5** **M9 A1**	**Mai 5** 12:40 Jahr **5** **M8 A2**	**Juni 5** 18:52 Jahr **5** **M7 A3**	**Juli 7** 08:00 Jahr **5** **M6 A4**	**Aug 7** 19:19 Jahr **5** **M5 A5**	**Sept 8** 00:02 Jahr **5** **M4 A6**	**Okt 8** 17:40 Jahr **5** **M3 A7**	**Nov 7** 22:29 Jahr **5** **M2 A8**	**Dez 6** 17:17 Jahr **5** **M1 A9**
Jahr 1942	**Jan 6** 06:10 Jahr **5** **M9 A1**	**Feb 4** 19:55 Jahr **4** **M8 A1**	**Mär 6** 15:57 Jahr **4** **M7 A2**	**Apr 4** 22:47 Jahr **4** **M6 A3**	**Mai 5** 18:24 Jahr **4** **M5 A4**	**Juni 6** 00:29 Jahr **4** **M4 A5**	**Juli 7** 13:31 Jahr **4** **M3 A6**	**Aug 8** 00:48 Jahr **4** **M2 A7**	**Sept 8** 05:33 Jahr **4** **M1 A8**	**Okt 8** 23:18 Jahr **4** **M9 A9**	**Nov 8** 04:16 Jahr **4** **M8 A1**	**Dez 7** 22:53 Jahr **4** **M7 A2**
Jahr 1943	**Jan 6** 12:08 Jahr **4** **M6 A3**	**Feb 5** 01:38 Jahr **3** **M5 A3**	**Mär 6** 21:46 Jahr **3** **M4 A4**	**Apr 5** 04:58 Jahr **3** **M3 A5**	**Mai 5** 23:58 Jahr **3** **M2 A6**	**Juni 6** 07:08 Jahr **3** **M1 A7**	**Juli 7** 18:59 Jahr **3** **M9 A8**	**Aug 8** 06:20 Jahr **3** **M8 A9**	**Sept 8** 12:00 Jahr **3** **M7 A1**	**Okt 9** 05:00 Jahr **3** **M6 A2**	**Nov 8** 10:02 Jahr **3** **M5 A3**	**Dez 8** 04:43 Jahr **3** **M4 A4**
Jahr 1944	**Jan 6** 17:57 Jahr **3** **M3 A5**	**Feb 5** 07:24 Jahr **2** **M2 A5**	**Mär 6** 03:32 Jahr **2** **M1 A6**	**Apr 4** 10:33 Jahr **2** **M9 A7**	**Mai 5** 06:25 Jahr **2** **M8 A8**	**Juni 5** 12:43 Jahr **2** **M7 A9**	**Juli 7** 00:38 Jahr **2** **M6 A1**	**Aug 7** 13:10 Jahr **2** **M5 A2**	**Sept 7** 17:48 Jahr **2** **M4 A3**	**Okt 8** 10:52 Jahr **2** **M3 A4**	**Nov 7** 16:00 Jahr **2** **M2 A5**	**Dez 7** 10:41 Jahr **2** **M1 A6**
Jahr 1945	**Jan 5** 23:37 Jahr **2** **M9 A7**	**Feb 4** 13:23 Jahr **1** **M8 A7**	**Mär 6** 09:28 Jahr **1** **M7 A8**	**Apr 4** 16:24 Jahr **1** **M6 A9**	**Mai 5** 12:08 Jahr **1** **M5 A1**	**Juni 5** 18:21 Jahr **1** **M4 A2**	**Juli 7** 07:25 Jahr **1** **M3 A3**	**Aug 7** 18:41 Jahr **1** **M2 A4**	**Sept 7** 23:19 Jahr **1** **M1 A5**	**Okt 8** 16:52 Jahr **1** **M9 A6**	**Nov 7** 21:40 Jahr **1** **M8 A7**	**Dez 7** 16:25 Jahr **1** **M7 A8**

Jahr 1946	**Jan 6** 05:24 Jahr **1** **M6 A9**	**Feb 4** 19:11 Jahr **9** **M5 A9**	**Mär 6** 15:13 Jahr **9** **M4 A1**	**Apr 4** 22:04 Jahr **9** **M3 A2**	**Mai 5** 17:40 Jahr **9** **M2 A3**	**Juni 5** 23:47 Jahr **9** **M1 A4**	**Juli 7** 12:52 Jahr **9** **M9 A5**	**Aug 8** 00:11 Jahr **9** **M8 A6**	**Sept 8** 04:56 Jahr **9** **M7 A7**	**Okt 8** 22:38 Jahr **9** **M6 A8**	**Nov 8** 03:32 Jahr **9** **M5 A9**	**Dez 7** 22:06 Jahr **9** **M4 A1**
Jahr 1947	**Jan 6** 11:19 Jahr **9** **M3 A2**	**Feb 5** 00:48 Jahr **8** **M2 A2**	**Mär 6** 20:55 Jahr **8** **M1 A3**	**Apr 5** 04:08 Jahr **8** **M9 A4**	**Mai 5** 23:09 Jahr **8** **M8 A5**	**Juni 6** 06:23 Jahr **8** **M7 A6**	**Juli 7** 18:18 Jahr **8** **M6 A7**	**Aug 8** 05:43 Jahr **8** **M5 A8**	**Sept 8** 11:27 Jahr **8** **M4 A9**	**Okt 9** 04:28 Jahr **8** **M3 A1**	**Nov 8** 09:29 Jahr **8** **M2 A2**	**Dez 8** 04:06 Jahr **8** **M1 A3**
Jahr 1948	**Jan 6** 17:18 Jahr **8** **M9 A4**	**Feb 5** 06:43 Jahr **7** **M8 A4**	**Mär 6** 02:50 Jahr **7** **M7 A5**	**Apr 4** 09:50 Jahr **7** **M6 A6**	**Mai 5** 05:39 Jahr **7** **M5 A7**	**Juni 5** 11:55 Jahr **7** **M4 A8**	**Juli 6** 23:49 Jahr **7** **M3 A9**	**Aug 7** 12:21 Jahr **7** **M2 A1**	**Sept 7** 16:59 Jahr **7** **M1 A2**	**Okt 8** 10:05 Jahr **7** **M9 A3**	**Nov 7** 15:13 Jahr **7** **M8 A4**	**Dez 7** 09:51 Jahr **7** **M7 A5**
Jahr 1949	**Jan 5** 22:43 Jahr **7** **M6 A6**	**Feb 4** 12:26 Jahr **6** **M5 A6**	**Mär 6** 08:30 Jahr **6** **M4 A7**	**Apr 4** 15:25 Jahr **6** **M3 A8**	**Mai 5** 11:11 Jahr **6** **M2 A9**	**Juni 5** 17:25 Jahr **6** **M1 A1**	**Juli 7** 05:18 Jahr **6** **M9 A2**	**Aug 7** 17:52 Jahr **6** **M8 A3**	**Sept 7** 22:36 Jahr **6** **M7 A4**	**Okt 8** 16:15 Jahr **6** **M6 A5**	**Nov 7** 21:05 Jahr **6** **M5 A6**	**Dez 7** 15:50 Jahr **6** **M4 A7**
Jahr 1950	**Jan 6** 04:46 Jahr **6** **M3 A8**	**Feb 4** 18:27 Jahr **5** **M2 A8**	**Mär 6** 14:24 Jahr **5** **M1 A9**	**Apr 4** 21:10 Jahr **5** **M9 A1**	**Mai 5** 16:46 Jahr **5** **M8 A2**	**Juni 5** 22:52 Jahr **5** **M7 A3**	**Juli 7** 11:57 Jahr **5** **M6 A4**	**Aug 7** 23:17 Jahr **5** **M5 A5**	**Sept 8** 4:04 Jahr **5** **M4 A6**	**Okt 8** 21:49 Jahr **5** **M3 A7**	**Nov 8** 2:49 Jahr **5** **M2 A8**	**Dez 7** 21:28 Jahr **5** **M1 A9**
Jahr 1951	**Jan 6** 10:43 Jahr **5** **M9 A1**	**Feb 5** 00:11 Jahr **4** **M8 A1**	**Mär 6** 20:15 Jahr **4** **M7 A2**	**Apr 5** 03:21 Jahr **4** **M6 A3**	**Mai 5** 22:18 Jahr **4** **M5 A4**	**Juni 6** 05:27 Jahr **4** **M4 A5**	**Juli 7** 17:20 Jahr **4** **M3 A6**	**Aug 8** 04:43 Jahr **4** **M2 A7**	**Sept 8** 09:36 Jahr **4** **M1 A8**	**Okt 9** 03:28 Jahr **4** **M9 A9**	**Nov 8** 08:31 Jahr **4** **M8 A1**	**Dez 8** 03:11 Jahr **4** **M7 A2**
Jahr 1952	**Jan 6** 16:26 Jahr **4** **M6 A3**	**Feb 5** 05:53 Jahr **3** **M5 A3**	**Mär 6** 01:59 Jahr **3** **M4 A4**	**Apr 4** 08:56 Jahr **3** **M3 A5**	**Mai 5** 04:43 Jahr **3** **M2 A6**	**Juni 5** 10:58 Jahr **3** **M1 A7**	**Juli 6** 22:52 Jahr **3** **M9 A8**	**Aug 7** 11:28 Jahr **3** **M8 A9**	**Sept 7** 16:09 Jahr **3** **M7 A1**	**Okt 8** 09:17 Jahr **3** **M6 A2**	**Nov 7** 14:25 Jahr **3** **M5 A3**	**Dez 7** 09:08 Jahr **3** **M4 A4**
Jahr 1953	**Jan 5** 22:04 Jahr **3** **M3 A5**	**Feb 4** 11:49 Jahr **2** **M2 A5**	**Mär 6** 07:53 Jahr **2** **M1 A6**	**Apr 4** 14:46 Jahr **2** **M9 A7**	**Mai 5** 10:28 Jahr **2** **M8 A8**	**Juni 5** 16:36 Jahr **2** **M7 A9**	**Juli 7** 04:25 Jahr **2** **M6 A1**	**Aug 7** 16:55 Jahr **2** **M5 A2**	**Sept 7** 21:37 Jahr **2** **M4 A3**	**Okt 8** 15:15 Jahr **2** **M3 A4**	**Nov 7** 20:07 Jahr **2** **M2 A5**	**Dez 7** 14:53 Jahr **2** **M1 A6**
Jahr 1954	**Jan 6** 03:52 Jahr **2** **M9 A7**	**Feb 4** 17:37 Jahr **1** **M8 A7**	**Mär 6** 13:38 Jahr **1** **M7 A8**	**Apr 4** 20:27 Jahr **1** **M6 A9**	**Mai 5** 16:01 Jahr **1** **M5 A1**	**Juni 5** 22:05 Jahr **1** **M4 A2**	**Juli 7** 11:06 Jahr **1** **M3 A3**	**Aug 7** 22:24 Jahr **1** **M2 A4**	**Sept 8** 03:10 Jahr **1** **M1 A5**	**Okt 8** 20:56 Jahr **1** **M9 A6**	**Nov 8** 01:55 Jahr **1** **M8 A7**	**Dez 7** 20:33 Jahr **1** **M7 A8**
Jahr 1955	**Jan 6** 09:47 Jahr **1** **M6 A9**	**Feb 4** 23:14 Jahr **9** **M5 A9**	**Mär 6** 19:18 Jahr **9** **M4 A1**	**Apr 5** 02:29 Jahr **9** **M3 A2**	**Mai 5** 21:28 Jahr **9** **M2 A3**	**Juni 6** 03:30 Jahr **9** **M1 A4**	**Juli 7** 16:34 Jahr **9** **M9 A5**	**Aug 8** 03:58 Jahr **9** **M8 A6**	**Sept 8** 08:51 Jahr **9** **M7 A7**	**Okt 9** 02:44 Jahr **9** **M6 A8**	**Nov 8** 07:50 Jahr **9** **M5 A9**	**Dez 8** 02:31 Jahr **9** **M4 A1**
Jahr 1956	**Jan 6** 15:46 Jahr **9** **M3 A2**	**Feb 5** 05:11 Jahr **8** **M2 A2**	**Mär 6** 01:17 Jahr **8** **M1 A3**	**Apr 4** 00:14 Jahr **8** **M9 A4**	**Mai 5** 04:00 Jahr **8** **M8 A5**	**Juni 5** 10:16 Jahr **8** **M7 A6**	**Juli 6** 22:08 Jahr **8** **M6 A7**	**Aug 7** 10:39 Jahr **8** **M5 A8**	**Sept 7** 12:15 Jahr **8** **M4 A9**	**Okt 8** 08:22 Jahr **8** **M3 A1**	**Nov 7** 13:30 Jahr **8** **M2 A2**	**Dez 7** 08:14 Jahr **8** **M1 A3**
Jahr 1957	**Jan 5** 21:12 Jahr **8** **M9 A4**	**Feb 4** 10:57 Jahr **7** **M8 A4**	**Mär 6** 07:01 Jahr **7** **M7 A5**	**Apr 4** 13:54 Jahr **7** **M6 A6**	**Mai 5** 09:36 Jahr **7** **M5 A7**	**Juni 5** 15:47 Jahr **7** **M4 A8**	**Juli 7** 03:40 Jahr **7** **M3 A9**	**Aug 7** 16:14 Jahr **7** **M2 A1**	**Sept 7** 20:57 Jahr **7** **M1 A2**	**Okt 8** 14:35 Jahr **7** **M9 A3**	**Nov 7** 19:26 Jahr **7** **M8 A4**	**Dez 7** 14:11 Jahr **7** **M7 A5**
Jahr 1958	**Jan 6** 03:10 Jahr **7** **M6 A6**	**Feb 4** 16:54 Jahr **6** **M5 A6**	**Mär 6** 09:43 Jahr **6** **M4 A7**	**Apr 4** 19:40 Jahr **6** **M3 A8**	**Mai 5** 15:14 Jahr **6** **M2 A9**	**Juni 5** 21:18 Jahr **6** **M1 A1**	**Juli 7** 10:22 Jahr **6** **M9 A2**	**Aug 7** 21:43 Jahr **6** **M8 A3**	**Sept 8** 02:32 Jahr **6** **M7 A4**	**Okt 8** 20:19 Jahr **6** **M6 A5**	**Nov 8** 01:17 Jahr **6** **M5 A6**	**Dez 7** 19:54 Jahr **6** **M4 A7**
Jahr 1959	**Jan 6** 09:09 Jahr **6** **M3 A8**	**Feb 4** 22:38 Jahr **5** **M2 A8**	**Mär 6** 18:45 Jahr **5** **M1 A9**	**Apr 5** 01:54 Jahr **5** **M9 A1**	**Mai 5** 20:51 Jahr **5** **M8 A2**	**Juni 6** 02:50 Jahr **5** **M7 A3**	**Juli 7** 15:51 Jahr **5** **M6 A4**	**Aug 8** 03:14 Jahr **5** **M5 A5**	**Sept 8** 08:09 Jahr **5** **M4 A6**	**Okt 9** 02:03 Jahr **5** **M3 A7**	**Nov 8** 07:07 Jahr **5** **M2 A8**	**Dez 8** 01:45 Jahr **5** **M1 A9**
Jahr 1960	**Jan 6** 14:58 Jahr **5** **M9 A1**	**Feb 5** 04:23 Jahr **4** **M8 A1**	**Mär 6** 00:29 Jahr **4** **M7 A2**	**Apr 4** 07:27 Jahr **4** **M6 A3**	**Mai 5** 03:15 Jahr **4** **M5 A4**	**Juni 5** 09:30 Jahr **4** **M4 A5**	**Juli 6** 21:25 Jahr **4** **M3 A6**	**Aug 7** 10:01 Jahr **4** **M2 A7**	**Sept 7** 14:44 Jahr **4** **M1 A8**	**Okt 8** 07:55 Jahr **4** **M9 A9**	**Nov 7** 13:05 Jahr **4** **M8 A1**	**Dez 7** 07:49 Jahr **4** **M7 A2**
Jahr 1961	**Jan 5** 20:43 Jahr **4** **M6 A3**	**Feb 4** 10:25 Jahr **3** **M5 A3**	**Mär 6** 6:25 Jahr **3** **M4 A4**	**Apr 4** 13:18 Jahr **3** **M3 A5**	**Mai 5** 9:00 Jahr **3** **M2 A6**	**Juni 5** 15:11 Jahr **3** **M1 A7**	**Juli 7** 3:01 Jahr **3** **M9 A8**	**Aug 7** 15:33 Jahr **3** **M8 A9**	**Sept 7** 20:16 Jahr **3** **M7 A1**	**Okt 8** 13:57 Jahr **3** **M6 A2**	**Nov 7** 18:52 Jahr **3** **M5 A3**	**Dez 7** 13:41 Jahr **3** **M4 A4**
Jahr 1962	**Jan 6** 02:41 Jahr **3** **M3 A5**	**Feb 4** 16:23 Jahr **2** **M2 A5**	**Mär 6** 12:19 Jahr **2** **M1 A6**	**Apr 4** 19:03 Jahr **2** **M9 A7**	**Mai 5** 14:36 Jahr **2** **M8 A8**	**Juni 5** 20:40 Jahr **2** **M7 A9**	**Juli 7** 9:42 Jahr **2** **M6 A1**	**Aug 7** 21:02 Jahr **2** **M5 A2**	**Sept 8** 01:50 Jahr **2** **M4 A3**	**Okt 8** 19:38 Jahr **2** **M3 A4**	**Nov 8** 00:40 Jahr **2** **M2 A5**	**Dez 7** 19:21 Jahr **2** **M1 A6**
Jahr 1963	**Jan 6** 08:37 Jahr **2** **M9 A7**	**Feb 4** 22:04 Jahr **1** **M8 A7**	**Mär 6** 18:05 Jahr **1** **M7 A8**	**Apr 5** 01:10 Jahr **1** **M6 A9**	**Mai 5** 20:05 Jahr **1** **M5 A1**	**Juni 6** 02:06 Jahr **1** **M4 A2**	**Juli 7** 15:10 Jahr **1** **M3 A3**	**Aug 8** 02:37 Jahr **1** **M2 A4**	**Sept 8** 07:34 Jahr **1** **M1 A5**	**Okt 9** 01:30 Jahr **1** **M9 A6**	**Nov 8** 06:37 Jahr **1** **M8 A7**	**Dez 8** 01:21 Jahr **1** **M7 A8**

Jahr 1964	**Jan 6** 14:38 Jahr **1** **M6 A9**	**Feb 5** 04:04 Jahr **9** **M5 A9**	**Mär 6** 00:08 Jahr **9** **M4 A1**	**Apr 4** 07:02 Jahr **9** **M3 A2**	**Mai 5** 01:51 Jahr **9** **M2 A3**	**Juni 5** 08:55 Jahr **9** **M1 A4**	**Juli 6** 20:47 Jahr **9** **M9 A5**	**Aug 7** 09:19 Jahr **9** **M8 A6**	**Sept 7** 15:25 Jahr **9** **M7 A7**	**Okt 8** 07:09 Jahr **9** **M6 A8**	**Nov 7** 12:19 Jahr **9** **M5 A9**	**Dez 7** 07:05 Jahr **9** **M4 A1**
Jahr 1965	**Jan 5** 20:02 Jahr **9** **M3 A2**	**Feb 4** 09:48 Jahr **8** **M2 A2**	**Mär 6** 05:52 Jahr **8** **M1 A3**	**Apr 4** 12:44 Jahr **8** **M9 A4**	**Mai 5** 08:22 Jahr **8** **M8 A5**	**Juni 5** 14:29 Jahr **8** **M7 A6**	**Juli 7** 02:18 Jahr **8** **M6 A7**	**Aug 7** 14:51 Jahr **8** **M5 A8**	**Sept 7** 19:36 Jahr **8** **M4 A9**	**Okt 8** 13:18 Jahr **8** **M3 A1**	**Nov 7** 18:12 Jahr **8** **M2 A2**	**Dez 7** 13:00 Jahr **8** **M1 A3**
Jahr 1966	**Jan 6** 01:59 Jahr **8** **M9 A4**	**Feb 4** 15:42 Jahr **7** **M8 A4**	**Mär 6** 11:41 Jahr **7** **M7 A5**	**Apr 4** 18:26 Jahr **7** **M6 A6**	**Mai 5** 13:58 Jahr **7** **M5 A7**	**Juni 5** 20:00 Jahr **7** **M4 A8**	**Juli 7** 09:00 Jahr **7** **M3 A9**	**Aug 7** 20:19 Jahr **7** **M2 A1**	**Sept 8** 01:08 Jahr **7** **M1 A2**	**Okt 8** 18:58 Jahr **7** **M9 A3**	**Nov 8** 00:00 Jahr **7** **M8 A4**	**Dez 7** 18:42 Jahr **7** **M7 A5**
Jahr 1967	**Jan 6** 07:58 Jahr **7** **M6 A6**	**Feb 4** 21:26 Jahr **6** **M5 A6**	**Mär 6** 17:30 Jahr **6** **M4 A7**	**Apr 5** 00:07 Jahr **6** **M3 A8**	**Mai 5** 19:33 Jahr **6** **M2 A9**	**Juni 6** 01:30 Jahr **6** **M1 A1**	**Juli 7** 14:29 Jahr **6** **M9 A2**	**Aug 8** 01:49 Jahr **6** **M8 A3**	**Sept 8** 06:42 Jahr **6** **M7 A4**	**Okt 9** 00:36 Jahr **6** **M6 A5**	**Nov 8** 05:42 Jahr **6** **M5 A6**	**Dez 8** 00:25 Jahr **6** **M4 A7**
Jahr 1968	**Jan 6** 13:41 Jahr **6** **M3 A8**	**Feb 5** 03:06 Jahr **5** **M2 A8**	**Mär 5** 23:11 Jahr **5** **M1 A9**	**Apr 4** 06:06 Jahr **5** **M9 A1**	**Mai 5** 0:58 Jahr **5** **M8 A2**	**Juni 5** 08:05 Jahr **5** **M7 A3**	**Juli 6** 19:59 Jahr **5** **M6 A4**	**Aug 7** 07:24 Jahr **5** **M5 A5**	**Sept 7** 13:13 Jahr **5** **M4 A6**	**Okt 8** 06:22 Jahr **5** **M3 A7**	**Nov 7** 11:33 Jahr **5** **M2 A8**	**Dez 7** 06:19 Jahr **5** **M1 A9**
Jahr 1969	**Jan 5** 19:16 Jahr **5** **M9 A1**	**Feb 4** 09:00 Jahr **4** **M8 A1**	**Mär 6** 05:02 Jahr **4** **M7 A2**	**Apr 4** 11:53 Jahr **4** **M6 A3**	**Mai 5** 07:32 Jahr **4** **M5 A4**	**Juni 5** 13:41 Jahr **4** **M4 A5**	**Juli 7** 01:30 Jahr **4** **M3 A6**	**Aug 7** 14:03 Jahr **4** **M2 A7**	**Sept 7** 18:45 Jahr **4** **M1 A8**	**Okt 8** 11:59 Jahr **4** **M9 A9**	**Nov 7** 17:17 Jahr **4** **M8 A1**	**Dez 7** 12:06 Jahr **4** **M7 A2**
Jahr 1970	**Jan 6** 01:21 Jahr **4** **M6 A3**	**Feb 4** 14:51 Jahr **3** **M5 A3**	**Mär 6** 10:48 Jahr **3** **M4 A4**	**Apr 4** 17:33 Jahr **3** **M3 A5**	**Mai 5** 13:04 Jahr **3** **M2 A6**	**Juni 5** 19:06 Jahr **3** **M1 A7**	**Juli 7** 08:07 Jahr **3** **M9 A8**	**Aug 7** 19:27 Jahr **3** **M8 A9**	**Sept 8** 00:16 Jahr **3** **M7 A1**	**Okt 8** 18:03 Jahr **3** **M6 A2**	**Nov 7** 23:03 Jahr **3** **M5 A3**	**Dez 7** 17:41 Jahr **3** **M4 A4**
Jahr 1971	**Jan 6** 06:54 Jahr **3** **M3 A5**	**Feb 4** 06:02 Jahr **2** **M2 A5**	**Mär 6** 16:23 Jahr **2** **M1 A6**	**Apr 4** 23:00 Jahr **2** **M9 A7**	**Mai 5** 18:25 Jahr **2** **M8 A8**	**Juni 6** 00:26 Jahr **2** **M7 A9**	**Juli 7** 13:30 Jahr **2** **M6 A1**	**Aug 8** 00:56 Jahr **2** **M5 A2**	**Sept 8** 05:56 Jahr **2** **M4 A3**	**Okt 8** 23:54 Jahr **2** **M3 A4**	**Nov 8** 05:01 Jahr **2** **M2 A5**	**Dez 7** 23:43 Jahr **2** **M1 A6**
Jahr 1972	**Jan 6** 12:56 Jahr **2** **M9 A7**	**Feb 5** 02:18 Jahr **1** **M8 A7**	**Mär 5** 22:15 Jahr **1** **M7 A8**	**Apr 4** 05:15 Jahr **1** **M6 A9**	**Mai 5** 00:05 Jahr **1** **M5 A1**	**Juni 5** 07:11 Jahr **1** **M4 A2**	**Juli 6** 19:03 Jahr **1** **M3 A3**	**Aug 7** 06:29 Jahr **1** **M2 A4**	**Sept 7** 12:19 Jahr **1** **M1 A5**	**Okt 8** 05:31 Jahr **1** **M9 A6**	**Nov 7** 10:44 Jahr **1** **M8 A7**	**Dez 7** 05:29 Jahr **1** **M7 A8**
Jahr 1973	**Jan 5** 18:45 Jahr **1** **M6 A9**	**Feb 4** 08:06 Jahr **9** **M5 A9**	**Mär 6** 04:04 Jahr **9** **M4 A1**	**Apr 4** 10:53 Jahr **9** **M3 A2**	**Mai 5** 06:31 Jahr **9** **M2 A3**	**Juni 5** 12:39 Jahr **9** **M1 A4**	**Juli 7** 00:30 Jahr **9** **M9 A5**	**Aug 7** 13:05 Jahr **9** **M8 A6**	**Sept 7** 17:51 Jahr **9** **M7 A7**	**Okt 8** 11:09 Jahr **9** **M6 A8**	**Nov 7** 16:33 Jahr **9** **M5 A9**	**Dez 7** 11:24 Jahr **9** **M4 A1**
Jahr 1974	**Jan 6** 00:23 Jahr **9** **M3 A2**	**Feb 4** 14:04 Jahr **8** **M2 A2**	**Mär 6** 09:57 Jahr **8** **M1 A3**	**Apr 4** 16:37 Jahr **8** **M9 A4**	**Mai 5** 12:06 Jahr **8** **M8 A5**	**Juni 5** 18:07 Jahr **8** **M7 A6**	**Juli 7** 07:11 Jahr **8** **M6 A7**	**Aug 7** 18:32 Jahr **8** **M5 A8**	**Sept 7** 23:25 Jahr **8** **M4 A9**	**Okt 8** 17:17 Jahr **8** **M3 A1**	**Nov 7** 22:23 Jahr **8** **M2 A2**	**Dez 7** 17:08 Jahr **8** **M1 A3**
Jahr 1975	**Jan 6** 06:26 Jahr **8** **M9 A4**	**Feb 4** 20:07 Jahr **7** **M8 A4**	**Mär 6** 15:55 Jahr **7** **M7 A5**	**Apr 4** 22:26 Jahr **7** **M6 A6**	**Mai 5** 17:22 Jahr **7** **M5 A7**	**Juni 5** 23:41 Jahr **7** **M4 A8**	**Juli 7** 12:41 Jahr **7** **M3 A9**	**Aug 8** 00:05 Jahr **7** **M2 A1**	**Sept 8** 05:01 Jahr **7** **M1 A2**	**Okt 8** 22:59 Jahr **7** **M9 A3**	**Nov 8** 04:07 Jahr **7** **M8 A4**	**Dez 7** 22:53 Jahr **7** **M7 A5**
Jahr 1976	**Jan 6** 12:11 Jahr **7** **M6 A6**	**Feb 5** 01:37 Jahr **6** **M5 A6**	**Mär 5** 21:36 Jahr **6** **M4 A7**	**Apr 4** 04:34 Jahr **6** **M3 A8**	**Mai 4** 23:21 Jahr **6** **M2 A9**	**Juni 5** 06:23 Jahr **6** **M1 A1**	**Juli 6** 18:14 Jahr **6** **M9 A2**	**Aug 7** 05:41 Jahr **6** **M8 A3**	**Sept 7** 11:33 Jahr **6** **M7 A4**	**Okt 8** 04:48 Jahr **6** **M6 A5**	**Nov 7** 10:02 Jahr **6** **M5 A6**	**Dez 7** 04:51 Jahr **6** **M4 A7**
Jahr 1977	**Jan 5** 18:09 Jahr **6** **M3 A8**	**Feb 4** 07:34 Jahr **5** **M2 A8**	**Mär 6** 03:36 Jahr **5** **M1 A9**	**Apr 4** 10:25 Jahr **5** **M9 A1**	**Mai 5** 06:02 Jahr **5** **M8 A2**	**Juni 5** 12:06 Jahr **5** **M7 A3**	**Juli 6** 23:52 Jahr **5** **M6 A4**	**Aug 7** 12:24 Jahr **5** **M5 A5**	**Sept 7** 17:09 Jahr **5** **M4 A6**	**Okt 8** 10:19 Jahr **5** **M3 A7**	**Nov 7** 15:52 Jahr **5** **M2 A8**	**Dez 7** 10:44 Jahr **5** **M1 A9**
Jahr 1978	**Jan 5** 23:46 Jahr **5** **M9 A1**	**Feb 4** 13:31 Jahr **4** **M8 A1**	**Mär 6** 09:28 Jahr **4** **M7 A2**	**Apr 4** 16:12 Jahr **4** **M6 A3**	**Mai 5** 11:42 Jahr **4** **M5 A4**	**Juni 5** 17:41 Jahr **4** **M4 A5**	**Juli 7** 05:24 Jahr **4** **M3 A6**	**Aug 7** 17:55 Jahr **4** **M2 A7**	**Sept 7** 22:44 Jahr **4** **M1 A8**	**Okt 8** 16:34 Jahr **4** **M9 A9**	**Nov 7** 21:39 Jahr **4** **M8 A1**	**Dez 7** 16:37 Jahr **4** **M7 A2**
Jahr 1979	**Jan 6** 05:39 Jahr **4** **M6 A3**	**Feb 4** 19:19 Jahr **3** **M5 A3**	**Mär 6** 15:09 Jahr **3** **M4 A4**	**Apr 4** 21:44 Jahr **3** **M3 A5**	**Mai 5** 17:07 Jahr **3** **M2 A6**	**Juni 5** 23:06 Jahr **3** **M1 A7**	**Juli 7** 12:08 Jahr **3** **M9 A8**	**Aug 7** 23:32 Jahr **3** **M8 A9**	**Sept 8** 04:28 Jahr **3** **M7 A1**	**Okt 8** 22:27 Jahr **3** **M6 A2**	**Nov 8** 03:37 Jahr **3** **M5 A3**	**Dez 7** 22:24 Jahr **3** **M4 A4**
Jahr 1980	**Jan 6** 11:41 Jahr **3** **M3 A5**	**Feb 5** 01:07 Jahr **2** **M2 A5**	**Mär 5** 21:04 Jahr **2** **M1 A6**	**Apr 4** 04:02 Jahr **2** **M9 A7**	**Mai 4** 22:52 Jahr **2** **M8 A8**	**Juni 5** 05:57 Jahr **2** **M7 A9**	**Juli 6** 17:48 Jahr **2** **M6 A1**	**Aug 7** 05:13 Jahr **2** **M5 A2**	**Sept 7** 10:11 Jahr **2** **M4 A3**	**Okt 8** 04:10 Jahr **2** **M3 A4**	**Nov 7** 09:23 Jahr **2** **M2 A5**	**Dez 7** 04:11 Jahr **2** **M1 A6**
Jahr 1981	**Jan 5** 17:31 Jahr **2** **M9 A7**	**Feb 4** 06:56 Jahr **1** **M8 A7**	**Mär 6** 02:57 Jahr **1** **M7 A8**	**Apr 4** 09:46 Jahr **1** **M6 A9**	**Mai 5** 05:22 Jahr **1** **M5 A1**	**Juni 5** 11:29 Jahr **1** **M4 A2**	**Juli 6** 23:18 Jahr **1** **M3 A3**	**Aug 7** 11:53 Jahr **1** **M2 A4**	**Sept 7** 16:38 Jahr **1** **M1 A5**	**Okt 8** 09:53 Jahr **1** **M9 A6**	**Nov 7** 15:14 Jahr **1** **M8 A7**	**Dez 7** 10:04 Jahr **1** **M7 A8**

Jahr 1982	**Jan 5** 23:05 Jahr **1** **M6 A9**	**Feb 4** 12:49 Jahr **9** **M5 A9**	**Mär 6** 08:45 Jahr **9** **M4 A1**	**Apr 4** 15:26 Jahr **9** **M3 A2**	**Mai 5** 10:54 Jahr **9** **M2 A3**	**Juni 5** 16:55 Jahr **9** **M1 A4**	**Juli 7** 04:42 Jahr **9** **M9 A5**	**Aug 7** 17:21 Jahr **9** **M8 A6**	**Sept 7** 22:14 Jahr **9** **M7 A7**	**Okt 8** 16:06 Jahr **9** **M6 A8**	**Nov 7** 21:10 Jahr **9** **M5 A9**	**Dez 7** 16:04 Jahr **9** **M4 A1**
Jahr 1983	**Jan 6** 05:06 Jahr **9** **M3 A2**	**Feb 4** 18:46 Jahr **8** **M2 A2**	**Mär 6** 14:36 Jahr **8** **M1 A3**	**Apr 4** 21:11 Jahr **8** **M9 A4**	**Mai 5** 16:33 Jahr **8** **M8 A5**	**Juni 5** 22:28 Jahr **8** **M7 A6**	**Juli 7** 11:28 Jahr **8** **M6 A7**	**Aug 7** 22:53 Jahr **8** **M5 A8**	**Sept 8** 03:51 Jahr **8** **M4 A9**	**Okt 8** 21:49 Jahr **8** **M3 A1**	**Nov 8** 02:57 Jahr **8** **M2 A2**	**Dez 7** 21:40 Jahr **8** **M1 A3**
Jahr 1984	**Jan 6** 10:54 Jahr **8** **M9 A4**	**Feb 5** 00:16 Jahr **7** **M8 A4**	**Mär 5** 20:13 Jahr **7** **M7 A5**	**Apr 4** 03:11 Jahr **7** **M6 A6**	**Mai 5** 22:01 Jahr **7** **M5 A7**	**Juni 5** 05:04 Jahr **7** **M4 A8**	**Juli 6** 16:56 Jahr **7** **M3 A9**	**Aug 7** 04:24 Jahr **7** **M2 A1**	**Sept 7** 09:27 Jahr **7** **M1 A2**	**Okt 8** 03:33 Jahr **7** **M9 A3**	**Nov 7** 08:49 Jahr **7** **M8 A4**	**Dez 7** 03:37 Jahr **7** **M7 A5**
Jahr 1985	**Jan 5** 16:52 Jahr **7** **M6 A6**	**Feb 4** 06:12 Jahr **6** **M5 A6**	**Mär 6** 02:08 Jahr **6** **M4 A7**	**Apr 5** 08:55 Jahr **6** **M3 A8**	**Mai 5** 04:32 Jahr **6** **M2 A9**	**Juni 5** 10:38 Jahr **6** **M1 A1**	**Juli 6** 22:27 Jahr **6** **M9 A2**	**Aug 7** 11:02 Jahr **6** **M8 A3**	**Sept 7** 15:49 Jahr **6** **M7 A4**	**Okt 8** 09:09 Jahr **6** **M6 A5**	**Nov 7** 14:33 Jahr **6** **M5 A6**	**Dez 7** 09:29 Jahr **6** **M4 A7**
Jahr 1986	**Jan 5** 22:30 Jahr **6** **M3 A8**	**Feb 4** 12:11 Jahr **5** **M2 A8**	**Mär 6** 08:03 Jahr **5** **M1 A9**	**Apr 5** 14:41 Jahr **5** **M9 A1**	**Mai 5** 10:07 Jahr **5** **M8 A2**	**Juni 5** 16:07 Jahr **5** **M7 A3**	**Juli 7** 03:52 Jahr **5** **M6 A4**	**Aug 7** 16:28 Jahr **5** **M5 A5**	**Sept 7** 21:19 Jahr **5** **M4 A6**	**Okt 8** 15:12 Jahr **5** **M3 A7**	**Nov 7** 20:18 Jahr **5** **M2 A8**	**Dez 7** 15:18 Jahr **5** **M1 A9**
Jahr 1987	**Jan 6** 04:20 Jahr **5** **M9 A1**	**Feb 4** 17:58 Jahr **4** **M8 A1**	**Mär 6** 13:43 Jahr **4** **M7 A2**	**Apr 4** 20:12 Jahr **4** **M6 A3**	**Mai 5** 15:30 Jahr **4** **M5 A4**	**Juni 5** 21:25 Jahr **4** **M4 A5**	**Juli 7** 10:27 Jahr **4** **M3 A6**	**Aug 7** 21:54 Jahr **4** **M2 A7**	**Sept 8** 02:56 Jahr **4** **M1 A8**	**Okt 8** 20:58 Jahr **4** **M9 A9**	**Nov 8** 02:10 Jahr **4** **M8 A1**	**Dez 7** 20:57 Jahr **4** **M7 A2**
Jahr 1988	**Jan 6** 10:15 Jahr **4** **M6 A3**	**Feb 4** 23:40 Jahr **3** **M5 A3**	**Mär 5** 19:34 Jahr **3** **M4 A4**	**Apr 4** 02:29 Jahr **3** **M3 A5**	**Mai 4** 21:12 Jahr **3** **M2 A6**	**Juni 5** 03:03 Jahr **3** **M1 A7**	**Juli 6** 16:03 Jahr **3** **M9 A8**	**Aug 7** 03:29 Jahr **3** **M8 A9**	**Sept 7** 08:32 Jahr **3** **M7 A1**	**Okt 8** 02:37 Jahr **3** **M6 A2**	**Nov 7** 07:53 Jahr **3** **M5 A3**	**Dez 7** 02:43 Jahr **3** **M4 A4**
Jahr 1989	**Jan 5** 16:03 Jahr **3** **M3 A5**	**Feb 4** 05:27 Jahr **2** **M2 A5**	**Mär 6** 01:26 Jahr **2** **M1 A6**	**Apr 4** 08:13 Jahr **2** **M9 A7**	**Mai 5** 03:45 Jahr **2** **M8 A8**	**Juni 5** 09:47 Jahr **2** **M7 A9**	**Juli 6** 21:32 Jahr **2** **M6 A1**	**Aug 7** 10:04 Jahr **2** **M5 A2**	**Sept 7** 14:52 Jahr **2** **M4 A3**	**Okt 8** 08:13 Jahr **2** **M3 A4**	**Nov 7** 13:37 Jahr **2** **M2 A5**	**Dez 7** 08:33 Jahr **2** **M1 A6**
Jahr 1990	**Jan 5** 21:34 Jahr **2** **M9 A7**	**Feb 4** 11:17 Jahr **1** **M8 A7**	**Mär 6** 07:10 Jahr **1** **M7 A8**	**Apr 4** 13:48 Jahr **1** **M6 A9**	**Mai 5** 09:14 Jahr **1** **M5 A1**	**Juni 5** 15:11 Jahr **1** **M4 A2**	**Juli 7** 02:55 Jahr **1** **M3 A3**	**Aug 7** 15:30 Jahr **1** **M2 A4**	**Sept 7** 20:24 Jahr **1** **M1 A5**	**Okt 8** 14:20 Jahr **1** **M9 A6**	**Nov 7** 19:29 Jahr **1** **M8 A7**	**Dez 7** 14:29 Jahr **1** **M7 A8**
Jahr 1991	**Jan 6** 03:34 Jahr **1** **M6 A9**	**Feb 4** 17:14 Jahr **9** **M5 A9**	**Mär 6** 13:02 Jahr **9** **M4 A1**	**Apr 4** 19:33 Jahr **9** **M3 A2**	**Mai 5** 14:53 Jahr **9** **M2 A3**	**Juni 5** 20:46 Jahr **9** **M1 A4**	**Juli 7** 09:44 Jahr **9** **M9 A5**	**Aug 7** 21:06 Jahr **9** **M8 A6**	**Sept 8** 02:02 Jahr **9** **M7 A7**	**Okt 8** 20:01 Jahr **9** **M6 A8**	**Nov 8** 01:13 Jahr **9** **M5 A9**	**Dez 7** 20:01 Jahr **9** **M4 A1**
Jahr 1992	**Jan 6** 09:20 Jahr **9** **M3 A2**	**Feb 4** 22:45 Jahr **8** **M2 A2**	**Mär 5** 18:41 Jahr **8** **M1 A3**	**Apr 4** 01:36 Jahr **8** **M9 A4**	**Mai 4** 20:22 Jahr **8** **M8 A5**	**Juni 5** 02:14 Jahr **8** **M7 A6**	**Juli 6** 15:13 Jahr **8** **M6 A7**	**Aug 7** 02:39 Jahr **8** **M5 A8**	**Sept 7** 07:40 Jahr **8** **M4 A9**	**Okt 8** 01:44 Jahr **8** **M3 A1**	**Nov 7** 07:01 Jahr **8** **M2 A2**	**Dez 7** 01:52 Jahr **8** **M1 A3**
Jahr 1993	**Jan 5** 15:12 Jahr **8** **M9 A4**	**Feb 4** 04:37 Jahr **7** **M8 A4**	**Mär 6** 00:35 Jahr **7** **M7 A5**	**Apr 4** 07:21 Jahr **7** **M6 A6**	**Mai 5** 02:55 Jahr **7** **M5 A7**	**Juni 5** 08:59 Jahr **7** **M4 A8**	**Juli 6** 20:46 Jahr **7** **M3 A9**	**Aug 7** 09:21 Jahr **7** **M2 A1**	**Sept 7** 14:08 Jahr **7** **M1 A2**	**Okt 8** 07:27 Jahr **7** **M9 A3**	**Nov 7** 12:49 Jahr **7** **M8 A4**	**Dez 7** 07:45 Jahr **7** **M7 A5**
Jahr 1994	**Jan 5** 20:49 Jahr **7** **M6 A6**	**Feb 4** 10:33 Jahr **6** **M5 A6**	**Mär 6** 06:29 Jahr **6** **M4 A7**	**Apr 4** 13:08 Jahr **6** **M3 A8**	**Mai 5** 08:34 Jahr **6** **M2 A9**	**Juni 5** 14:32 Jahr **6** **M1 A1**	**Juli 7** 02:16 Jahr **6** **M9 A2**	**Aug 7** 14:51 Jahr **6** **M8 A3**	**Sept 7** 19:43 Jahr **6** **M7 A4**	**Okt 8** 13:36 Jahr **6** **M6 A5**	**Nov 7** 18:41 Jahr **6** **M5 A6**	**Dez 7** 13:38 Jahr **6** **M4 A7**
Jahr 1995	**Jan 6** 02:39 Jahr **6** **M3 A8**	**Feb 4** 16:19 Jahr **5** **M2 A8**	**Mär 6** 12:06 Jahr **5** **M1 A9**	**Apr 4** 18:38 Jahr **5** **M9 A1**	**Mai 5** 13:58 Jahr **5** **M8 A2**	**Juni 5** 19:53 Jahr **5** **M7 A3**	**Juli 7** 08:54 Jahr **5** **M6 A4**	**Aug 7** 20:22 Jahr **5** **M5 A5**	**Sept 8** 01:24 Jahr **5** **M4 A6**	**Okt 8** 19:27 Jahr **5** **M3 A7**	**Nov 8** 00:40 Jahr **5** **M2 A8**	**Dez 7** 19:27 Jahr **5** **M1 A9**
Jahr 1996	**Jan 6** 08:42 Jahr **5** **M9 A1**	**Feb 4** 22:04 Jahr **4** **M8 A1**	**Mär 5** 17:58 Jahr **4** **M7 A2**	**Apr 4** 00:54 Jahr **4** **M6 A3**	**Mai 4** 19:40 Jahr **4** **M5 A4**	**Juni 5** 01:34 Jahr **4** **M4 A5**	**Juli 6** 14:35 Jahr **4** **M3 A6**	**Aug 7** 02:02 Jahr **4** **M2 A7**	**Sept 7** 07:06 Jahr **4** **M1 A8**	**Okt 8** 01:12 Jahr **4** **M9 A9**	**Nov 7** 06:31 Jahr **4** **M8 A1**	**Dez 7** 01:22 Jahr **4** **M7 A2**
Jahr 1997	**Jan 5** 14:40 Jahr **4** **M6 A3**	**Feb 4** 04:01 Jahr **3** **M5 A3**	**Mär 5** 23:57 Jahr **3** **M4 A4**	**Apr 4** 06:41 Jahr **3** **M3 A5**	**Mai 5** 01:22 Jahr **3** **M2 A6**	**Juni 5** 08:18 Jahr **3** **M1 A7**	**Juli 6** 20:07 Jahr **3** **M9 A8**	**Aug 7** 07:34 Jahr **3** **M8 A9**	**Sept 7** 13:30 Jahr **3** **M7 A1**	**Okt 8** 06:52 Jahr **3** **M6 A2**	**Nov 7** 12:18 Jahr **3** **M5 A3**	**Dez 7** 07:16 Jahr **3** **M4 A4**
Jahr 1998	**Jan 5** 20:18 Jahr **3** **M3 A5**	**Feb 4** 09:59 Jahr **2** **M2 A5**	**Mär 6** 05:48 Jahr **2** **M1 A6**	**Apr 4** 12:22 Jahr **2** **M9 A7**	**Mai 5** 07:45 Jahr **2** **M8 A8**	**Juni 5** 13:43 Jahr **2** **M7 A9**	**Juli 7** 01:29 Jahr **2** **M6 A1**	**Aug 7** 14:08 Jahr **2** **M5 A2**	**Sept 7** 19:05 Jahr **2** **M4 A3**	**Okt 8** 12:36 Jahr **2** **M3 A4**	**Nov 7** 18:14 Jahr **2** **M2 A5**	**Dez 7** 13:16 Jahr **2** **M1 A6**
Jahr 1999	**Jan 6** 02:22 Jahr **2** **M9 A7**	**Feb 4** 16:02 Jahr **1** **M8 A7**	**Mär 6** 11:47 Jahr **1** **M7 A8**	**Apr 4** 18:14 Jahr **1** **M6 A9**	**Mai 5** 13:30 Jahr **1** **M5 A1**	**Juni 5** 19:21 Jahr **1** **M4 A2**	**Juli 7** 08:21 Jahr **1** **M3 A3**	**Aug 7** 19:46 Jahr **1** **M2 A4**	**Sept 8** 00:47 Jahr **1** **M1 A5**	**Okt 8** 18:49 Jahr **1** **M9 A6**	**Nov 8** 00:03 Jahr **1** **M8 A7**	**Dez 7** 18:52 Jahr **1** **M7 A8**

Jahr 2000	**Jan 6** 08:12 Jahr 1 **M6 A9**	**Feb 4** 21:36 Jahr 9 **M5 A9**	**Mär 5** 17:32 Jahr 9 **M4 A1**	**Apr 3** 23:57 Jahr 9 **M3 A2**	**Mai 4** 19:08 Jahr 9 **M2 A3**	**Juni 5** 00:56 Jahr 9 **M1 A4**	**Juli 6** 13:51 Jahr 9 **M9 A5**	**Aug 7** 01:19 Jahr 9 **M8 A6**	**Sept 7** 06:23 Jahr 9 **M7 A7**	**Okt 8** 00:33 Jahr 9 **M6 A8**	**Nov 7** 05:52 Jahr 9 **M5 A9**	**Dez 7** 00:45 Jahr 9 **M4 A1**
Jahr 2001	**Jan 5** 14:05 Jahr 9 **M3 A2**	**Feb 4** 03:29 Jahr 8 **M2 A2**	**Mär 5** 23:26 Jahr 8 **M1 A3**	**Apr 4** 06:10 Jahr 8 **M9 A4**	**Mai 5** 00:48 Jahr 8 **M8 A5**	**Juni 5** 07:42 Jahr 8 **M7 A6**	**Juli 6** 19:26 Jahr 8 **M6 A7**	**Aug 7** 06:52 Jahr 8 **M5 A8**	**Sept 7** 12:50 Jahr 8 **M4 A9**	**Okt 8** 06:14 Jahr 8 **M3 A1**	**Nov 7** 11:41 Jahr 8 **M2 A2**	**Dez 7** 06:41 Jahr 8 **M1 A3**
Jahr 2002	**Jan 5** 19:45 Jahr 8 **M9 A4**	**Feb 4** 09:27 Jahr 7 **M8 A4**	**Mär 6** 05:20 Jahr 7 **M7 A5**	**Apr 4** 11:57 Jahr 7 **M6 A6**	**Mai 5** 07:21 Jahr 7 **M5 A7**	**Juni 5** 13:17 Jahr 7 **M4 A8**	**Juli 7** 00:59 Jahr 7 **M3 A9**	**Aug 7** 13:31 Jahr 7 **M2 A1**	**Sept 7** 18:23 Jahr 7 **M1 A2**	**Okt 8** 11:52 Jahr 7 **M9 A3**	**Nov 7** 17:29 Jahr 7 **M8 A4**	**Dez 7** 12:30 Jahr 7 **M7 A5**
Jahr 2003	**Jan 6** 01:34 Jahr 7 **M6 A6**	**Feb 4** 15:12 Jahr 6 **M5 A6**	**Mär 6** 10:56 Jahr 6 **M4 A7**	**Apr 4** 17:25 Jahr 6 **M3 A8**	**Mai 5** 12:42 Jahr 6 **M2 A9**	**Juni 5** 18:35 Jahr 6 **M1 A1**	**Juli 7** 07:35 Jahr 6 **M9 A2**	**Aug 7** 18:59 Jahr 6 **M8 A3**	**Sept 8** 00:00 Jahr 6 **M7 A4**	**Okt 8** 18:03 Jahr 6 **M6 A5**	**Nov 7** 23:19 Jahr 6 **M5 A6**	**Dez 7** 18:10 Jahr 6 **M4 A7**
Jahr 2004	**Jan 6** 07:29 Jahr 6 **M3 A8**	**Feb 3** 21:09 Jahr 5 **M2 A8**	**Mär 5** 16:45 Jahr 5 **M1 A9**	**Apr 3** 23:08 Jahr 5 **M9 A1**	**Mai 4** 18:21 Jahr 5 **M8 A2**	**Juni 5** 00:12 Jahr 5 **M7 A3**	**Juli 6** 13:12 Jahr 5 **M6 A4**	**Aug 7** 00:38 Jahr 5 **M5 A5**	**Sept 7** 05:40 Jahr 5 **M4 A6**	**Okt 7** 23:46 Jahr 5 **M3 A7**	**Nov 7** 05:04 Jahr 5 **M2 A8**	**Dez 6** 23:57 Jahr 5 **M1 A9**
Jahr 2005	**Jan 5** 13:18 Jahr 5 **M9 A1**	**Feb 4** 02:43 Jahr 4 **M8 A1**	**Mär 5** 22:34 Jahr 4 **M7 A2**	**Apr 4** 05:22 Jahr 4 **M6 A3**	**Mai 4** 23:59 Jahr 4 **M5 A4**	**Juni 5** 06:53 Jahr 4 **M4 A5**	**Juli 6** 18:39 Jahr 4 **M3 A6**	**Aug 7** 06:06 Jahr 4 **M2 A7**	**Sept 7** 12:02 Jahr 4 **M1 A8**	**Okt 8** 05:23 Jahr 4 **M9 A9**	**Nov 7** 10:47 Jahr 4 **M8 A1**	**Dez 7** 05:44 Jahr 4 **M7 A2**
Jahr 2006	**Jan 5** 18:51 Jahr 4 **M6 A3**	**Feb 4** 08:30 Jahr 3 **M5 A3**	**Mär 6** 04:21 Jahr 3 **M4 A4**	**Apr 4** 10:56 Jahr 3 **M3 A5**	**Mai 5** 06:17 Jahr 3 **M2 A6**	**Juni 5** 12:12 Jahr 3 **M1 A7**	**Juli 6** 23:56 Jahr 3 **M9 A8**	**Aug 7** 12:35 Jahr 3 **M8 A9**	**Sept 7** 17:32 Jahr 3 **M7 A1**	**Okt 8** 11:04 Jahr 3 **M6 A2**	**Nov 7** 16:42 Jahr 3 **M5 A3**	**Dez 7** 11:41 Jahr 3 **M4 A4**
Jahr 2007	**Jan 6** 00:45 Jahr 3 **M3 A5**	**Feb 4** 14:23 Jahr 2 **M2 A5**	**Mär 6** 10:09 Jahr 2 **M1 A6**	**Apr 4** 16:38 Jahr 2 **M9 A7**	**Mai 5** 11:54 Jahr 2 **M8 A8**	**Juni 5** 17:45 Jahr 2 **M7 A9**	**Juli 7** 05:29 Jahr 2 **M6 A1**	**Aug 7** 18:09 Jahr 2 **M5 A2**	**Sept 7** 23:11 Jahr 2 **M4 A3**	**Okt 8** 17:15 Jahr 2 **M3 A4**	**Nov 7** 22:30 Jahr 2 **M2 A5**	**Dez 7** 17:19 Jahr 2 **M1 A6**
Jahr 2008	**Jan 6** 06:35 Jahr 2 **M9 A7**	**Feb 4** 20:10 Jahr 1 **M8 A7**	**Mär 5** 15:49 Jahr 1 **M7 A8**	**Apr 3** 22:13 Jahr 1 **M6 A9**	**Mai 4** 17:25 Jahr 1 **M5 A1**	**Juni 4** 23:14 Jahr 1 **M4 A2**	**Juli 6** 12:11 Jahr 1 **M3 A3**	**Aug 6** 23:38 Jahr 1 **M2 A4**	**Sept 7** 04:43 Jahr 1 **M1 A5**	**Okt 7** 22:54 Jahr 1 **M9 A6**	**Nov 7** 04:16 Jahr 1 **M8 A7**	**Dez 6** 23:10 Jahr 1 **M7 A8**
Jahr 2009	**Jan 5** 12:29 Jahr 1 **M6 A9**	**Feb 4** 01:49 Jahr 9 **M5 A9**	**Mär 5** 21:36 Jahr 9 **M4 A1**	**Apr 4** 04:22 Jahr 9 **M3 A2**	**Mai 4** 22:59 Jahr 9 **M2 A3**	**Juni 5** 05:53 Jahr 9 **M1 A4**	**Juli 6** 17:39 Jahr 9 **M9 A5**	**Aug 7** 05:06 Jahr 9 **M8 A6**	**Sept 7** 10:14 Jahr 9 **M7 A7**	**Okt 8** 04:30 Jahr 9 **M6 A8**	**Nov 7** 10:01 Jahr 9 **M5 A9**	**Dez 7** 05:03 Jahr 9 **M4 A1**
Jahr 2010	**Jan 5** 18:28 Jahr 9 **M3 A2**	**Feb 4** 07:50 Jahr 8 **M2 A2**	**Mär 6** 03:39 Jahr 8 **M1 A3**	**Apr 4** 10:12 Jahr 8 **M9 A4**	**Mai 5** 05:32 Jahr 8 **M8 A5**	**Juni 5** 11:26 Jahr 8 **M7 A6**	**Juli 6** 23:10 Jahr 8 **M6 A7**	**Aug 7** 11:46 Jahr 8 **M5 A8**	**Sept 7** 16:40 Jahr 8 **M4 A9**	**Okt 8** 10:11 Jahr 8 **M3 A1**	**Nov 7** 15:49 Jahr 8 **M2 A2**	**Dez 7** 10:53 Jahr 8 **M1 A3**
Jahr 2011	**Jan 5** 23:59 Jahr 8 **M9 A4**	**Feb 4** 13:39 Jahr 7 **M8 A4**	**Mär 6** 09:21 Jahr 7 **M7 A5**	**Apr 4** 15:47 Jahr 7 **M6 A6**	**Mai 5** 10:59 Jahr 7 **M5 A7**	**Juni 5** 16:49 Jahr 7 **M4 A8**	**Juli 7** 04:32 Jahr 7 **M3 A9**	**Aug 7** 17:14 Jahr 7 **M2 A1**	**Sept 7** 22:18 Jahr 7 **M1 A2**	**Okt 8** 16:24 Jahr 7 **M9 A3**	**Nov 7** 21:41 Jahr 7 **M8 A4**	**Dez 7** 16:46 Jahr 7 **M7 A5**
Jahr 2012	**Jan 6** 05:53 Jahr 7 **M6 A6**	**Feb 4** 19:30 Jahr 6 **M5 A6**	**Mär 5** 15:11 Jahr 6 **M4 A7**	**Apr 3** 21:33 Jahr 6 **M3 A8**	**Mai 4** 16:42 Jahr 6 **M2 A9**	**Juni 4** 22:29 Jahr 6 **M1 A1**	**Juli 6** 11:27 Jahr 6 **M9 A2**	**Aug 6** 22:54 Jahr 6 **M8 A3**	**Sept 7** 03:59 Jahr 6 **M7 A4**	**Okt 7** 22:10 Jahr 6 **M6 A5**	**Nov 7** 03:31 Jahr 6 **M5 A6**	**Dez 6** 22:26 Jahr 6 **M4 A7**
Jahr 2013	**Jan 5** 11:48 Jahr 6 **M3 A8**	**Feb 4** 01:12 Jahr 5 **M2 A8**	**Mär 5** 21:04 Jahr 5 **M1 A9**	**Apr 4** 03:52 Jahr 5 **M9 A1**	**Mai 4** 22:28 Jahr 5 **M8 A2**	**Juni 5** 05:19 Jahr 5 **M7 A3**	**Juli 6** 17:03 Jahr 5 **M6 A4**	**Aug 7** 04:28 Jahr 5 **M5 A5**	**Sept 7** 09:35 Jahr 5 **M4 A6**	**Okt 8** 03:50 Jahr 5 **M3 A7**	**Nov 7** 09:19 Jahr 5 **M2 A8**	**Dez 7** 04:19 Jahr 5 **M1 A9**
Jahr 2014	**Jan 5** 17:43 Jahr 5 **M9 A1**	**Feb 4** 07:05 Jahr 4 **M8 A1**	**Mär 6** 02:55 Jahr 4 **M7 A2**	**Apr 4** 09:29 Jahr 4 **M6 A3**	**Mai 5** 04:49 Jahr 4 **M5 A4**	**Juni 5** 10:43 Jahr 4 **M4 A5**	**Juli 6** 22:25 Jahr 4 **M3 A6**	**Aug 7** 11:01 Jahr 4 **M2 A7**	**Sept 7** 15:58 Jahr 4 **M1 A8**	**Okt 8** 09:32 Jahr 4 **M9 A9**	**Nov 7** 15:14 Jahr 4 **M8 A1**	**Dez 7** 10:18 Jahr 4 **M7 A2**
Jahr 2015	**Jan 5** 23:24 Jahr 4 **M6 A3**	**Feb 4** 13:03 Jahr 3 **M5 A3**	**Mär 6** 08:47 Jahr 3 **M4 A4**	**Apr 4** 15:14 Jahr 3 **M3 A5**	**Mai 5** 10:29 Jahr 3 **M2 A6**	**Juni 5** 16:20 Jahr 3 **M1 A7**	**Juli 7** 04:04 Jahr 3 **M9 A8**	**Aug 7** 16:43 Jahr 3 **M8 A9**	**Sept 7** 21:44 Jahr 3 **M7 A1**	**Okt 8** 15:48 Jahr 3 **M6 A2**	**Nov 7** 21:05 Jahr 3 **M5 A3**	**Dez 7** 16:11 Jahr 3 **M4 A4**
Jahr 2016	**Jan 6** 05:17 Jahr 3 **M3 A5**	**Feb 4** 18:55 Jahr 2 **M2 A5**	**Mär 5** 14:34 Jahr 2 **M1 A6**	**Apr 3** 20:56 Jahr 2 **M9 A7**	**Mai 4** 16:06 Jahr 2 **M8 A8**	**Juni 4** 21:55 Jahr 2 **M7 A9**	**Juli 6** 10:52 Jahr 2 **M6 A1**	**Aug 6** 22:19 Jahr 2 **M5 A2**	**Sept 7** 03:23 Jahr 2 **M4 A3**	**Okt 7** 21:32 Jahr 2 **M3 A4**	**Nov 7** 02:53 Jahr 2 **M2 A5**	**Dez 6** 21:48 Jahr 2 **M1 A6**
Jahr 2017	**Jan 5** 11:09 Jahr 2 **M9 A7**	**Feb 4** 00:33 Jahr 1 **M8 A7**	**Mär 5** 20:22 Jahr 1 **M7 A8**	**Apr 4** 03:07 Jahr 1 **M6 A9**	**Mai 4** 21:42 Jahr 1 **M5 A1**	**Juni 5** 03:25 Jahr 1 **M4 A2**	**Juli 6** 16:21 Jahr 1 **M3 A3**	**Aug 7** 03:48 Jahr 1 **M2 A4**	**Sept 7** 08:58 Jahr 1 **M1 A5**	**Okt 8** 03:14 Jahr 1 **M9 A6**	**Nov 7** 08:42 Jahr 1 **M8 A7**	**Dez 7** 03:43 Jahr 1 **M7 A8**

NEUN-KI JAHRESZAHL 1

Sie sind ein flexibler Mensch, der versucht, um Schwierigkeiten im Leben herumzukommen. Sie besitzen große Kraft und könnten viel erreichen, aber Ihr Fortschritt und Ihr Erfolg haben die Tendenz, im Verborgenen zu bleiben. Sie sind am erfolgreichsten, wenn Sie Ihr Leben langsam aufbauen und fließend in neue Situationen hineingleiten.

Sie brauchen Ihre Freiräume, besonders in einer Partnerschaft. Wenn Sie diese Freiheit und diesen Raum haben, fühlen Sie sich sicher in dem Wissen, dass Sie zu Ihrem Partner zurückkehren können, wann immer Sie wollen. Anderen kommen Sie manchmal verschlossen vor, aber Sie können herzlich und sehr liebevoll sein. Sie können sich Sorgen um andere machen, und möglicherweise stecken – bedingt durch Ihre Erziehung – tiefe Unsicherheitsgefühle in Ihnen.

Sie haben die Fähigkeit, sich aus einer Situation einen Schritt zurückzuziehen und sie objektiv zu betrachten. Zeitweise gibt Ihnen das eine außergewöhnliche gedankliche Klarheit. Diese Eigenschaft macht Sie offen für Spiritualität und Sie fühlen sich in späteren Jahren zu Religion, spirituellen Praktiken oder Meditation hingezogen. Andere finden Sie sexuell sehr anziehend und ein gutes Sexualleben ist für Sie wichtig. In einer befriedigenden sexuellen Beziehung ist für Sie die Qualität wichtiger als die Quantität. Sie fühlen sich zu den Geheimnissen und der Mystik von Sex hingezogen und genießen kontrolliert sich entwickelnde sexuelle Aktivitäten.

NEUN-KI MONATSZAHL 1

Sie sind ein begabter Redner und können Ihre Gefühle gut beschreiben. Sie können die Aufmerksamkeit anderer Menschen in sozialen Situationen auf sich konzentrieren und scheinen häufig sehr offen. Trotzdem neigen Sie dazu, Teile Ihres tieferen Selbst vor anderen verborgen zu halten. Sie haben oft objektiven Rat für andere und können die Stimme der Vernunft sein. Sie haben originelle Ideen und sind nicht beeinflusst durch die Meinung anderer.

Obwohl Sie leicht eine Gefühlsbeziehung zu anderen aufbauen können, ist Ihre Toleranz für schwache Menschen nicht groß. Wenn Sie sich selbst besonders objektiv und unabhängig fühlen, empfinden andere Sie als unsympathisch und kalt. Manchmal sind Sie in Ihrem Urteil über andere zu schnell.

In Liebesdingen sind Sie zärtlich und genießen Sex, obwohl Sie gerne unabhängig bleiben. Das lässt Sie unfähig erscheinen, sich Ihrem Partner total anzuvertrauen. Sie brauchen Zeit für sich selbst und haben lieber eine Beziehung mit jemand, der sicher genug ist, Ihnen Ihre Freiheit zu erlauben. In unsicheren Zeiten könnten Sie voreilig handeln und abspringen.

NEUN-KI ACHSENZAHL 1

Typischerweise nehmen Sie es leicht, sind gelassen und entspannt. Sie finden es einfach, sich unter viele verschiedene Menschen mit unterschiedlichem Hintergrund zu mischen. Sie gehen Ihre Arbeit auf eine vernünftige und logische Art an und Ihre Objektivität gibt Ihnen die Fähigkeit, anderen hilfreiche Ratschläge zu geben. Dennoch machen Sie sich oft Sorgen über kleine Dinge im Leben.

●○○ NEUN-KI JAHRESZAHL 2

Sie sind ein vorsichtiger, bedächtiger und methodischer Mensch. Erfolg ist durchaus in Ihrer Reichweite dank Ihres praktischen Zugangs zum Leben. Sie besitzen die besondere Fähigkeit, kontinuierlich Fortschritte zu machen und immer neue Fertigkeiten zu entwickeln.

Sie haben ein besonnenes Verhältnis zum Leben; diese Eigenschaft tritt stärker hervor, wenn Sie älter werden. Der Vorteil ist, dass Sie vorsichtig und klug bei der Planung Ihrer Zukunft vorgehen und es schaffen, Ihre größten Erfolge in frühen Jahren zu erzielen. Das Risiko dabei ist, dass Sie vor Abenteuern zurückschrecken und Ihr Leben eher stagniert. Sie vermeiden Langeweile, wenn Sie Ihre Pläne und Wünsche erweitern.

Sie brauchen die Sicherheit einer Familie und eines stabilen Zuhauses. Ihr Hang zu Abhängigkeit bringt es mit sich, dass Ihnen Erfolg leichter fällt, wenn Sie jemanden haben, auf den Sie sich verlassen können. Sie sind ein hervorragender Mannschaftsspieler. Sie finden sich oft in der Situation wieder, dass Sie für andere Menschen sorgen, auch wenn Sie das ursprünglich nicht vorhatten.

Sie genießen die Intimität und Zuneigung in einer für Sie befriedigenden, langfristigen und sicheren Beziehung. Sie genießen ein aktives Sexualleben und sind ein befriedigender und geschickter Liebhaber. Zeitweise ersticken Sie Ihre Wünsche durch allzu viel Realismus und Pragmatismus. In diesem Fall würde Ihnen ein etwas abenteuerlustiger Partner gut tun.

○●○ NEUN-KI MONATSZAHL 2

Sie denken methodisch und können gut lernen und studieren. Sobald Sie ein Konzept verstanden haben, können Sie es sehr einfach erklären. Genauso können Sie Ihre eigenen Gedanken und Ideen klar und effektiv vermitteln.

Sie haben eine freundliche und fürsorgliche Natur und sind für die Probleme anderer Menschen offen. Sie sind taktvoll und kompromissbereit in Ihren Beziehungen zu anderen und haben einen großen Freundeskreis wegen Ihres aufrichtigen Interesses für das Leben anderer Menschen.

In Liebesbeziehungen suchen Sie eine innige und eingespielte Partnerschaft. Sie möchten gerne einen Partner haben, der verlässlich und verantwortungsvoll ist, und erwarten, mit Fürsorge und Rücksicht behandelt zu werden. Trotzdem fühlen Sie sich oft von Menschen angezogen, die hitzig, spontan und aufregend sind. Sie sind leicht eifersüchtig und unsicher, wenn Ihre Partnerschaft bedroht scheint. Ihre Freunde werfen Ihnen unter Umständen vor, dass Sie sich manchmal unnötig beklagen oder zu kritisch mit ihnen sind.

○○● NEUN-KI ACHSENZAHL 2

Sie sind vorsichtig, besonnen und achten auf finanzielle Sicherheit. Ihr Herangehen an Ziele ist realistisch und gründlich. Sie sind gut geeignet, Geschäftskontakte zu knüpfen, zu entwickeln und zu pflegen, und Sie haben die Fähigkeit, Freundschaften zu schließen, die Ihnen langfristig nützlich sind. Sie sind fähig, ein Arbeitsteam effektiv zu leiten.

NEUN-KI JAHRESZAHL 3

Sie sind dynamisch und aktiv und können richtig in Fahrt kommen, wenn Ihre Begeisterung entfacht ist. Das hilft Ihnen, neue Projekte anzugehen, und Sie finden es sehr befriedigend, zu sehen, wie Ihre Ideen in die Tat umgesetzt werden. Ihre Ungeduld, schnelle Ergebnisse zu erzielen, kann aber auch bedeuten, dass Sie das Interesse verlieren, wenn die Dinge nicht sofort klappen. Es bedeutet ein gewisses Risiko, wenn Sie Ihre Pläne nicht bis zu einem gewinnbringenden Abschluss verfolgen, sondern stattdessen Ihre Begeisterung auf ein neues Projekt richten. Wenn Sie das Gefühl haben, dass andere Sie in Ihrem Fortkommen behindern, können Sie verstört und unbeherrscht reagieren.

Sie können sich in technischen Details verlieren und forschen gerne genau nach. Sie setzen Ihre Energie gezielt ein und sind gerne genau und präzise. Das kann dazu führen, dass Sie Chancen verpassen, weil Sie den Blick für das Ganze verloren haben. Ihre Energie lässt Sie Vorreiter für neue Trends und Richtungen sein.

Ihr idealer Partner ist positiv, begeisterungsfähig und selbstsicher. Da Sie karriereorientiert sind, würden Sie von jemand profitieren, der Ihnen beruflich weiterhilft. Ihre Liebesbeziehungen sind aktiv und basieren auf gemeinsamen Unternehmungen. Sie können Menschen, die mit Ihrem Tempo nicht mithalten können, schlecht ertragen.

NEUN-KI MONATSZAHL 3

Sie sind entschlussfreudig und sagen gern Ihre Meinung. Manche Menschen stört diese Direktheit.

Da Sie leicht lernen, beherrschen Sie schnell technische Details. Sorgfalt und Präzision sind für Sie wichtig, dadurch neigen Sie aber zum Schwarz-Weiß-Denken. Sie haben einen gut organisierten Verstand, sodass Sie Informationen schnell aufnehmen und behalten. Sie haben ein ausgezeichnetes Gedächtnis und können schnell Lösungen entwickeln, sowohl für sich selbst als auch für andere. Unklare Situationen rufen in Ihnen ungute Gefühle hervor, ebenso wie Menschen, deren Verstand nicht logisch arbeitet.

Sie haben ein starkes Selbstvertrauen und bleiben auch dann lösungsorientiert, wenn Sie mit Schwierigkeiten konfrontiert werden. Sie können sehr angespannt und sensibel sein, was Sie zeitweise unberechenbar macht. In Liebesbeziehungen sind Sie eindeutig, aber Ihr Partner muß Ihre emotionalen Schwankungen aushalten und sich Ihren Ordnungsstandards anpassen können.

NEUN-KI ACHSENZAHL 3

Sie sind leicht zu begeistern und vielseitig interessiert. Sie haben eine positive Ausstrahlung, die Aufmerksamkeit erregt, und Menschen fühlen sich auf natürliche Weise zu Ihnen hingezogen. Neue Projekte machen Ihnen viel Spaß, es kann aber passieren, dass Sie sich zu lange mit dem Aufbauen beschäftigen und dabei das Ziel aus den Augen verlieren. Sie sind gerne aktiv.

NEUN-KI JAHRESZAHL 4

Sie haben das starke Bedürfnis voranzukommen und lieben es, sich immer wieder in neue Situationen zu begeben. Sie reisen und arbeiten gern in verschiedenen Ländern und machen Urlaub an exotischen Orten. Bei Schwierigkeiten lassen Sie sich leicht dazu verleiten, die Lösung in Flucht oder Neuanfang zu suchen.

Sie haben große Ideen und denken in globalen Dimensionen. Sie teilen Ihre Gedanken gerne mit, sei es in Ihrem Beruf oder durch ein Hobby wie Schreiben, Film, Musik oder Fotografie – alles Bereiche, in denen Sie natürlicherweise Erfolg haben können.

Es gibt eine sanfte Seite in Ihrem Charakter, die Sie vor Konfrontationen zurückschrecken lässt. Besonders Kritik kann Sie so sehr aus der Fassung bringen, dass Sie, wenn etwas schief geht, lieber in die Rolle des Opfers schlüpfen. Gleichzeitig haben Sie aber auch eine gewisse Zähigkeit, die Ihnen hilft, über einen langen Zeitraum hinweg auf ein Ziel hinzuarbeiten. Das kann jedoch auch dazu führen, dass Sie etwas weiterverfolgen, obwohl es schon lange nutzlos geworden ist.

In Partnerschaften fühlen Sie sich zu Menschen hingezogen, die Ihre sensible Seite schätzen und gerne das große Ganze im Leben betrachten. Warme, positive und begeisterungsfähige Menschen können Ihr Herz leicht erobern.

NEUN-KI MONATSZAHL 4

Sie sind ein sehr phantasievoller Mensch, arbeiten kreativ und können schnell neue Ideen entwickeln. Sie können in Situationen Erfolg haben, weil Sie fähig sind, aus dem Stand heraus Ideen zu entwickeln. Ihre Fähigkeit, an mehr als eine Sache gleichzeitig zu denken, kann es jedoch anderen schwer machen, Ihre Aufmerksamkeit zu fesseln.

Sie neigen dazu, viel Zeit mit der Analyse von Problemen zu verbringen, wenn Taten angemessener wären. Daher schieben Sie Entscheidungen oft bis zur letzten Minute auf. Das kann für Ihre Kollegen schwierig sein, denen es ohne konkrete Planung schwer fällt zu beurteilen, was vor sich geht.

In Ihrer Partnerschaft sind Sie sanft, sensibel und freundlich, haben aber auch einen rücksichtslosen und entschlossenen Zug. Zeitweise verbinden sich diese verschiedenen Charakteristika und Sie machen sich allein auf den Weg, ohne dass jemand gemerkt hätte, was passiert ist. Sie fühlen sich eher zu jemand hingezogen, der warm und optimistisch ist und Ihre Stärken schätzt.

NEUN-KI ACHSENZAHL 4

Sie sind ein sanfter, freundlicher und besonnener Mensch. Andere fühlen sich in Ihrer Gesellschaft entspannt und Sie schließen daher leicht Freundschaften.

Sie sind clever und können bei der Arbeit kreative und phantasievolle Ideen entwickeln. Sie können aber auch sehr hartnäckig, entschlossen und zäh sein, wenn es darum geht, Ihre Ziele zu verfolgen.

NEUN-KI JAHRESZAHL 5

Sie besitzen enorme Kräfte, um in Ihrem Leben radikale Veränderungen zu vollziehen. Das ermöglicht Ihnen, neue Projekte oder neue Philosophien mit großem Elan zu verfolgen. Die Anstrengungen, die Sie für diese Umorientierungen unternehmen, lassen Sie bei Ihrem neuen Lebensstil für einige Zeit bleiben.

Sie haben das Bedürfnis, andere Menschen an Ihrem Erfolg teilhaben zu lassen, was im Extremfall dazu führt, dass Sie versuchen, Ihre Freunde und Familie zu bekehren. Sie können für einen Menschen eine besondere Begeisterung entwickeln und ihn zum Helden hochstilisieren, kündigen die Gefolgschaft aber leicht auf, wenn jemand Neues auf der Bildfläche erscheint.

Sie haben gerne Menschen um sich und lieben es, im Zentrum der Aufmerksamkeit zu stehen. Sie sind glücklich in einer großen Familie, in einem großen Freundeskreis oder in einem Beruf, in dem Sie mit vielen Menschen zusammenkommen. Sie haben aber auch soziales Bewusstsein und können komplexe soziale Zusammenhänge in einer Gemeinschaft verstehen.

Sie werden leicht in Klatsch hineingezogen und nehmen das Verhalten anderer oft zu wichtig. Zeitweise können Sie eifersüchtig und kritisch sein. Obwohl Sie eine ausgewogene Lebenseinstellung haben, verfallen Sie gern in extreme Meinungen und strenge moralische Anschauungen. Sie sind manchmal streitlustig, wobei Sie sich klarmachen sollten, dass es langfristig besser ist, jemand für sich zu gewinnen, als ihn im Wortwechsel zu besiegen. Sie sind normalerweise sympathisch und verständnisvoll, sodass andere sich Ihnen leicht anvertrauen.

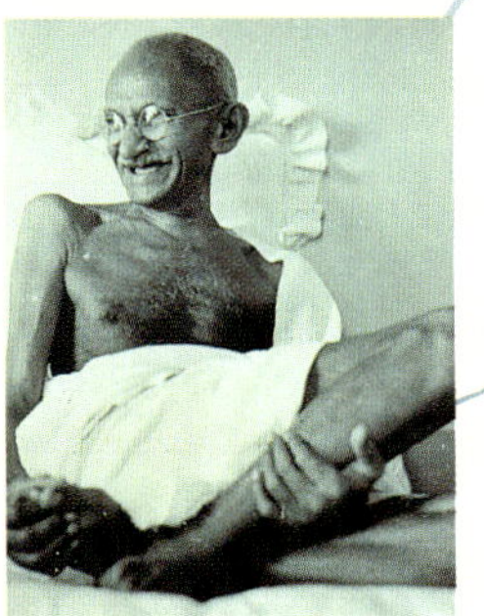

NEUN-KI MONATSZAHL 5

Sie sind stark und mutig, neigen aber dazu, diese Stärken herunterzuspielen. Sie können sich ohne Mühe ins Zentrum der Aufmerksamkeit bringen und wenn Sie das erreicht haben, kosten Sie es gerne aus.

Sie haben vor Konfrontation keine Angst und lieben angeregte Diskussionen. Sie sind ein beeindruckender und überzeugender Redner, und wenn es mit Ihnen durchgeht, spüren Ihre Gegner Ihre ganze Kraft. Das gibt Ihrem Charakter einen einschüchternden Aspekt. Sie haben gute soziale Fähigkeiten und viele Freunde. Im Beruf arbeiten Sie gern im Team.

In Beziehungen haben Sie gern die Kontrolle und können dominant sein. Wenn Sie Ihren Partner respektieren, zeigen Sie große Loyalität und Unterstützung. Sie sind in der Lage, Ihren Partner wirkungsvoll zu fördern und aufzubauen.

NEUN-KI ACHSENZAHL 5

Sie wirken nach außen hin stark und hinterlassen einen guten ersten Eindruck, obwohl Sie vielleicht innerlich gar nicht so stark und selbstsicher sind. Das ist aber abhängig von Ihren anderen Neun-Ki Zahlen.

Sie können in einer Situation schnell die Führung übernehmen und werden Menschen nicht tolerieren, die Sie übervorteilen wollen.

NEUN-KI JAHRESZAHL 6

Ihr Ziel ist es, mit Würde und Anstand durchs Leben zu gehen. Sie schätzen Ehrlichkeit, Vertrauen und Respekt, Faktoren, die viele Ihrer Entscheidungen beeinflussen. Sie sind glücklich, wenn Sie Verantwortung übernehmen können. Das lässt Sie reif und ernst wirken, kann Sie aber auch autoritär und unnahbar erscheinen lassen.

Sie fühlen sich in Situationen verletzt, in denen Sie lächerlich wirken könnten. Um das zu vermeiden, investieren Sie viel Energie darauf, zu beweisen, dass Sie Recht haben. Sie haben eine gewisse Weisheit, die von anderen geschätzt wird. Sie sind intuitiv und scharfsinnig und haben einen ausgezeichneten Sinn für Zeiteinteilung. Wenn Sie es lernen, auf diese Fähigkeiten zu vertrauen, werden sie Ihnen im Leben von großem Nutzen sein.

Materieller Wohlstand, Ansehen und Sexualität interessieren Sie gleichermaßen und können starke Motivationen sein, um noch härter zu arbeiten. Sie suchen sich oft einen Mentor und stellen hohe Ansprüche an Freunde und Kollegen, was zu Enttäuschungen führen kann.

Sie haben gern selbst die Kontrolle über Ihr Leben, was sich auch auf Ihr Privatleben auswirkt. Als Partner brauchen Sie einen starken Menschen, der Ihren Respekt gewinnt und Ihnen gern alle wichtigen Entscheidungen überlässt.

NEUN-KI MONATSZAHL 6

Sie sprechen mit Autorität, was Ihnen leicht Respekt verschafft. Sie schätzen offene und ehrliche Kommunikation und verzeihen nicht so leicht, wenn jemand Sie belogen hat. Sie sagen selten ungefragt Ihre Meinung, aber Ihre schonungslose Art kann kränkend sein.

Sie haben eine väterliche Natur und neigen dazu, in Situationen zu geraten, in denen Sie für andere verantwortlich sind. Ihre Intuition hilft Ihnen, zu entscheiden und vorauszuplanen. Sie arbeiten mit einem Gefühl für Rhythmus und gehen sehr bewusst mit Zeit um.

Sie leben mit einem strengen Moralkodex und erwarten dasselbe von anderen. Das kann Sie selbstgerecht erscheinen lassen. Sie haben gern die Kontrolle und sind unter dem Kommando eines anderen nicht glücklich, außer Sie haben tiefen Respekt für ihn. Es fällt Ihnen schwer loszulassen, was dazu führen kann, dass Sie sich zu viel aufladen.

NEUN-KI ACHSENZAHL 6

Sie geben sich formell und würdevoll. Ihre Meinung verteidigen Sie heftig und investieren viel Energie, um zu beweisen, dass Sie Recht haben. Sie sind im Beruf gut organisiert und haben einen ausgezeichneten Sinn für Zeitplanung. Sie spüren manchmal das Gewicht der Verantwortung auf Ihren Schultern, aber es wird Ihnen oft vorgeworfen, dass Sie sich selbst zu ernst nehmen.

NEUN-KI JAHRESZAHL 7

Sie haben den tief sitzenden Wunsch, zu materiellem Wohlstand zu kommen, und haben dabei eine ausgeprägte Fähigkeit, Geld zu verdienen. Sie können aber auch genauso gut im Geldausgeben sein. Langfristig sind Sie hochbefriedigt, wenn Sie Ihren Besitz vermehren können. Das wird Ihnen auch einen glücklichen Ruhestand garantieren.

Es ist wichtig für Sie, bei einem Projekt auf ein positives Endergebnis hinarbeiten zu können, weil Ihnen das Hoffnung und die Motivation zum Weitermachen gibt. Wenn Ihnen diese Aussicht verloren geht, werden Sie leicht depressiv und pessimistisch.

Sie lieben es, die Dinge mit Stil zu tun, und Sie können charismatisch sein. Sie haben eine jugendliche Lebenseinstellung und mögen Spiel und Spaß. Dieser Aspekt Ihres Charakters verschafft Ihnen besonders bei kleinen Kindern Beliebtheit. Anderen Menschen sind Sie manchmal zu unreif und kindlich.

Normalerweise fühlen Sie sich in Situationen wohl, die angenehm und erfreulich sind. Wenn Sie einmal in so einer Umgebung sind, kann Ihnen aber auch die Motivation weiterzumachen verloren gehen und Sie werden träge.

Durch Ihr Bedürfnis nach Vergnügen haben Sie Freude an häufigen sexuellen Aktivitäten. Sex ist für Sie ein wichtiger Teil einer Beziehung und kann Sie dazu verführen, dass Sie ziemlich viel Energie darauf verwenden, Sexualpartner zu finden.

NEUN-KI MONATSZAHL 7

Sie sind ein charmanter Gesprächspartner. Sie lassen sich gern durch materielle oder erotische Belohnungen motivieren und lieben es, wenn Ihre Bemühungen ein positives Ergebnis bringen.

Es ist Ihnen wichtig, sich wohl zu fühlen und Sie bevorzugen unbeschwerte Situationen. Sie sind sensibel, haben einen guten Sinn für Humor und fühlen sich in der Gesellschaft von Menschen wohl, die Sie zum Lachen bringen. Sie haben normalerweise eine positive Lebenseinstellung, können aber auch manchmal in Depressionen versinken. Wenn Sie sich schlecht fühlen, suchen Sie nach kurzfristigen Vergnügungen. Sie lieben Aufmerksamkeit und finden es hinreißend, verwöhnt zu werden. Ihr idealer Partner muß lebenslustig, humorvoll und gefühlvoll sein.

NEUN-KI ACHSENZAHL 7

Sie sind lustig, unterhaltsam und charmant. Sie werden durch Geld motiviert und sind clever, wenn es darum geht, Ihr Gehalt aufzubessern.

Es ist für Sie schwer, Ihren Schwung zu behalten, wenn Ihr Beruf langweilig ist oder nicht die Möglichkeit für finanzielle Verbesserungen bietet. Um erfolgreich zu sein, müssen Sie Ihre Arbeit mögen.

○○○ NEUN-KI JAHRESZAHL **8**

Sie sind sehr wettbewerbsorientiert und hoch motiviert. Die Gefahr ist, dass Sie durch diese Haltung Ihr Leben bestimmen lassen – Sie könnten Workaholic werden. Sie sind ein organisatorisches Naturtalent und haben das Zeug dazu, beruflich eine Spitzenposition zu erreichen.

Sie erkennen und ergreifen schnell Ihre Chancen. Sie haben den Mut, plötzliche und unvorhergesehene Änderungen in Ihrem Leben zu vollziehen.

Sie sind unternehmungslustig und genießen ein aktives und breit gefächertes gesellschaftliches Leben. Ihre geistige Beweglichkeit macht es Ihnen leicht, in Unterhaltungen den Ton anzugeben. Sie haben auch eine spielerische Ader, die eine besonders anziehende kindliche Seite in Ihnen hervorbringt und das Zusammensein mit Ihnen vergnüglich macht. Sie können Menschen, die Sie für dumm halten, nicht leicht ertragen und gehen manchmal schonungslos kritisch mit denjenigen um, die irgendeine Schwäche zeigen.

In eine Partnerschaft bringen Sie Anregung, Spannung und Aktivität ein, als Gegenleistung erwarten Sie viel. Ihr Partner könnte Sie verwöhnt finden und zu sehr darauf aus, andere für sich arbeiten zu lassen. Auch ein großzügiger Partner fühlt sich möglicherweise ausgenutzt.

○○○ NEUN-KI MONATSZAHL **8**

Sie sind ein charismatischer Redner und können die Aufmerksamkeit Ihrer Zuhörer fesseln. Ihre geistreiche Art, Geschichten zu erzählen, bereitet anderen Vergnügen. Sie sind ein Gruppenmensch, unternehmungslustig und gesellig, haben einen scharfen Verstand und kennen sich auf vielen Gebieten aus.

Sie behalten einen klaren Kopf, sind aufnahmefähig und verständnisvoll. Plötzliche intuitive Einblicke bewahren Ihnen den Glauben an die Zukunft. Sie können gut einschätzen, wie sich eine Situation am besten nutzen lässt. Diese Fähigkeit, zusammen mit Ihrer wettbewerbsorientierten Seite, lässt Sie oft Wege finden, den Ausgang einer Situation zu Ihren Gunsten zu entscheiden. Passen Sie trotzdem auf: Für andere sieht das manchmal nach Habgier aus und sie könnten sich ausgenutzt fühlen.

In Liebesbeziehungen wissen Sie, wie Sie Ihrem Partner Wohlbehagen und Hochgefühle verschaffen können. Sie haben aber auch die Fähigkeit, ihn mit ein paar beißenden Worten der Kritik runterzuziehen.

Sie stehen oft unter starker Spannung, und obwohl Sie mit anderen manchmal nicht zimperlich umgehen, fällt es Ihnen selbst schwer, Ähnliches einzustecken. Meist ist deshalb Angriff Ihre beste Verteidigung.

○○○ NEUN-KI ACHSENZAHL **8**

Mit Ihnen ist es vergnüglich und aufregend und Sie haben ein kindliches Sprühen in Ihrem Charakter. Sie sind unternehmungslustig und neugierig und manchmal entwaffnend direkt. Sie ergreifen schnell Chancen, die sich Ihnen beruflich bieten, und mit Ihrem Ehrgeiz sorgen Sie dafür, dass Sie beruflich weiterkommen.

NEUN-KI JAHRESZAHL 9

Ihre Lebensenergie, Ihre Motivation und Ihre Entscheidungen sind oft von Emotionen geprägt. Sie sind in Ihren Stimmungen von Freunden, Kollegen oder der Familie abhängig. Manche Menschen lassen Sie Feuer und Leidenschaft empfinden, doch das kann schnell wieder verfliegen. Auf der anderen Seite gibt es Menschen, die Ihre Energie dämpfen und auslaugen. Wenn Sie einen Mentor finden, kann er Ihnen helfen, Ihre Sehnsüchte zu kanalisieren und mehr im Leben zu erreichen.

Sie sind von Natur aus unternehmungslustig und es fällt Ihnen nicht schwer, neue Kontakte zu knüpfen. Sie haben es leicht, sich in Gesellschaft Aufmerksamkeit zu verschaffen und Freundschaften zu schließen, die für Ihre Karriere nützlich sein können. Sie haben das Talent, sich selbst zu fördern.

Sie sind energisch, leidenschaftlich und stolz, was Sie zu einem aufregenden und spontanen Liebhaber macht, obwohl Sie unberechenbar sind. Zeitweise wird Ihr Partner Sie irrational und zu emotional finden. Man könnte Ihnen auch vorwerfen, dass Sie sich nicht festlegen wollen.

NEUN-KI MONATSZAHL 9

Sie sind eine warme und leidenschaftliche Persönlichkeit und können Ihre Gefühle beredt vermitteln. Sie sind temperamentvoll, freundlich und lebhaft.

Sie sind scharfsinnig und leiten gerne Diskussionen. Wenn Ihre Begeisterung mit Ihnen durchgeht, tendieren Sie dazu, die Unterhaltung zu beherrschen. Weil Sie aber ein unterhaltsamer Redner sind, lässt man Sie normalerweise gewähren. Sie neigen dazu, zu viel über sich selbst zu reden und zu wenig Interesse für Ihre Freunde zu zeigen.

Sie können feurig und impulsiv sein. Diese Eigenschaften verleihen Ihnen eine Ausstrahlung, die Sie aus der Menge heraushebt. Vor lauter Begeisterung neigen Sie zur Übertreibung und zu Versprechungen, die Sie nicht halten können. Ihre Entscheidungen sind meist von Gefühlen geprägt. Das kann der Grund dafür sein, dass Sie öfter Ihre Meinung ändern.

In einer Beziehung können Sie leidenschaftlich und liebevoll sein und suchen diese Eigenschaften auch bei Ihrem Partner. Zu anderen Zeiten können Sie reserviert und distanziert sein, was Sie selbstsüchtig erscheinen lässt. Sie haben gleichzeitig eine sehr großzügige Natur und wenn Sie in der richtigen Laune mit der richtigen Person zusammen sind, geben Sie ihr alles.

NEUN-KI ACHSENZAHL 9

Sie sind fix, fröhlich und ausdrucksvoll, aber das kann anfangs durch Schüchternheit verdeckt sein. Sobald Sie mit jemandem warm werden, zeigen Sie Ihre wahren Qualitäten.

Wenn es um Ihre berufliche Zukunft geht, setzen Sie auf hilfreiche gesellschaftliche Kontakte und Sie verwenden einen Großteil Ihrer Zeit auf dieses Ziel.

Das Feng Shui Geburts-horoskop

Teil drei

Während Ihr Zahlencode Ihnen Einblicke in die verschiedenen Aspekte Ihres Charakters liefert, müssen Sie Ihr Geburtshoroskop betrachten, um eine Einschätzung Ihrer Ki-Energie zu bekommen. Sie können Ihr Horoskop selbst zeichnen und interpretieren oder auf den Seiten 38–73 die dort angebotene Analyse nachlesen.

So deuten Sie Ihr Geburtshoroskop

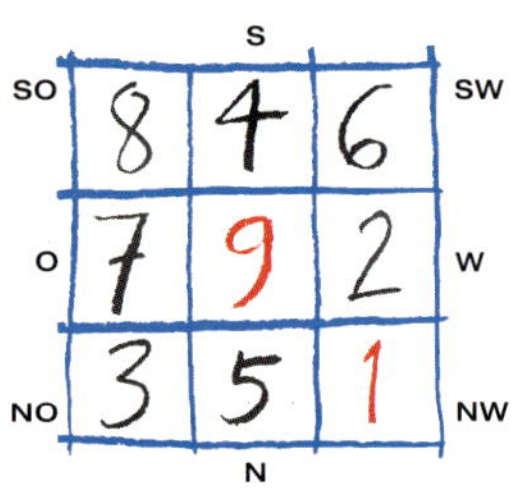

Schritt 1

Suchen Sie Ihr Geburtshoroskop auf Seite 38–73, zeichnen Sie es ab und markieren Sie Ihre Monats- und Jahreszahl. Die Richtung, in der Ihre Jahreszahl liegt, wird gestärkt. Ist Ihr Code 196, gilt für Sie das Quadrat oben. Ihre Jahreszahl 1 ist im Nordwesten. Im Magischen Quadrat ist an dieser Stelle die Sechs.

Das Zeichnen Ihres Neun-Ki Geburtshoroskops ist leicht. Es sieht aus wie das Quadrat auf der linken Seite, nur die Reihenfolge der Zahlen wird wahrscheinlich anders sein. Ihre Neun-Ki Monatszahl steht immer in der Mitte, die Position der übrigen Zahlen ergibt sich daraus. Sie finden sie auf den Seiten 38–73, wo Sie das Horoskop heraussuchen, in dem Ihre Monatszahl in der Mitte steht. Jede Zahl hat eine bestimmte Position oder Richtung. Um Ihr Horoskop zu deuten, machen Sie sich zuerst vertraut mit der Ki-Energie jeder Richtung (Seite 74–93). Beachten Sie, dass beim Feng Shui Kompass der Norden unten liegt, anders als beim Standardkompass (Seite 12). Bei der Deutung gehen Sie in sechs Schritten vor:

Schritt 1: Finden Sie die Position Ihrer Neun-Ki Jahreszahl

Als Erstes schauen Sie sich die Position Ihrer Neun-Ki Jahreszahl an. Diese Richtung steht in Ihrem Horoskop unter dem Einfluss von Aktivität und starker Ki-Energie. Wenn Sie zum Beispiel den Code 196 haben, ist Ihre Jahreszahl im Nordwesten Ihres Horoskops, und das aktiviert die Ki-Energie der gesamten Achse vom Nordwesten zum Südosten. In diesem Fall werden Würde, Aufrichtigkeit und Integrität – Qualitäten, die typisch für den Nordwesten sind – zusammentreffen mit Kommunikation, die zum Südosten gehört. Ihnen sind daher Aufrichtigkeit und Integrität beim Sprechen, Schreiben oder bei anderen Formen der Kommunikation wichtig. Es ist schwierig für Sie, wenn Sie nachweislich Unrecht haben, weil Sie das als Verlust Ihrer Würde empfinden. Sie bemühen sich unter Umständen sehr darum, zu beweisen, dass Sie Recht haben, und können dann selbstgerecht wirken.

Schritt 2: Bestimmen Sie die Ki-Energien für jede Zahl

Als Nächstes müssen Sie nachsehen, wo die anderen Zahlen in Ihrem Horoskop platziert sind. Die Kunst der Deutung eines Geburtshoroskops besteht darin, zu interpretieren, wie die Energien jeder Zahl mit der Position, an der sie stehen, zusammenspielen. Dafür machen Sie sich am besten zuerst vertraut mit den Eigenschaften aller Zahlen und Richtungen (Seite 74–93).

Weil die Position der Zahl Fünf normalerweise, das heißt im Magischen Quadrat, in der Mitte ist, hat sie einen besonderen Einfluss auf Ihr Horoskop. Deshalb sollten Sie mit der Fünf anfangen, wenn Sie die Ki-Energien der Zahlen und der Richtungen vergleichen. Von da aus gehen Sie im Uhrzeigersinn weiter und bestimmen die Bedeutung für jede der sieben Zahlen. Im Beispiel des Codes 196 besetzt die Zwei die westliche Richtung des Horoskops. Der Westen ist assoziiert mit Liebesdingen und die Zwei mit Qualität, Achtsamkeit und praktischer Einstellung. Wenn Ihr Code 196 ist, lassen Sie sich zunächst Zeit, bevor Sie sich auf eine ernste Beziehung einlassen, aber langfristig bleiben Sie dabei und bemühen sich darum, die Beziehung zu verbessern.

Schritt 3: Bestimmen Sie die Elemente

Der nächste Schritt bei der Deutung Ihres Geburtshoroskops geht aus vom Wissen über die Prinzipien der fünf Elemente, also Wasser, Holz, Feuer, Erde und Metall (siehe Seite 10). Sie erinnern sich, dass manche Elemente in einer harmonischen Beziehung zueinander stehen und andere nicht und dass jede Zahl und jede Richtung einem Element zugeordnet ist. Jetzt müssen Sie die Wechselwirkung zwischen dem Element der betreffenden Zahl und dem der Richtung beachten. Im Beispiel 196 fangen Sie mit der Zahl Fünf an und stellen fest, ob das zugeordnete Element (Erde) in einer harmonischen Beziehung zum Element des Nordens (Wasser) steht. Machen Sie das der Reihe nach im Uhrzeigersinn mit allen Zahlen. Energien, die zueinander in einer unterstützenden Beziehung stehen, wie Metall und Wasser, werden als harmonischer Ki-Energiefluss wirken, anders als Elemente, die in einer sich gegenseitig störenden Beziehung stehen.

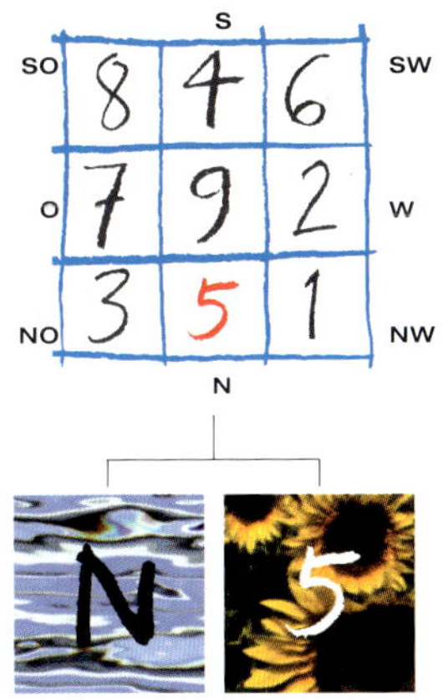

Schritt 2

Fangen Sie mit der Zahl Fünf an, beachten Sie deren Position in Ihrem Horoskop und die Energie dieser Richtung. Für den Code 196 ist die Fünf im Norden, sodass die Eigenschaften des Nordens aktiviert werden. Stellen Sie dann die Ki-Energien aller anderen Zahlen fest.

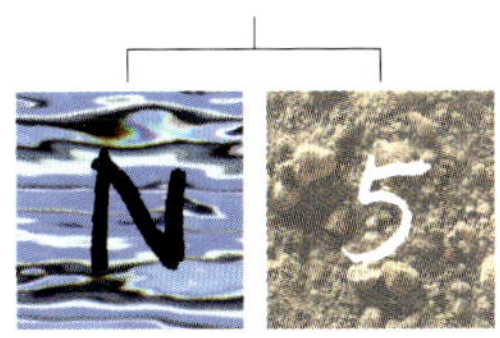

Schritt 3

Vergleichen Sie das Element jeder Zahl mit dem Element der Himmelsrichtung, in der sie steht. In diesem Beispiel mischt sich die Erde-Energie der Fünf nicht harmonisch mit der Wasser-Ki-Energie des Nordens. Jemand mit diesem Horoskop findet es deshalb schwierig, Unabhängigkeit mit Vertrautheit zu vereinbaren.

Schritt 4

Stellen Sie fest, ob die Elemente der jeweiligen Zahlen sich harmonisch zu dem Element der Zahl in der Mitte verhalten. In diesem Beispiel verhält sich die Feuer-Energie der Zahl Neun in der Mitte harmonisch zu der Erde-Energie der Zahl Fünf: günstig für spontane Liebesabenteuer und erotische Ausstrahlung.

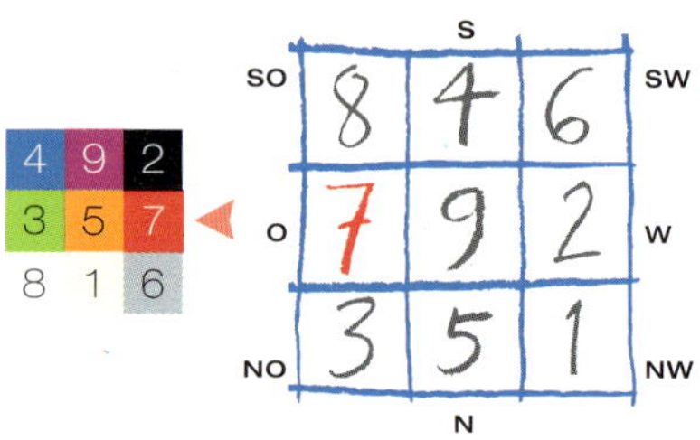

Schritt 5

Vergleichen Sie Ihr Geburtshoroskop mit dem Magischen Quadrat und markieren Sie die Zahl, die gegenüber ihrer natürlichen Position steht. Wenn Ihre Monatszahl Neun ist und Sie dieses Horoskop haben, steht die Sieben gegenüber ihrer natürlichen Position im Magischen Quadrat. In diesem Fall neigen Sie dazu, unrealistische Ziele in Bezug auf Reichtum und Liebesbeziehungen zu haben, und sind darüber vielleicht enttäuscht und frustriert.

Schritt 4: Analysieren Sie den Ki-Energiefluss entlang der Achsen

Im nächsten Schritt schauen Sie sich an, ob die Ki-Energie leicht entlang jeder Achse des Horoskops fließt. Denn wenn sie sich von einem Element in ein anderes umwandeln muss, verlangsamt sich der Fluss. Dagegen fließt die Energie schneller, wenn die Zahlen auf der Achse alle dasselbe Element haben oder wenn die verschiedenen Elemente harmonisch zueinander stehen. Dieser Aspekt hat nur einen untergeordneten Stellenwert für die Deutung Ihres Horoskops, aber er kann Ihnen Hinweise darauf geben, welches für Sie günstige Lebensbereiche sind.

Um das zu erfahren, sollten Sie sich auch ansehen, wie die Elemente der acht Zahlen am äußeren Rand des Horoskops mit dem Element der Zahl in der Mitte zusammenspielen.

Schritt 5: Vergleichen Sie Ihr Horoskop mit dem Magischen Quadrat

Interessant für die Deutung des Horoskops ist die Zahl, die gegenüber ihrer normalen Position im Magischen Quadrat steht. Die Eigenschaften, die zu dieser Zahl gehören, sind deshalb wahrscheinlich weniger stabil und zuverlässig. Deshalb sollten Sie versuchen, Situationen zu meiden, in denen Sie wegen dieser Eigenschaften in Schwierigkeiten kommen könnten.

Schritt 6: Beachten Sie das Tier Ihres Monats

Das Letzte, was Sie bei der Deutung Ihres Geburtshoroskops beachten müssen, ist das Chinesische Tier, das zu Ihrem Geburtsmonat gehört. Wenn Sie zum Beispiel am 20. Mai geboren sind, ist Ihr Geburtstag im Monat der Schlange. Schauen Sie in der Aufstellung gegenüber nach, welches Tier zu welchem Monat gehört. Der Kreis ganz rechts zeigt Ihnen dann, welches die zu Ihrem Tier gehörende Richtung ist.

Vergessen Sie nicht, dass in der Feng Shui Astrologie der Monat vier bis neun Tage nach dem westlichen Kalendermonat anfängt; in der Tabelle auf den Seiten 20–24 finden Sie die genauen Monatsanfänge und damit Ihr richtiges Monatstier. Es stärkt die Richtung und die dazugehörenden Aspekte, während gleichzeitig die gegenüberliegende Seite geschwächt wird.

Spezialfälle

Es gibt ein paar Ki-Zahlencodes, in denen die Jahreszahl direkt gegenüber der Zahl Fünf liegt. Diese Codes sind 611, 822, 133, 344, 766, 977, 288 und 499. In dieser Situation steht Ihre Jahreszahl, deren Energie Ihre Orientierung und Ihren Lebensweg prägt, genau gegenüber der mächtigsten Zahl. Das kann dazu führen, dass Sie sich blockiert fühlen und es schwer haben, langfristige Ziele zu verwirklichen. All diese Konstellationen haben aber

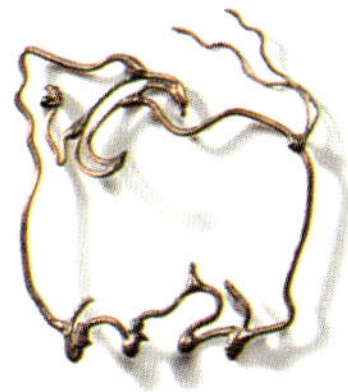
OCHSE
Januar

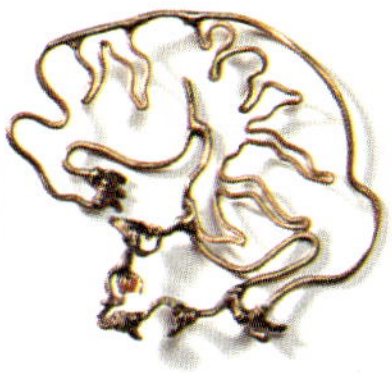
TIGER
Februar

HASE
März

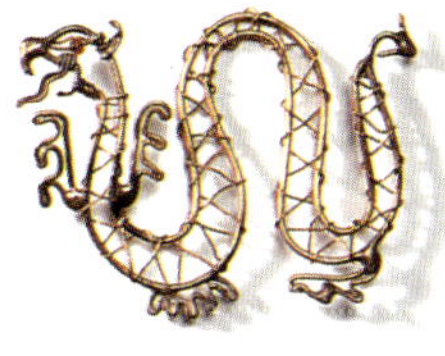
DRACHE
April

SCHLANGE
Mai

PFERD
Juni

SCHAF
Juli

AFFE
August

HAHN
September

HUND
Oktober

SCHWEIN
November

RATTE
Dezember

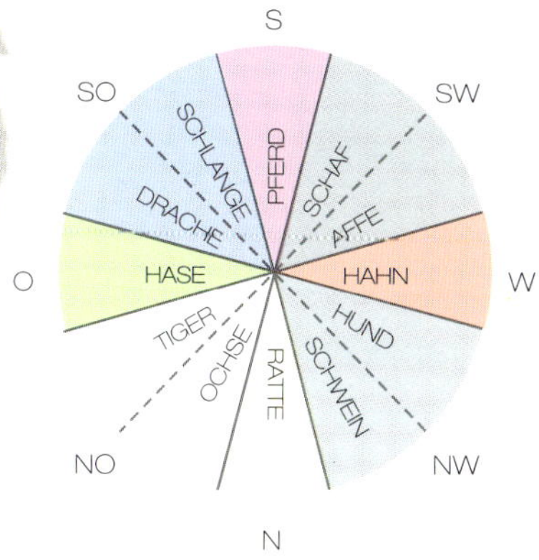

Ihr Monatstier

Prüfen Sie anhand der Zeichnungen links, welches Tier zu Ihrem Geburtsmonat gehört. Wenn Sie zum Beispiel am 20. Mai geboren sind, ist Ihr Monatstier die Schlange. In dem Kreis oben lesen Sie die zugehörige Richtung, Südosten, ab.

auch den Vorteil, dass es Zeiten gibt, in denen Hilfe im Leben auftaucht, ohne dass man etwas dafür tun muss. Wenn Sie einer von diesen Menschen sind, sollten Sie auf unvorhergesehene Gelegenheiten vorbereitet sein.

Wenn Sie die Monatszahl Fünf haben, ist Ihr Geburtshoroskop identisch mit dem magischen Quadrat und alle Zahlen stehen in ihrer natürlichen Position. Die eher unberechenbare und veränderliche Natur der Fünf ist durch die anderen Zahlen ausbalanciert und alle Energien stehen zueinander harmonisch. Auch wenn Sie heftige Gefühle kennen und Ihre Meinung oft ändern, werden andere Lebensaspekte relativ harmonisch sein, zum Beispiel Finanzen, Partnerschaft, Führungsqualitäten, Planung, Organisation, Sex, Spiritualität, Motivation, Start neuer Projekte, Kommunikation, Kreativität, Gesellschafts- und Familienleben. Die einzigen Störfaktoren in Ihrem Horoskop könnten die Position der Jahreszahl und des Monatstieres sein.

Schritt 6

Tragen Sie Ihr Monatstier in Ihr Geburtshoroskop ein und prüfen Sie die Richtungen. Wenn Sie zum Beispiel am 20. Mai geboren sind, ist Ihr Monatstier die Schlange, und damit wird der Südosten gestärkt und der Nordwesten geschwächt.

Vorbereitete Geburtshoroskope

Wenn Sie keine Zeit haben, Ihr Geburtshoroskop selbst zu erstellen und zu analysieren, werfen Sie einen Blick auf die Seiten 38–73. Dort finden Sie auf den vier Seiten zu Ihrer Monatszahl die Deutung Ihres Horoskops. Die ersten beiden Seiten enthalten Informationen, die die Schritte 1–5 betreffen; die anderen beiden beschreiben den Einfluss Ihres Chinesischen Tiers, wie in Schritt 6.

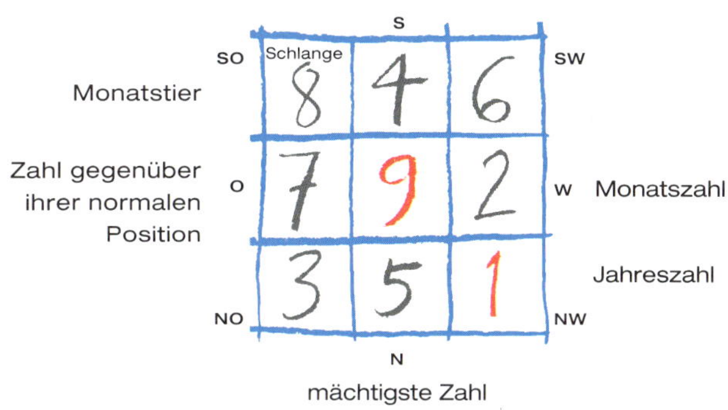

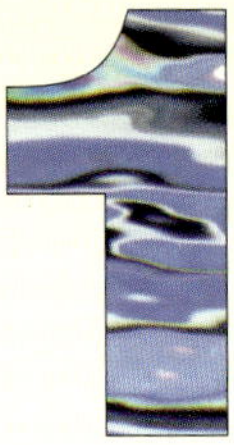

Neun-Ki Geburtshoroskop

5 Weil die Fünf im Süden steht, sind Sie sehr nach außen orientiert und es fällt Ihnen leicht, sich bemerkbar zu machen. Sie wirken meistens sehr anziehend auf andere Menschen. Manchmal kann aus einem Freund ein Gegner werden, möglicherweise mit Ärger und Streit. Fünf ist eine instabile Ki-Energie, Ihre Gefühle können sich schnell ändern. Dies kann dazu führen, dass Sie sich zeitweise aus Ihrem Bekanntenkreis zurückziehen.

Das Wasser-Element der Eins im Zentrum kann die Erde-Energie der Fünf stören, was unter Umständen bewirkt, dass Sie sich mit fremden Menschen am Anfang etwas unbeholfen fühlen. Die Erde-Energie der Fünf verträgt sich gut mit der Feuer-Energie des Südens, das erleichtert es Ihnen, Ihre Gefühle auszudrücken. Mit der unbeständigen Natur der Fünf können Sie emotional allerdings auch Höhen und Tiefen erleben.

7 Im Uhrzeigersinn kommt als Nächstes die Sieben im Südwesten, die für Vergnügen, Liebe und Zufriedenheit in den Bereichen des Südwestens sorgt: Familie, Mutter und Freunde. Sie haben deshalb eine spielerische Einstellung zum Familienleben und zu Freundschaften, mit viel Spaß und romantischen Idealen. Diese Lebensbereiche können für Sie eine echte Quelle des Vergnügens sein.

Da der Südwesten mit der Mutter verbunden ist, haben Sie wahrscheinlich eine positive Beziehung zu Ihrer Mutter. Idealerweise hat sie Ihnen Sinn für Humor mit auf den Weg gegeben und Ihre spielerische Seite gefördert. Wenn das so war, suchen Sie wahrscheinlich diese Eigenschaften auch bei einem Partner – jemand, der nicht zu ernst ist und Ihr Bedürfnis nach Vergnügen teilt. Sieben harmoniert sowohl mit Wasser im Zentrum als auch mit Erde im Südwesten und macht Sie mit diesen Aspekten liebenswert.

3 Im Westen steht die Zahl Drei. Diese Zahl ist aktiv, ehrgeizig und will Ideen in die Tat umsetzen, der Westen steht für Liebe, Interesse für Geld und Vergnügen. Wenn es um Partnerschaft und Finanzen geht, ersparen Sie sich Umwege. Sie verfolgen Ideen für die Zukunft zielstrebig und setzen Sie dann gewinnbringend in die Praxis um. Da die Drei gegenüber ihrer normalen Position im Osten des Magischen Quadrats steht, verfolgen Sie Geschäfte und Liebesdinge vielleicht zu aggressiv.

Die Drei mit ihrer sehr konzentrierten Energie gibt Ihnen eine sehr eingeengte Vorstellung von einem Partner. Das nimmt Ihnen die Unvoreingenommenheit in Beziehungen mit anderen Menschen. Die Holz-Energie ist harmonisch zur Wasser-Energie des Zentrums, aber nicht zur Metall-Energie des Westens. Dies könnte bedeuten, dass Sie sich zwar schnell, aber dann unbeständig auf Beziehungen einlassen.

2 Zwei besetzt die nordwestliche Position Ihres Horoskops. Mit dieser Richtung sind Leitung, Organisation und Planung verbunden, während die Zwei sorgfältig, praktisch und realistisch ist. Diese Kombination gibt Ihnen Führungsqualitäten, indem Sie einen guten Kontakt zu Ihren Mitarbeitern aufbauen und sich gut um sie kümmern. Sie kommen auch gut mit Ihrem Chef oder einem Mentor aus. Wenn Sie planen, sind Sie eher vorsichtig und bedenken alle Eventualitäten, bevor Sie eine Entscheidung treffen. Da der Nordwesten mit dem Vater verbunden ist, gibt es in der Beziehung zu Ihrem Vater eine fürsorgliche Seite und Sie fühlen sich von ihm in Krisenzeiten unterstützt und beschützt. Die Erde-Energie der Zwei ist nicht harmonisch zur Wasser-Energie des Zentrums, aber sie harmoniert mit der Metall-Energie des Nordwestens. Das kann Ihnen Anfangsschwierigkeiten bringen, dann aber doch langfristig Erfolg.

6

In der nördlichen Position Ihres Quadrats steht die Sechs. Diese Richtung ist verbunden mit Sexualität, Selbstverwirklichung und Spiritualität, und die Sechs ist strukturiert, würdevoll und Respekt gebietend. Das bedeutet, dass Sie in einer Liebesbeziehung gerne die Kontrolle und die dominante Rolle im Bett übernehmen. Weil jedoch die Fünf als einflussreichste Zahl im Süden dagegensteht, könnten Sie sich langfristig durch ihren Einfluss blockiert fühlen.

Es kann sein, dass Sie besondere intuitive Fähigkeiten besitzen, was Spiritualität und Religion angeht. Sie können sich auch sehr diszipliniert verhalten, wenn Sie für Ihre Gesundheit sorgen. Aber auch hier kann es Zeiten geben, in denen Sie sich in dieser Hinsicht behindert fühlen.

Die Metall-Ki-Energie der Sechs mischt sich harmonisch mit der Wasser-Ki-Energie der Eins in der Mitte Ihres Quadrats. Das bedeutet, dass Lebensumstände, die mit Unabhängigkeit, Sex und Spiritualität zu tun haben, für Sie angenehm sind und es Ihnen leicht fällt, damit umzugehen.

4

Die Vier besetzt den Nordosten, die Richtung für Motivation, harte Arbeit und Konkurrenz, während die Zahl Vier einfallsreich, hartnäckig und kreativ ist. Sie neigen dazu, hart zu arbeiten und aus eigenem Antrieb zu handeln.

Jede Tätigkeit, die mit Kommunikation zu tun hat, wird Sie antreiben und besonders motivieren. Sie finden oft einfallsreiche und kreative Lösungen und können hartnäckig und zäh sein, wenn Sie sich in einer Konkurrenzsituation befinden. Erfolg und Reichtum werden sich schließlich einstellen, wenn Sie hart arbeiten und Ihre Chancen nutzen.

Das Element der Zahl Vier ist Holz. Diese Ki-Energie verhält sich harmonisch zu der Wasser-Energie der Eins in der Mitte. Dies erleichtert es Ihnen, sich auf harte Arbeit einzustellen. Weil jedoch die Holz-Energie nicht harmonisch mit der Erde-Energie des Nordostens ist, kann es sein, dass es Ihnen nicht immer leicht fällt, den selbst gesetzten Anspruch an Fleiß und Aktivität auch immer zu halten.

8

Im Osten steht die Zahl Acht. Diese Richtung hat mit Aktivität, Ehrgeiz und dem Umsetzen von Ideen zu tun. Die Zahl Acht lässt Sie motiviert, schnell und konkurrenzfähig sein. Deshalb sind Sie bei neuen Projekten sehr motiviert und begeistert und stürzen sich schnell in neue Unternehmungen hinein. Die Gefahr ist, dass Ihnen langweilig wird, wenn das Unternehmen steht und scheinbar von selbst weiterläuft. Sie würden dann bereits lieber etwas Neues anfangen, als dass Sie dieses bis zum Ende weiterverfolgen.

Erde, das Element der Acht, harmoniert weder mit der Wasser-Energie der Mitte noch mit der Holz-Energie des Ostens. Damit erhöht sich für Sie das Risiko, dass sich Ihr Ehrgeiz hin und wieder als unrealistisch erweist oder sich daraus ganz andere Umstände ergeben, als Sie ursprünglich beabsichtigt hatten.

9

Die Neun steht im Südosten, der Richtung von Kommunikationsfähigkeit, Kreativität und Phantasie. Die Zahl Neun sorgt für große Gefühle, Ausdruckskraft und Leidenschaft. Sie teilen sich leidenschaftlich und gefühlvoll mit, und dies kann wiederum andere tief bewegen. Sie können sich und Ihre Ziele auch auf eine Art darstellen, die beachtet wird und Ihren Ideen bei anderen Aufmerksamkeit verschafft.

Die Feuer-Energie der Zahl Neun steht zwar in einem Spannungsverhältnis zur Wasser-Energie der Eins, harmoniert aber mit der Holz-Energie des Südostens. Das kann Ihnen gelegentlich den Zugang zur phantasievollen und kreativen Seite Ihres Wesens erschweren. Doch in dem Augenblick, in dem Sie eine Sache gefunden haben, die Sie inspiriert, werden Sie auf ungeahnte Kreativitätsreserven stoßen.

1 Neun-Ki Geburtshoroskop

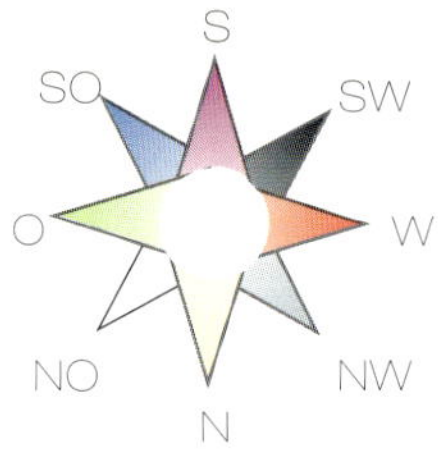

1 1 5

Hahn

Weil Ihre Neun-Ki Jahreszahl auch im Zentrum Ihres Horoskops steht, sind die auf Seite 25 beschriebenen emotionalen Eigenschaften bei Ihnen besonders stark ausgeprägt.

Die Monats-Energie des Hahns betont die Qualitäten des Westens, der Liebesbeziehungen, Finanzen und Vergnügen fördert – Ihre erfolgreichen und bevorzugten Lebensbereiche. Da die Energie des Ostens schwächer ist, könnten Sie sich mehr Selbstvertrauen und Stärke wünschen, wenn es um Veränderungen oder Neuanfang in Ihrem Leben geht.

2 1 6

Hase oder Ratte

Sie haben mehr Energie im Nordwesten Ihres Horoskops und wirken auf andere deshalb eher würdevoll, autoritär und diszipliniert. Diese Ki-Energie gibt Ihnen auch das Bedürfnis und die Stärke, eine leitende Funktion zu erreichen. Sie können Ihre Ideen klar und logisch vermitteln, sodass andere Ihnen leicht folgen können.

Haben Sie die Monats-Energie des Hasen, dann ist Ihre Energie im Osten. Das macht Sie ehrgeizig und selbstsicher, Sie können Initiative ergreifen und etwas bewirken. Bis zum Ende durchzuhalten fällt Ihnen jedoch nicht leicht. In Liebesbeziehungen könnten Sie romantischer sein.

Wenn Sie die Monats-Energie der Ratte haben, ist die Ki-Energie im Norden Ihres Horoskops stärker. Dies kann für mehr Objektivität, Unabhängigkeit und Sexualität sorgen. Durch die schwächende Ki-Energie des Südens stellen Sie möglicherweise fest, dass Sie nicht so gesellig, ausdrucksvoll und leidenschaftlich sind.

3 1 7

Pferd

Die Jahreszahl im Westen Ihres Horoskops gibt Ihnen Interesse an finanziellen Dingen und betont romantische Eigenschaften. Sie können ehrgeizig sein und Dinge in Ihrem Leben bewegen. Die Ki-Energie des Pferds verstärkt die Energie des Südens und macht Sie gesellig und auffallend. Andere Menschen sehen Sie als eine warmherzige Person mit leidenschaftlichen Gefühlen. Die Qualitäten des Nordens, Objektivität und Unabhängigkeit, sind nicht Ihre Stärke. Sie haben Schwierigkeiten mit Krankheiten fertig zu werden.

4 1 8

Hahn

Ihre Jahreszahl ist im Nordosten, Sie sind von Natur aus motiviert und ergreifen Chancen schnell. Sie können auch sorgfältig, praktisch und realistisch sein.

Die Monats-Energie des Hahns fördert die westlichen Energien, wie Liebe, Finanzen und Vergnügen. Diese Lebensbereiche sind für Sie wichtig und darin sind Sie erfolgreich. Durch die eher schwache Energie im Osten sind Sie eher vorsichtig, wenn es um Veränderungen und das Entdecken neuer Wege in Ihrem Leben geht.

5 1 9

Hase oder Ratte

Mit Ihrer Jahreszahl im Süden werden Ihre extravaganten, nach außen orientierten und ausdrucksstarken Seiten betont. Sie sind eine leidenschaftliche Persönlichkeit, aber auch unabhängig und objektiv. Wenn Sie die Monats-Energie des Hasen haben, ist die Energie des Ostens in Ihrem Horoskop stärker. Das macht Sie ehrgeizig und gibt Ihnen Schwung für neue Projekte. Mit der schwächeren West-Energie könnte es Ihnen jedoch schwer fallen, Aufgaben zu erledigen, und Sie werden nicht sehr romantisch sein.

Mit der Monats-Energie der Ratte haben Sie mehr Energie im Norden, der für Objektivität, Unabhängigkeit und Sexualität steht. Die gesamte Nord-Süd-Achse hat in Ihrem Horoskop großen Einfluss.

6 1 1

Pferd

Ihre Jahreszahl steht gegenüber der Fünf und stärkt den Energiefluss entlang der Nord-Süd-Achse. Unabhängigkeit, Objektivität und Sexualität (Charakteristika des Nordens) sind Ihnen wichtig. Gleichzeitig sind Sie gesellig, ausdrucksstark und emotional (Charakteristika des Südens). Die südlichen Aspekte Ihres Horoskops können schwerer kontrollierbar sein.

Die Ki-Energie des Pferdes betont erst recht die südlichen Aspekte Ihres Horoskops und verstärkt ihren Einfluss noch darüber hinaus.

7 1 2

Hahn

Die Jahreszahl im Südwesten Ihres Horoskops bewirkt, dass Sie zu Vorsicht, Sorgfalt und realistischer Einschätzung neigen. Sie genießen langfristige Freundschaften, je älter Sie werden, desto mehr. Außerdem arbeiten Sie hart, sind motiviert und wettbewerbsorientiert und können sich Herausforderungen stellen.

Die Monats-Energie des Hahns gibt den westlichen Aspekten Ihres Horoskops, die mit Liebe, Geld und Vergnügen zu tun haben, größeres Gewicht. Wenn Ihnen an diesen Dingen etwas liegt, werden Sie damit erfolgreich sein. Die schwächere östliche Energie lässt Sie eher vorsichtig sein, wenn es um Veränderungen oder Neues geht.

8 1 3

Hase oder Ratte

Ihre Jahreszahl im Osten Ihres Horoskops verstärkt die Energie, die Sie ehrgeizig und begeisterungsfähig macht und es Ihnen erleichtert, neue Projekte anzufangen. Darüber hinaus sind Sie auch fähig, das Endergebnis eines laufenden Projekts im Auge zu behalten. Sie genießen die schönen Seiten des Lebens und lieben große romantische Gefühle.

Durch die Monats-Energie des Hasen wird Ihre Energie im Osten noch verstärkt und gibt Ihnen Begeisterung für neue Aktivitäten. Aber die geschwächte Energie im Westen macht es Ihnen eventuell schwerer, etwas zu Ende zu bringen. Auch Ihre romantische Seite kann schwächer ausgeprägt sein.

Wenn Sie die Monats-Energie der Ratte haben, gibt sie Ihnen mehr nördliche Energie für Objektivität, Unabhängigkeit und Sexualität. Andererseits sind Sie wahrscheinlich nicht sehr gesellig und leidenschaftlich und andere finden Sie gelegentlich zerstreut.

9 1 4

Pferd

Ihre Neun-Ki Jahreszahl ist im Südosten, was bedeutet, dass Sie einfallsreich, kreativ und hartnäckig sind. Sie können auch sehr würdevoll sein, sind in der Regel gut organisiert und können effektiv vorausplanen.

Die Monats-Energie des Pferdes hebt die südlichen Aspekte Ihres Horoskops hervor. Das ermöglicht es Ihnen, sich selbst gut auszudrücken, gesellig zu sein und sich Aufmerksamkeit zu verschaffen. Sie haben leidenschaftliche Gefühle und andere sehen in Ihnen eine warmherzige Person. Gleichzeitig finden Sie es schwierig, unabhängig und objektiv zu sein oder mit Krankheiten fertig zu werden.

2 Neun-Ki Geburtshoroskop

		S		
SO	1	6	8	SW
O	9	2	4	W
NO	5	7	3	NW
		N		

5

Die Zahl Fünf steht im Nordosten. Das bedeutet, dass Sie hart arbeiten, besonders in Konkurrenzsituationen oder wenn Sie ein Ziel haben. Da der Nordosten schnell, scharf und schneidend ist, könnten Sie Ihr Leben plötzlich ändern. Diese Energie kann Ihnen aber auch helfen, in schwierigen Zeiten durchzuhalten. Weil die Fünf instabile Eigenschaften hat, wollen Sie sich eventuell beruflich nicht festlegen und möchten verschiedene Möglichkeiten ausprobieren. Sie wirken auf Arbeitskollegen freundlich, aber diese Beziehungen könnten langfristig schwer zu halten sein und manche enden mit unguten Gefühlen. Sie geraten leicht zwischen Familien- und Arbeitsleben in Konflikt, da beide stark miteinander verwoben sind.

Die Erde-Energie der Fünf steht harmonisch zu der Erde-Energie des Nordostens und der Zahl Zwei im Zentrum Ihres Horoskops.

9

Wenn Sie sich im Uhrzeigersinn zum Osten bewegen, steht dort die Neun. Sie ist mit feurigen, expressiven und emotionalen Qualitäten verbunden, während der Osten mit Ehrgeiz, Aktivität und Ideen-in-die-Tat-Umsetzen zu tun hat. Das hat zur Folge, dass Sie Ihre Karriere und Ihren Beruf mit dem Ziel angehen, sich einen guten Ruf zu verschaffen, um nach Möglichkeit eine bekannte Persönlichkeit zu werden. Sie werden wahrscheinlich auch eine feurige Art haben, Dinge zu tun, und Sie haben eine emotionale Bindung an Ihre Arbeit. Dieses kann Sie etwas desorganisiert und chaotisch machen.

Die Feuer-Energie der Neun ist sowohl harmonisch in Bezug auf die Erde-Energie der Zwei, Ihrer zentralen Zahl, als auch zur Holz-Energie der Vier, die im Osten des Magischen Quadrats steht. Das macht es Ihnen leicht, aktiv und fleißig zu sein und sich bei dieser Art von Lebensstil wohl zu fühlen.

1

Im Südosten Ihres Horoskops steht die Zahl Eins, unabhängig, objektiv und sexuell orientiert, während der Südosten für Kommunikation, Kreativität und Hartnäckigkeit steht. Das bedeutet, dass Sie Malerei, Musik und Bücher mögen und für eins dieser künstlerischen Gebiete begabt sein können. Sie haben auch einen flüssigen Kommunikationsstil. Diese Kombination kann Sie zum Lehrer oder Trainer geeignet machen. Es gibt aber auch Zeiten, in denen Sie sich schüchtern und nervös fühlen und in denen Sie nicht gern sprechen.

Die Wasser-Energie der Eins verträgt sich nicht mit der Erde-Energie der Zwei, der zentralen Zahl Ihres Horoskops, aber sie steht harmonisch zur Holz-Energie des Südostens. Das bedeutet, dass Sie Zeit brauchen, um sich in einem Gespräch wohl zu fühlen, aber wenn Sie den anderen kennen gelernt haben, können Sie natürlich und flüssig kommunizieren.

6

Die südliche Position Ihres Horoskops ist von der Zahl Sechs besetzt. Zum Süden gehören die Fähigkeiten, sich selbst auszudrücken, gefühlvoll und beachtet zu sein, während die Zahl Sechs Sie organisiert, würdevoll und kontrolliert sein lässt. Deshalb neigen Sie zu einem Kontrollbedürfnis darüber, wie andere Sie wahrnehmen, und Sie kümmern sich sehr um Ihren guten Ruf. Sie sind souverän in Situationen, in denen Sie sich präsentieren müssen, und tun das erfolgreich auf eine würdevolle und angenehme Art.

Die Metall-Energie der Sechs ist nicht harmonisch zur Feuer-Energie des Südens, aber sie passt gut zur Erde-Energie der Zwei im Zentrum Ihres Horoskops. Das bedeutet, dass Sie öffentliche Anerkennung finden, aber sie vielleicht nicht aufrechterhalten können. Sie schwanken zwischen dem Bedürfnis, gesellig und beachtet zu sein, wollen aber auch wieder unabhängig und objektiv sein.

8

Die Acht besetzt den Südwesten, der mit Familie, Mutter und Freundschaft verbunden ist. Die Zahl Acht ist motiviert, schnell und konkurrenzorientiert. Das bedeutet, dass Sie offen auf andere Menschen und Freunde zugehen und von Ihrer Familie motiviert werden. Sie haben klare und vernünftige Vorstellungen darüber, wie Sie eine Familie aufbauen wollen. Die Acht steht in Ihrem Horoskop gegenüber ihrer natürlichen Position im Magischen Quadrat, was Sie in Situationen bringen kann, in denen Sie denken, Sie tun das Richtige für Ihre Familie oder Freunde, aber es ist nicht das, was diese Menschen wollen. Das kann Enttäuschung und Ärger hervorrufen. Die Acht steht diagonal gegenüber der Fünf, was Ihnen manchmal das Gefühl gibt, dass Sie durch Ihre Familie blockiert sind. Vielleicht streiten Sie dann mit Ihrer Mutter und finden sie sowohl motivierend als auch bedrängend. Obwohl Sie das vielleicht im Nachhinein schätzen, ärgern Sie sich in dieser Situation darüber. Die Erde-Energie der Acht ist harmonisch sowohl zum Südwesten als auch zur Zwei im Zentrum.

4

Die Zahl Vier besetzt die westliche Richtung Ihres Horoskops. Diese Richtung ist verbunden mit Liebe, Finanzen und Vergnügen, während die Zahl Vier mit Einfallsreichtum, Hartnäckigkeit und Kreativität zu tun hat. Das bedeutet, dass Sie zäh und hartnäckig sein können, wenn Sie einen Partner zu einer Liebesbeziehung überreden wollen. Und Sie werden kreative und einfallsreiche Wege finden, um zu Geld zu kommen. Obwohl Sie dafür arbeiten, dass es Ihnen finanziell gut geht, können spontane oder flüchtige Ideen Sie dazu bringen, Ihr Geld auszugeben. Genauso besteht das Risiko, dass Sie eine Beziehung durch eine unüberlegte Aktion gefährden.

Die Vier hat Holz-Energie, die mit der Erde-Energie der Zwei, der Zahl im Zentrum Ihres Horoskops, nicht harmoniert. Sie passt auch nicht gut mit der Metall-Ki-Energie des Westens zusammen. Das kann es Ihnen schwer machen, eine Partnerschaft harmonisch zu erhalten. Es könnte Ihnen auch Probleme bereiten, sich ein langfristiges Einkommen zu sichern.

3

Die nordwestliche Position ist von der Zahl Drei besetzt. Diese Richtung bezieht sich auf Führung, Organisation und Würde, während die Zahl Drei verbunden ist mit Aktivität, Ehrgeiz und Zielgerichtetheit. Sie sind deshalb zielstrebig und ehrgeizig in Führungspositionen, Ihre offene Direktheit gegenüber Kollegen kann aber langfristig Probleme bereiten. Sie haben gute vorausschauende Ideen und können andere anregen, sich auf neue Ideen einzulassen. Der Nordwesten ist mit Ihrem Vater verbunden, der in Ihrem Leben eine einflussreiche Rolle spielt. Er gibt Ihnen den Sinn für Enthusiasmus, Ehrgeiz und Schwung, was aber nicht heißt, dass die Beziehung zu ihm einfach sein muss.

Die Holz-Energie der Drei verhält sich weder zur zentralen Erde-Energie noch zur Holz-Energie des Nordwestens harmonisch. Das könnte Leitungsfunktionen unbequem machen.

7

Die Sieben besetzt die nördliche Position Ihres Quadrats. Diese Richtung repräsentiert Sex, Spiritualität und Unabhängigkeit, während die Zahl Sieben mit Vergnügen, Spaß und Romantik verbunden ist. Das kann Sex für Sie zu einer wichtigen (in manchen Fällen einzigen) Quelle des Vergnügens machen, was Sie von Ihrem sexuellen Partner ziemlich abhängig machen kann. Spirituelle Aktivitäten könnten Ihnen helfen, zu einem tieferen Sinn für Zufriedenheit zu finden. Sie sind aber auch allein in der Lage, es sich gut gehen zu lassen.

Die Metall-Energie der Sieben hat sowohl zu der Wasser-Energie des Nordens als auch der Erde-Energie der Zwei in der Mitte eine harmonische Beziehung. Das erleichtert es Ihnen, neue spirituelle Wege oder eine neue Partnerschaft zu finden und sich damit langfristig wohl zu fühlen.

Neun-Ki Geburtshoroskop

124

Affe

Ihre Neun-Ki Jahreszahl steht im Südosten. Sie sind kreativ, einfallsreich und effektiv, solange Sie vorausplanen können. Sie sind gut organisiert, können sich Respekt verschaffen und haben eine natürliche Intuition.

Die Monats-Energie des Affen verstärkt die südwestliche Ki-Energie. Deshalb haben Sie von Natur aus langfristige Beziehungen zu Freunden, Kollegen und in der Familie, und das ist Ihnen besonders in schwierigen Zeiten viel wert. Es kann jedoch Zeiten geben, in denen Ihnen Schwung und Interesse für Ihre Arbeit fehlen.

225

Tiger oder Schwein

Ihre Neun-Ki Jahreszahl steht auch im Zentrum und damit treten alle Aspekte Ihres Charakters, wie sie auf Seite 26 beschrieben sind, besonders deutlich hervor. Sie gehen langfristige Beziehungen mit Freunden, Kollegen, Geschäftsfreunden und Klienten aktiv an.

Mit der Monats-Energie des Tigers ist die Energie im Nordosten stärker, Sie sind motiviert und wettbewerbsorientiert und haben einen guten Geschäftssinn. Weil die Ki-Energie des Südwestens geschwächt ist, sind Sie vielleicht weniger daran interessiert, sich Zeit für Familie und Freunde zu nehmen, und Sie können manchmal rücksichtslos sein.

Durch die Monats-Energie des Schweins haben Sie mehr nordwestliche Ki-Energie, die Sie würdevoll und organisiert sein lässt und Sie mit natürlich wirkenden Führungsqualitäten ausstattet. Sie haben vielleicht eher Lust, sich zurückzulehnen und andere zu beobachten, als selbst zu kommunizieren und sich gesellig zu zeigen.

326

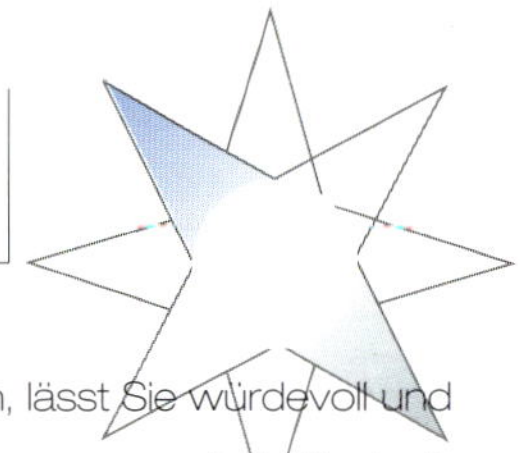

Schlange

Ihre Jahreszahl ist im Nordwesten, lässt Sie würdevoll und etwas autoritär wirken und gibt Ihnen generell ein Kontrollbedürfnis. Sie sind aber auch kreativ und kommunikativ.

Die Monats-Energie der Schlange verstärkt die Energie des Südostens, was Ihren Einfallsreichtum noch fördert und Ihnen die Fähigkeit gibt, Ihre neuen Ideen auch zu vertreten. Sie sind auch weltanschaulich interessiert. Diese Achse bekommt größeren Einfluss in Ihrem Horoskop und stärkt Ihr Interesse für Beziehungen und Kommunikation.

427

Affe

Ihre Neun-Ki Jahreszahl steht im Westen. Sie sind daher eher romantisch und spielerisch und lieben die vergnüglichen Seiten des Lebens. Dazu sind Sie ein aktiver und ehrgeiziger Mensch mit dem Bedürfnis, etwas zu bewirken.

Die Monats-Energie des Affen verstärkt Ihre südwestliche Energie. Sie kümmern sich viel um Ihr Zuhause, Ihre Familie und Ihre Freunde. Durch die schwächere Ki-Energie des Nordostens fehlt Ihnen manchmal die Motivation zum Arbeiten.

528

Tiger oder Schwein

Ihre Jahreszahl im Nordosten macht Sie schnell, konkurrenzorientiert und motiviert, Sie sind offen für Herausforderungen. Sie mögen Freundschaften, sorgen gern für die Familie und schaffen ein warmes, gemütliches Zuhause.

Mit der Monats-Ki-Energie des Tigers ist die nordöstliche Energie außergewöhnlich stark, aber auch schwer kontrollierbar. Sie suchen Konkurrenzsituationen und plötzliche Veränderungen. Sie könnten auch unpraktisch sein und verantwortungslos mit Geld umgehen.

Die Monats-Energie des Schweins stärkt Ihre nordwestliche Energie und gibt Ihnen Würde, Strukturiertheit und Führungsqualitäten. Sie sind häufig damit zufrieden, einfach nur zuzuhören und zu beobachten.

629

Schlange

Ihre Neun-Ki Jahreszahl im Süden gibt Ihnen gesellige, ausdrucksvolle und emotionale Züge, die aber nicht unbedingt Ihrer Kontrolle gehorchen. Sie sind unabhängig, objektiv und sinnlich. Mit Ihrem Bedürfnis nach Liebesabenteuern können Sie Klatsch auf sich ziehen, was schädlich für Sie sein kann.

Die Ki-Energie der Schlange stärkt die südöstliche Energie, sodass Sie Ihre Ideen effektiv vermitteln können und hartnäckig sind. Schwächere nordwestliche Energie lässt Sie gelegentlich zögerlich und desorganisiert sein.

721

Affe

Ihre Neun-Ki Jahreszahl im Norden des Horoskops stärkt Ihre Sexualität, Ausdrucksfähigkeit, Unabhängigkeit und Ihr Bedürfnis nach Gesellschaft. Möglicherweise entwickeln Sie in späteren Jahren spirituelle Neigungen. Ihr Bedürfnis nach Liebesabenteuern bringt Sie in komplizierte Situationen, die Sie bereuen und vor denen Sie am liebsten weglaufen würden, ohne sie in Ordnung zu bringen.

Die Monats-Energie des Affen verstärkt den Südwesten, sodass Ihnen Freundschaft, Familie und Zuhause sehr wichtig sind. Weil die nordöstliche Energie in Ihrem Horoskop nicht so stark ist, gibt es Zeiten, in denen Sie zu wenig Motivation haben und sich ziellos treiben lassen.

822

Tiger oder Schwein

Mit Ihrer Jahreszahl im Südwesten, die gegenüber der Zahl Fünf steht, sollten Sie die Dinge lieber auf sich zukommen lassen, als sie selbst forcieren zu wollen. Wenn Sie geduldig sind, können Sie Beziehungen mit Freunden, Geschäftspartnern und Familienangehörigen lange aufrechterhalten. Sie sind sehr motiviert und arbeiten hart, aber manchmal nimmt das zu extreme Ausmaße an.

Die Monats-Energie des Tigers stärkt Ihre nordöstliche Energie. Ihre Jahreszahl, Ihr Monatstier und die mächtige Energie der Fünf liegen auf einer Achse, die damit großen Einfluss für Sie hat. Sie sind hoch motiviert, Freunde und Familie sind Ihnen wichtig.

Durch die Monats-Energie des Schweins ist Ihre nordwestliche Energie betont. Organisation und Planung sind Ihre Stärke. Mit Ihrer Intuition liegen Sie oft richtig. Sie haben auch gute Führungseigenschaften, es kann Ihnen aber an Durchhaltevermögen fehlen, sodass Sie in vielen Bereichen zu schnell aufgeben.

923

Schlange

Ihre Neun-Ki Jahreszahl im Osten macht Sie aktiv, ehrgeizig und auf natürliche Art begeisterungsfähig. Sie können die finanziellen Aspekte neuer Ideen einschätzen und daher Projekte erfolgreich abschließen. Sie suchen nach Lebensumständen, in denen Sie sich zufrieden fühlen.

Die Ki-Energie der Schlange verstärkt die Ki-Energie des Südostens. Das gibt Ihren Ideen Einfallsreichtum und lässt Sie den Austausch mit anderen suchen. Weil die nordwestliche Energie geschwächt ist, könnten Sie schlecht organisiert und unpünktlich sein.

3 Neun-Ki Geburtshoroskop

5 Weil die Fünf im Westen Ihres Horoskops steht, haben Sie eine große Anziehungskraft für romantische Partner. Zum Westen gehört auch das Vergnügen, was Sie manchmal etwas übertreiben. Ihre Gefühle gegenüber Ihrem Partner können sich häufig ändern, und wenn die Ki-Energie der Fünf sich ändert, was unvermeidlich ist, verlieren Sie vielleicht das Interesse ganz. Sie haben hervorragende Fähigkeiten, zu Geld zu kommen, und können ein Projekt bis zum Ende durchhalten, auch wenn Sie sich immer wieder umentscheiden, wie Sie es am besten machen. Mit so viel Ki-Energie im Westen ist es für Sie nicht so einfach, sich entspannt und zufrieden zu fühlen.

Die Erde-Energie der Fünf verträgt sich gut mit der Metall-Energie des Westens, aber nicht mit der Holz-Energie der Drei in der Mitte. Sie fühlen sich dadurch in Liebesdingen am Anfang unbeholfen, dann aber immer wohler.

4 Wenn Sie im Uhrzeigersinn weiter zum Nordwesten gehen, steht dort die Vier mit der Fähigkeit, hartnäckig und einfallsreich zu sein. Der Nordwesten hat mit Führung und Organisation zu tun. Weil die Vier gegenüber ihrer natürlichen Position im Magischen Quadrat steht, sind diese Aspekte nicht immer harmonisch. Möglicherweise sind Sie mit Ihren Ideen führend, aber nicht fähig, sie an andere weiterzugeben. Sie glauben, Ihre Anweisungen seien klar, während sie aber anders verstanden werden. Der Nordwesten hat mit dem Vater zu tun, deshalb haben Sie möglicherweise zu ihm eine gute Beziehung, aber auch da kann es zu Missverständnissen kommen.

Die Holz-Energie der Vier harmoniert nicht mit der Metall-Energie des Nordwestens, aber mit der Holz-Energie der Drei in der Mitte. Das könnte bedeuten, dass Sie schnell eine führende Rolle übernehmen, aber langfristig keine Freude daran haben.

8 Im Norden Ihres Horoskops steht die Zahl Acht mit Konkurrenzdenken, Schnelligkeit und Direktheit, während der Norden für Sexualität, Unabhängigkeit und Spiritualität steht. Dieses Zusammentreffen der Energien fördert eine eher direkte und aggressive Haltung, wenn es um Ihre Freiheit geht, und kann Sie auch ermutigen, sexuelles Interesse sehr direkt zu verfolgen. Die spielerische und ausgelassene Energie der Acht kann Sie zu einem anregenden Sexpartner machen. Sie haben möglicherweise auch tiefe Einblicke in spirituelle Dinge, obwohl Sie es schwierig finden, diesen zu trauen, und lieber in der realen Welt bleiben, in der Sie sich bewegen.

Die Erde-Energie der Acht verträgt sich nicht mit der Wasser-Energie des Nordens und der Holz-Energie im Zentrum Ihres Horoskops. Das bedeutet, dass Sie sich nicht wohl fühlen, wenn Sie die tieferen Seiten Ihrer Persönlichkeit erforschen.

6 Die nordöstliche Position Ihres Horoskops ist von der Zahl Sechs besetzt, die mit guter Organisation, Aufrichtigkeit und Kontrolle verbunden ist. Zur Richtung des Nordostens gehören Motivation, harte Arbeit und die Fähigkeit zu siegen. Diese Kombination gibt Ihnen hervorragende organisatorische Eigenschaften, um Ihre Ziele zu verfolgen. Sie können mit Würde gewinnen und verschaffen sich Respekt für Ihr direktes und schnelles Vorgehen. Sie können auch über lange Zeiträume hinweg arbeiten und lassen sich durch eine verantwortungsvolle Position oder eine Leitungsfunktion motivieren.

Die Metall-Energie der Sechs verhält sich zur Erde-Energie des Nordostens harmonisch, aber nicht zur Holz-Energie in der Mitte Ihres Horoskops. Das erschwert Ihnen zunächst die Eingewöhnung in eine Situation, die harte Arbeit fordert, später fällt es Ihnen zunehmend leichter.

1

Die Zahl Eins besetzt die östliche Position Ihres Horoskops, die für Ehrgeiz, Zielstrebigkeit und Tatkraft steht, die Zahl Eins für Unabhängigkeit, Objektivität und Flexibilität. Das bedeutet, dass Sie Ihre Karriere unabhängig aufbauen können und in neue Projekte oder Geschäfte selbständig einsteigen. Wenn Sie auf dem richtigen Weg bleiben, könnten Sie in einer Laufbahn weit kommen. Möglicherweise wechseln Sie aber auch häufig den Arbeitsplatz. Wenn die zeitliche Planung stimmt, könnten Sie mit jedem Wechsel eine Stufe höher springen. In Bezug auf Ihre Karriere sind Sie fähig, objektiv zu beurteilen, was für Sie die richtige Richtung ist. Da die Eins gegenüber der Fünf steht, geht vielleicht manchmal nicht alles glatt und es tauchen unerwartete Hindernisse auf.

Die Wasser-Energie der Eins harmoniert mit den Holz-Energien des Ostens und der Drei in der Mitte Ihres Horoskops. Das erleichtert es Ihnen, neue Dinge anzufangen und Ihr Leben langfristig in die Hand zu nehmen.

2

Die Ki-Energie der Zwei besetzt den Südosten Ihres Horoskops, der Kommunikation, Einfallsreichtum und Kreativität repräsentiert, während die Zahl Zwei Sie sorgfältig und realistisch macht. Das bedeutet, dass Sie lernen können, indem Sie etwas tun. Zur kreativen Seite Ihrer Persönlichkeit und ihren Entwicklungsmöglichkeiten finden Sie ebenfalls durch das Ausüben verschiedener Tätigkeiten. Statt Ihrer Phantasie freien Lauf zu lassen, haben Sie eine stark realistische Vorgehensweise und holen damit Ihre Gedanken in die Wirklichkeit. Sie sind zufrieden, wenn Sie Ideen entwickeln, die realistisch umgesetzt werden können. Obwohl Sie klar und präzise sind, kommunizieren Sie eher vorsichtig.

Die Erde-Energie der Zwei harmoniert nicht mit den Holz-Energien des Südostens und der Drei im Zentrum. Das bedeutet, dass Situationen für Sie schwierig sind, in denen von Ihnen spontane Kreativität und Einfälle verlangt werden.

7

Die Energie der Zahl Sieben besetzt den Süden, der mit Gefühlen, Beachtetwerden und geselligem Privatleben verbunden ist. Die Zahl Sieben steht für Charme, Stil und Charisma. Deshalb neigen Sie dazu, mit Ihren angenehmen Eigenschaften ein reges Gesellschaftsleben zu führen und Spaß zu haben. Dabei sind Sie jedoch sensibel und können leicht gekränkt sein oder sich ärgern, wenn Sie sich schlecht behandelt fühlen. Sie suchen die Gesellschaft von Menschen mit Charme und guten Manieren.

Die Metall-Energie der Sieben verhält sich weder zur Feuer-Energie des Südens noch zur Holz-Energie der Drei im Zentrum Ihres Horoskops harmonisch. Das bedeutet, dass Sie sich unwohl fühlen können in Situationen, in denen Sie viel Aufmerksamkeit auf sich ziehen oder gegen Ihren Wunsch gesellig sein müssen.

9

Die Zahl Neun steht im Südwesten Ihres Horoskops, der für Familie, Freundschaften und Zuhause steht, während die Zahl Neun die Aspekte Leidenschaft, Gefühle und Ausdrucksstärke einbringt. Daraus ergibt sich, dass Sie mit Freunden und Familie gefühlsmäßig stark verbunden sind, besonders wenn es Ihnen nicht gut geht. Es besteht aber das Risiko, dass Sie sich später im Leben von Menschen trennen wollen, die Sie emotional verletzt haben. Da der Südwesten die Ki-Energie der Mutter ist, haben Sie vielleicht eine herzliche Beziehung zu Ihrer Mutter, die aber zeitweise Zündstoff enthalten kann.

Die Feuer-Energie der Neun verträgt sich sowohl mit der Erde-Energie des Südwestens als auch der Holz-Energie im Zentrum Ihres Horoskops. Das gibt Ihnen Zufriedenheit und Harmoniegefühl in Familiensituationen.

3 Neun-Ki Geburtshoroskop

1 3 3

Schaf

Ihre Jahreszahl steht im Osten, was bedeutet, dass Sie effektiv handeln können, ohne das Ziel aus den Augen zu verlieren. Da Ihre Jahreszahl gegenüber der Fünf steht, werden Sie merken, dass Ihre beste Strategie ist, die Dinge auf sich zukommen zu lassen, statt schnell aktiv zu werden. Die Monats-Energie des Schafs verstärkt die südwestliche Energie. Das bedeutet, dass Ihnen langfristige Beziehungen zu Familie, Freunden und Kollegen wichtig sind, besonders in schwierigen Zeiten. Weil die nordöstliche Energie schwächer ist, kann es Ihnen an Motivation fehlen.

2 3 4

Hund

Ihre Jahreszahl steht im Südosten und macht Sie einfallsreich und begeistert für neue Ideen. Die vertreten Sie mit einem Sinn für Autorität. Die Monats-Energie des Hundes stärkt die nordwestliche Energie, die Ihnen Würde, Achtung und organisatorische Fähigkeiten verleiht. Andere könnten in Ihnen den geborenen Anführer sehen. Jedoch kann es sein, dass Sie selbst sich lieber zurücklehnen und stattdessen die Menschen beobachten.

3 3 5

Drache oder Ochse

Ihre Neun-Ki Jahreszahl steht auch im Zentrum Ihres Horoskops, und damit sind alle Charaktereigenschaften, die auf Seite 27 beschrieben sind, besonders ausgeprägt. Sie sind sehr aktiv und können in Ihrem Leben viel bewirken. Mit der Monats-Energie des Drachen wird die südöstliche Energie verstärkt. Das hilft Ihnen, neue Ideen zu entwickeln und zu verbreiten. Außerdem interessieren Sie sich für Ideologien. Die schwächere nordwestliche Energie behindert Organisation und Planung. Sie fühlen sich unsicher, wenn Sie die Dinge nicht unter Kontrolle haben.

Die Monats-Energie des Ochsen stärkt die nordöstliche Energie in Ihrem Horoskop. Motivation und Konkurrenzdenken sind Ihnen vertraut und Sie gehen das Leben direkt an. Dagegen haben Sie weniger Zeit für Familie und Freunde und Ihre Erfolge lassen sich vielleicht nicht halten.

4 3 6

Schaf

Ihre Jahreszahl steht im Nordwesten, was Ihnen eine würdevolle, vertrauensvolle und respektvolle Ausstrahlung gibt. Sie sind auch kreativ und teilen Ihre Ideen gerne mit anderen Menschen.

Die Monats-Energie des Schafs verstärkt die südwestliche Energie, was Sinn für Freundschaften, Familie und Zuhause mit sich bringt und für Sie wichtig macht. Manchmal fehlt Ihnen jedoch ein wenig der Antrieb.

5 3 7

Hund

Ihre Neun-Ki Jahreszahl steht im Westen und diese Richtung wird durch die mächtige Energie der Fünf noch mehr betont. Das gibt Ihnen romantische Züge und einen Sinn für die Freuden des Lebens und für finanzielle Angelegenheiten. Der Einfluss der Fünf birgt das Risiko, dass Sie zu viel Geld ausgeben, da Sie dem Hang zum Vergnügen bis an die Grenze zum Übermut nachgeben.

Die Monats-Ki-Energie des Hundes ist verbunden mit dem Nordwesten, deshalb sind Sie gut organisiert und haben Führungsqualitäten. Zeitweise gefällt Ihnen auch, einfach nur zuzuhören, ohne selbst zu kommunizieren.

6 3 8

Drache oder Ochse

Ihre Neun-Ki Jahreszahl im Nordosten macht Sie wettbewerbsorientiert, direkt und motiviert. Sie können gut langfristige Freundschaften und Familienbeziehungen aufbauen. Sie haben auch die Fähigkeit, neue Möglichkeiten zu entdecken und sie schnell zu ergreifen. Mit der Monats-Energie des Drachen ist die südöstliche Energie gestärkt, die für Ihre guten kommunikativen Fähigkeiten sorgt. Sie kennen auch Hartnäckigkeit. Schwächere Energie im Nordwesten macht es Ihnen schwer, organisiert und pünktlich zu sein. Wenn Sie die Monats-Energie des Ochsen haben, ist Ihre nordöstliche Energie stärker. Das ist auch die Richtung Ihrer Jahreszahl und fördert Ihre Motivation, geschäftliche Erfolge und andere Aktivitäten. Ihr Horoskop ist jedoch weniger gut ausbalanciert, was unrealistische Ideen begünstigt. Wenn Sie sich überarbeiten, können Sie gesundheitliche Probleme bekommen.

7 3 9

Schaf

Ihre Neun-Ki Jahreszahl steht im Süden, deshalb sind Sie gesellig und impulsiv und können sich selbst gut verkaufen. Sie heben sich in gesellschaftlichen Situationen leicht aus der Menge heraus und achten stolz auf Ihren Ruf. Außerdem sind Sie unabhängig und sinnlich. Manchmal kann Ihr Bedürfnis nach Sex Sie in komplizierte gesellschaftliche Situationen bringen und zu übler Nachrede führen.

Die Monats-Energie des Schafs verstärkt die südwestliche Energie. Das macht Familie, Freunde und Ihr Zuhause für Sie wichtig. Weil Sie dadurch weniger Energie im Nordosten haben, sind Sie zeitweise nicht gut motiviert.

8 3 1

Hund

Die Jahreszahl im Norden Ihres Horoskops stärkt Ihr Bedürfnis nach Unabhängigkeit und nach Spiritualität, auch Sex ist Ihnen wichtig. Sie genießen Geselligkeit, zeigen sich gern und verstehen es, Eindruck zu machen.

Die Monats-Energie des Hundes verstärkt die nordwestliche Ki-Energie und gibt Ihnen gute organisatorische Fähigkeiten und Führungseigenschaften. Sie könnten auch hochgradig intuitiv sein. Weil dadurch im Südosten weniger Energie ist, sind Sie vielleicht nicht besonders hartnäckig und geben manchmal zu schnell auf.

9 3 2

Drache oder Ochse

Ihre Neun-Ki Jahreszahl steht im Südwesten, was Sie tendenziell vorsichtig, realistisch und praktisch macht. Es fällt Ihnen wahrscheinlich leicht, hart zu arbeiten, und Sie mögen Konkurrenz mit anderen. Sie sind fähig, über lange Zeit Freundschaften und Familienbeziehungen zu erhalten.

Die Monats-Energie des Drachen stärkt Ihre südöstliche Energie. Sie regt Ihre Ideen an, die Sie gern anderen Menschen mitteilen. Weil Ihre nordwestliche Energie geschwächt ist, fallen Ihnen Organisation und Pünktlichkeit schwer, und Sie haben das Gefühl, dass Sie zu wenig Kontrolle über sich haben. Mangelnde Organisation und die Gefühle, die daraus entstehen, können Ihnen schaden.

Wenn Sie die Monats-Energie des Ochsen haben, ist Ihre nordöstliche Energie stärker. Das gibt Ihnen genug Motivation und die Bereitschaft, hart zu arbeiten, auch wenn das nur auf Kosten von Familie und Freundschaften möglich ist. Sie sind hochgradig intuitiv und machen oft die Erfahrung, dass Sie instinktiv die richtigen Entscheidungen treffen. Diese Achse gewinnt mit zunehmenden Jahren an Einfluss in Ihrem Horoskop.

4 Neun-Ki Geburtshoroskop

5 Die Zahl Fünf steht im Nordwesten, deshalb üben Sie eine starke Anziehung auf Menschen aus, die Ihre Führung und Ihren Rat suchen. Damit gewinnen Sie positive Ausstrahlung und das Vertrauen anderer. Durch den instabilen Charakter der Fünf verlieren Sie aber zeitweise das Interesse an den Problemen Ihrer Mitmenschen. Da der Nordwesten mit Kontrolle und Organisation assoziiert ist, können Sie zeitweise autoritär sein. Dann aber überlassen Sie auch wieder gern anderen die Verantwortung. Sie haben ausgeprägte Führungsqualitäten, die Ihnen aber möglicherweise nicht über lange Strecken zur Verfügung stehen. Die Erde-Energie der Fünf harmoniert mit der Metall-Energie des Nordwestens, aber nicht mit der Holz-Energie der Vier in der Mitte. Daher haben Sie anfangs ungute Gefühle, wenn Sie eine Führungsposition übernehmen, je länger Sie aber in dieser Rolle sind, desto besser gefällt sie Ihnen.

9 Weiter im Uhrzeigersinn steht in der nördlichen Position die Zahl Neun. Sie bedeutet Leidenschaft, starke Gefühle und Kommunikation, während der Norden für Unabhängigkeit, Sexualität und Spiritualität steht. Sie sind in Liebesdingen leidenschaftlich; weil aber die Sieben gegenüber ihrer natürlichen Position im Magischen Quadrat steht, ist dieser Aspekt nicht immer harmonisch. Sie könnten Schwierigkeiten haben, Ihre emotionalen Bedürfnisse mit Unabhängigkeit in Einklang zu bringen, sodass Sie unzufrieden zwischen beiden Seiten hin und her pendeln. Die Kombination von Wasser- und Feuer-Elementen gibt Ihnen ein Gefühl für spirituelle Dinge, macht es Ihnen aber nicht leicht, dies mit der Praxis in Einklang zu bringen. Die Feuer-Energie der Neun harmoniert nicht mit der Wasser-Energie des Nordens. Das erschwert das Durchhaltevermögen in spirituellen Dingen oder für eine gesunde Lebensweise.

7 Die Zahl Sieben besetzt den Nordosten Ihres Horoskops. Sieben hat Interesse für Finanzen, während der Nordosten für Selbstmotivation, harte Arbeit und Siegeswillen steht. Materieller Reichtum und finanzielle Ziele sind für Sie motivierend. Sowohl der Nordosten als auch die Sieben sind die Richtungen mit den Ki-Energien der jüngeren Familienmitglieder, weshalb Sie zu verspielten, jugendlichen und spaßorientierten Ideen neigen, wenn Sie etwas erreichen wollen. Die beste Gewinnstrategie ist für Sie wahrscheinlich, andere mit Ihrem Charme einzuwickeln. Die Metall-Energie der Sieben harmoniert mit der Erde-Energie des Nordostens, aber nicht mit der Holz-Energie der Vier in der Mitte Ihres Horoskops. Die erschwert Ihnen den Einstieg in eine neue Arbeit. Wenn Sie aber einmal angefangen haben, entwickeln Sie Stehvermögen und arbeiten sich erfolgreich durch eine längere Aufgabe hindurch.

2 Die Zahl Zwei steht im Osten Ihres Horoskops. Diese Richtung beinhaltet Ehrgeiz, Aktivität und den Start neuer Projekte, während die Zwei mit Abhängigkeit, praktischem und realistischem Sinn zu tun hat. Diese Kombination führt dazu, dass Sie neue Unternehmungen auf eine praktische und realistische Weise angehen, besonders wenn Sie zusammen mit jemand anderem oder in einem Team arbeiten können. Wenn ein guter Freund sie unterstützt, kann das Ihren Ehrgeiz anfeuern. Auch das Zusammenleben mit einem begeisterungsfähigen Menschen kann Sie motivieren.

Die Erde-Energie der Zwei steht nicht harmonisch zur Holz-Energie des Ostens. Das erhöht das Risiko, dass Ihr Ehrgeiz und Ihre Ziele nicht das von Ihnen gewünschte Ergebnis bringen. Deshalb ist es besser, wenn Sie sich möglichst verschiedene Optionen offen halten.

3

Die südöstliche Position Ihres Geburtshoroskops mischt sich mit der Ki-Energie der Zahl Drei. Der Südosten ist verbunden mit Kommunikation, Kreativität und Hartnäckigkeit, die Zahl Drei mit Aktivität, Ehrgeiz und Begeisterungsfähigkeit. Sie sind deshalb schnell Feuer und Flamme, wenn Sie Ihre Ideen unter die Leute bringen können. Sie haben einen sehr wachen Geist mit äußerst lebendiger Phantasie und großem Ideenreichtum. Kreative Betätigungen wie Theaterspiel, Musik, Schreiben oder Filmen spornen Sie sofort an. Da die Drei gegenüber der starken Energie der Fünf steht, kann es in Ihrem Leben Zeiten geben, in denen Sie sich blockiert oder wenig aktiv fühlen.

Die Holz-Energie der Drei harmoniert mit der Holz-Energie des Südostens und der Vier in der Mitte Ihres Horoskops. Dies bedeutet, dass Sie die entsprechenden Lebensbereiche als unkomplizierte und angenehme Aspekte in Ihrem Leben wahrnehmen.

8

Die Zahl Acht besetzt die südliche Position Ihres Geburtshoroskops, die Richtung für Selbstdarstellung, Gesellschaftsleben und öffentliche Anerkennung, während die Zahl Acht für Motivation, Wettbewerb und Schnelligkeit steht. Deshalb werden Sie die Erfahrung machen, dass es Ihnen leicht fällt, Chancen schnell zu nutzen und sich selbst gut zu verkaufen, und dass Sie zu Konkurrenzverhalten neigen, wenn es darum geht, sich einen guten Ruf zu verschaffen. Sie können auch eifersüchtig auf Menschen reagieren, die Ihrer Meinung nach Lorbeeren ernten, die eigentlich Ihnen zustehen würden. Sie gehen generell offen auf andere zu und können leicht Freundschaften schließen. Sie sind von Natur aus neugierig und gelegentlich können Sie zu anderen Menschen überraschend direkt sein. Die Erde-Energie der Acht ist weder harmonisch zur Feuer-Energie des Südens noch zur Holz-Energie der Vier in der Mitte. Das bedeutet, dass Sie unter Umständen Ruhm und öffentliche Anerkennung nicht gut annehmen können und sich dann damit unwohl fühlen.

1

Die Ki-Energie der Zahl Eins besetzt die südwestliche Position Ihres Horoskops, die mit allem zu tun hat, was Familie, Freunde und Zuhause betrifft, während die Zahl Eins Unabhängigkeit, Herzlichkeit und Objektivität einbringt. Es ist nahe liegend, dass Sie eine herzliche Beziehung zu Ihrer Mutter haben (besonders wenn Sie ein Mann sind) und eine ähnliche Beziehung mit Ihrem Partner suchen. Zeitweise können Sie sich von Ihrer Mutter entfernen, und wenn das passiert, haben Sie Angst, dass das Gleiche auch mit anderen geschehen könnte, die Sie lieben. Sie können sich mit Menschen verschiedenster Herkunft anfreunden, und wenn Sie auch manchmal distanziert scheinen, sind Sie doch generell sehr herzlich. Sie bewahren gern Ihre Freiheit und lassen sich nicht gern von Freunden oder Familie beeinflussen, vor allem in Dingen, die Ihnen wichtig sind.

6

Die Sechs besetzt die westliche Position Ihres Horoskops, die mit Liebesdingen, Finanzen und Vergnügen verbunden ist, die Sechs mit Organisationstalent, Kontrolle und Würde. Geld ist Ihnen deshalb wichtig, weil es Ihnen Ansehen verschafft. Sie können gut vorausplanen und solide, langfristige Strategien entwickeln, wie Sie zu Reichtum kommen. Sie nehmen Ihre Partnerschaft ernst und brauchen Sicherheit, damit Sie sich ohne Gesichtsverlust einbringen können. Es fällt Ihnen nicht so leicht, sich zu entspannen und einfach so in den Tag hinein zu leben. Die Metall-Energie der Sechs harmoniert mit der Metall-Energie der Sieben, aber nicht mit der Holz-Energie der Vier im Zentrum. Das erschwert Ihnen den Zugang zu Liebesbeziehungen oder zu lukrativen Gelegenheiten, wenn Sie ihn aber gefunden haben, können Sie gut damit umgehen.

4 Neun-Ki Geburtshoroskop

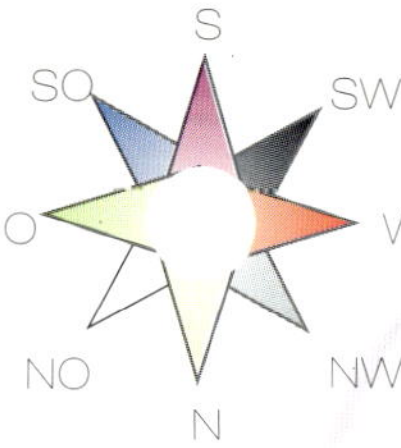

1 4 2

Pferd

Ihre Neun-Ki Jahreszahl steht im Südwesten, was Sie schnell, motiviert, besonnen und praktisch macht. Sie arbeiten am besten in einem Team und pflegen langfristige Freundschaften. Die Monats-Energie des Pferds verstärkt die südliche Energie, Sie sind gefühlvoll, gesellig und werden beachtet. Für andere sind Sie eine warmherzige Person. Weil Ihre nördliche Energie schwächer ist, haben Sie es mit Unabhängigkeit, Objektivität und Gesundheit nicht leicht.

2 4 3

Hahn

Ihre Jahreszahl steht im Osten, das macht Sie tendenziell ehrgeizig und begeisterungsfähig, besonders in Bezug auf finanzielle Gewinne und neue Partnerschaften. Die Monats-Energie des Hahns verstärkt den Westen, sodass Ihnen Dinge wichtig sind, die mit Vergnügen und Liebe zu tun haben. Sie haben auch eine ausgeprägte Ader für finanzielle Dinge. Diese Achse wird in Ihrem Horoskop mit der Zeit einflussreicher. Sie werden es zunehmend wichtig finden, vorwärts zu kommen und Ihre Ziele zu erreichen.

3 4 4

Hase oder Ratte

Ihre Neun-Ki Jahreszahl steht im Südosten, also können Sie wirkungsvoll kommunizieren und Ihre Ideen logisch mitteilen. Weil Ihre Jahreszahl gegenüber der Zahl Fünf steht, ist es günstiger für Sie, die Dinge auf sich zukommen zu lassen. Wenn Sie die Monats-Ki-Energie des Hasen haben, gibt die östliche Energie Ihnen Ehrgeiz und Schwung, neue Projekte zu beginnen. Doch die schwächere westliche Energie lässt schnell Langeweile aufkommen und hindert Sie daran, etwas zum Abschluss zu bringen. Mit der Monats-Energie der Ratte haben Sie mehr nördliche Energie, was Sie objektiv und sinnlich macht. Jedoch sind Sie möglicherweise nicht sehr gesellig oder engagiert und ziehen sich oft zurück.

4 4 5

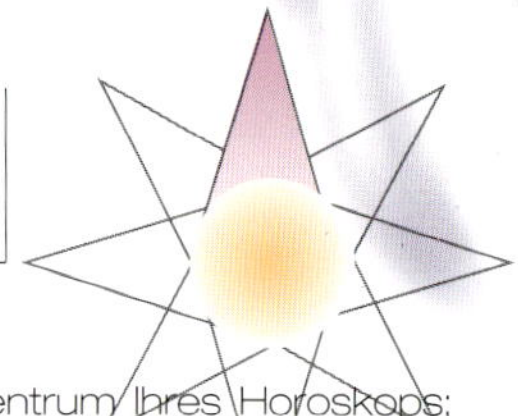

Pferd

Ihre Jahreszahl steht auch im Zentrum Ihres Horoskops; damit treten alle auf Seite 28 beschriebenen Aspekte stärker hervor. Sie übernehmen gern die Initiative, sind kreativ und kommunikativ, wenn es um Ihre Ideen geht. Andere Menschen vertrauen Ihnen und Sie erwarten Respekt. Die Ki-Energie des Pferdes verstärkt die südliche Energie, das heißt, Sie sind gesellig und werden beachtet. Sie haben leidenschaftliche Gefühle und andere finden Sie warmherzig. Unabhängigkeit und Objektivität sind für Sie jedoch schwierig, ebenso die Genesung nach einer Krankheit.

5 4 6

Hahn

Ihre Neun-Ki Jahreszahl steht im Nordwesten Ihres Horoskops, sodass Sie sich naturgemäß zu Führungspositionen berufen fühlen. Sie können Ihre Ideen mit Autorität vertreten und erwarten von anderen Respekt. Die Monats-Energie des Hahns verstärkt die westliche Energie mit Liebe, Interesse für Geld und Vergnügen – alles Dinge, die Ihnen wichtig sind. Sie sind eher zurückhaltend, wenn es um neue Aktivitäten oder den Start eines Projekts geht.

6 4 7

Hase oder Ratte

Ihre Neun-Ki Jahreszahl steht im Westen, das heißt, Sie sind ehrgeizig und denken voraus, Sie können gut Projekte bis zu einem erfolgreichen Abschluss überblicken und streben für Ihr Leben großen finanziellen Erfolg an. Sie haben aber auch eine romantische Ader.

Wenn Sie dazu die Monats-Energie des Hasen haben, ist Ihre östliche Energie gestärkt, die Ehrgeiz und Freude an neuen Chancen bringt. Diese Achse nimmt an Bedeutung zu, deshalb wird es Ihnen immer wichtiger, etwas aktiv und erfolgreich zu sein.

Durch die Monats-Energie der Ratte haben Sie mehr nördliche Energie, der Sie Objektivität, Unabhängigkeit und Sinnlichkeit verdanken. Sie können auch Distanz zu Ihren Gefühlen halten und die Dinge von außen betrachten. Weil Sie weniger Energie im Süden haben, sind Sie vielleicht nicht sehr gesellig und zeitweise fehlt Ihnen die Begeisterung.

7 4 8

Pferd

Ihre Neun-Ki Jahreszahl steht im Nordwesten Ihres Horoskops und stärkt Konkurrenzdenken und Motivation. Sie arbeiten hart und können berufliche Chancen schnell erkennen und ergreifen. Sie genießen enge Freundschaften mit besonderen Menschen und sind in Ihrer Familie glücklich.

Die Ki-Energie des Pferdes verstärkt die feurige Energie des Südens, die es Ihnen erleichtert, gesellig zu sein, beachtet zu werden und sich selbst darzustellen. Sie haben starke und leidenschaftliche Gefühle. Weil die Ki-Energie des Nordens schwächer ist, fallen Ihnen Objektivität und das Gesundwerden nach einer ernsteren Krankheit schwer, Sie sind wahrscheinlich auch nicht gern allein und bevorzugen das Zusammensein mit Freunden.

8 4 9

Hahn

Ihre Neun-Ki Jahreszahl steht im Süden Ihres Horoskops, Sie lieben Geselligkeit und werden beachtet. Darüber hinaus sind Sie sinnlich, unabhängig, individualistisch und oft großzügig. Andere sehen in Ihnen eine warmherzige und leidenschaftliche Person.

Die Monats-Energie des Hahns verstärkt die westliche Energie, sodass Ihnen Dinge wichtig sind, die mit Liebe, Geld und Vergnügen zu tun haben. Weil die östliche Richtung weniger Einfluss hat, sind Sie zurückhaltend in Bezug auf neue Unternehmungen oder Aktivitäten.

9 4 1

Hase oder Ratte

Ihre Neun-Ki Jahreszahl steht im Norden Ihres Geburtshoroskops, was Sie unabhängig, sexuell interessiert und spirituell, gleichzeitig auch gesellig und unternehmungslustig macht. Sie können zwischen Ihrer warmen, ausdrucksstarken, feurigen Seite und der mehr objektiven, zurückgezogenen und kühlen Seite pendeln.

Wenn Sie die Monats-Energie des Hasen haben, ist die Energie im Osten Ihres Horoskops verstärkt. Sie gibt Ihnen Ehrgeiz, Spaß an neuen Projekten und generell die Möglichkeit, etwas zu bewegen. Die geschwächte West-Energie erschwert es Ihnen aber, das Endergebnis eines Projekts im Blick zu behalten und Aufgaben zu Ende zu führen. Auch in der Liebe könnten Sie sich schwerer tun.

Durch die Monats-Energie der Ratte haben Sie viel nördliche Ki-Energie, die Ihnen zu Objektivität, Unabhängigkeit und Sexualität verhilft. Mit der geschwächten südlichen Ki-Energie in Ihrem Horoskop sind Sie jedoch möglicherweise nicht sehr gesellig oder begeisterungsfähig.

5 Neun-Ki Geburtshoroskop

9 Die Feuer-Energie der Neun besetzt den Süden Ihres Geburtshoroskops, und diese Richtung verhält sich harmonisch zur Erde-Energie der Zahl Fünf in der Mitte. Das bedeutet, dass Sie sich mühelos in Situationen bewegen, in denen Sie sehr exponiert sind, und dass Sie Ruhm und öffentliche Anerkennung genießen können. Normalerweise sind Sie erfolgreich in Berufen, die mit diesen Lebensaspekten zu tun haben. Ihre Gefühle sind hitzig und ändern sich schnell, und Sie sind durch andere Menschen leicht beeinflussbar. Wenn Sie jemand respektieren und ihn inspirierend finden, kann Sie das in Hochstimmung versetzen. Fremde Menschen dagegen können Ihren Stolz leicht verletzen. Sie sind jemand, der stolz auf alles ist, was er tut, besonders wenn es um Ihre Erfolge geht. Zeitweise müssen Sie vorsichtig sein, andere nicht zu beleidigen, die nicht so erfolgreich sind wie Sie.

2 Im Südwesten steht die Zahl Zwei, deren Erde-Energie sich harmonisch zur Fünf im Zentrum verhält. Tatsächlich besteht sogar Ihre ganze diagonale Achse aus Zahlen, die Erde-Energie haben, was dieser Energie erlaubt, ungehindert hin und her zu fließen, da sie sich nicht in ein anderes Element umwandeln muss. Das bewirkt, dass Sie sich zwar in Familiensituationen glücklich fühlen und einen großen Freundeskreis haben, aber durch irgendeinen Ärger hochgradig störbar sind. Ein heftiger Streit oder eine Auseinandersetzung mit jemandem, der Ihnen nahe steht, können entlang dieser Achse Wellen schlagen, die schwer zu kontrollieren sind und heftige Gefühle in allen Lebensbereichen entstehen lassen können.

Sie werden als ein fürsorglicher, sympathischer und mütterlicher Mensch wahrgenommen, obwohl Sie sehr eifersüchtig sein können. Sie wirken anziehend auf Menschen, die Hilfe brauchen.

7 Im Westen Ihres Horoskops steht die Metall-Energie der Sieben. Diese Ki-Energie harmoniert mit der Erde-Energie der Fünf im Zentrum Ihres Horoskops und das bedeutet, dass Sie für einen Menschen schnell starke Gefühle entwickeln können. Genauso schnell finden Sie sich in Situationen zurecht, in denen Sie zu Geld kommen könnten.

Liebesbeziehungen und materieller Wohlstand bereiten Ihnen wahrscheinlich viel Freude. Mit Charme eröffnen Sie sich neue Möglichkeiten in diesen Lebensbereichen. Sie sind aber auch verletzbar, besonders wenn es nicht so ist, wie Sie es sich gewünscht hatten.

Sie sind in der Lage, Projekte zu Ihrer größten Zufriedenheit zu Ende zu bringen, und werden deshalb später in Ihrem Leben Zufriedenheit und Sicherheit finden.

6 In der nordwestlichen Position Ihres Horoskops steht die Metall-Energie der Zahl Sechs harmonisch zur Erde-Energie der Zahl Fünf in der Mitte. Das bedeutet, dass Sie leicht in Führungspositionen hineinwachsen und gerne Verantwortung übernehmen. Da der Nordwesten in Verbindung mit dem Vater steht, sollte die Beziehung zu Ihrem Vater positiv sein, solange Sie beide ernsthafte Auseinandersetzungen vermeiden können.

Für Sie gehören Führung und Würde zusammen, Sie wollen Respekt dafür, dass Sie Verantwortung übernehmen. Das Risiko dabei ist, dass Sie zu dominant werden und zu viel Kontrolle über die Menschen ausüben wollen, die Ihnen nahe stehen.

Sie nehmen andere Menschen genau wahr und können ihren Charakter gut beurteilen. Im Alter entwickeln Sie eine bewundernswert weise Ausstrahlung, sodass andere Ihren Rat suchen.

1

Im Norden steht die Zahl Eins, die sich mit ihrer Wasser-Energie nicht harmonisch zur Erde-Energie der Zahl Fünf verhält. Das kann Sie in Bezug auf Erotik oder Spiritualität leicht verunsichern, später aber gewinnen Sie mehr Zutrauen und Sicherheit, möglicherweise entwickeln sich diese Bereiche sogar zu wichtigen Potentialen. Die Konstellation bedeutet auch, dass Sie dazu neigen, sich ganz allgemein viele Sorgen zu machen.

Von Zeit zu Zeit kann in Ihnen das Bedürfnis nach einem ruhigen Ort auftauchen, wohin Sie sich zurückziehen wollen, um sich physisch und psychisch zu regenerieren. Solange Sie auf diese Weise für Ihr Wohlbefinden sorgen, halten Sie sich gesund.

Obwohl Sie konfrontativ sein können, besitzen Sie doch eine gute Portion Flexibilität, um schwierigen Hindernissen im Leben zu begegnen. Sie müssen diesen Aspekt Ihrer Ki-Energie ausbauen und weiterentwickeln.

8

Die nordöstliche Richtung Ihres Horoskops ist mit der Erde-Energie der Zahl Acht besetzt, die mit der Fünf im Zentrum harmoniert. Diese diagonale Achse besteht aus lauter Zahlen mit Erde-Energie, sodass die Ki-Energie ungehindert hin und her fließt. Das bedeutet, dass Sie, obwohl Sie von Natur aus gerne aktiv sind, manchmal zwischen zwanghafter Arbeitswut und fehlender Motivation schwanken. Wenn Sie das Richtige für sich gefunden haben, fangen Sie an, hart zu arbeiten, und widmen sich ganz dem aktuellen Projekt. Wenn sich eine Gelegenheit bietet, greifen Sie schnell zu und nutzen sie zu Ihrem Vorteil. Dieser Aspekt Ihres Horoskops kann auch dazu führen, dass Sie andere bevormunden und Situationen beherrschen wollen. Wenn Sie richtig in Schwung kommen, kann man Sie als zu dominant empfinden und Ihnen vorwerfen, alle Lorbeeren für sich selbst zu ernten, auch wenn es Ihnen nicht darum geht. Zu anderen Zeiten lassen Sie sich treiben, sind unentschlossen und unsicher, wie es weitergehen soll.

3

Der Osten Ihres Horoskops ist mit der Holz-Energie der Zahl Drei besetzt. Sie lässt sich nicht harmonisch mit der Erde-Energie der Zahl Fünf im Zentrum verbinden. Es fällt Ihnen schwer, neue Projekte selbständig anzufangen, und Sie ziehen es vor, mit einem Partner oder in einem Team zu arbeiten. Sie machen vielleicht auch die Erfahrung, dass sich Ihre Ideen nicht immer so reibungslos in die Praxis umsetzen lassen, wie Sie das erwarten. Sie sind ein eher ehrgeiziger Mensch, der ungeduldig ist, mit seinen Plänen im Leben weiterkommen will. Sie können sich gut auf Einzelheiten konzentrieren und sehr genau und präzise sein. Es kann Zeiten geben, in denen Ihnen das Selbstvertrauen und der Glauben an sich selbst verloren gehen, dann wieder gibt es Phasen, in denen Sie genug Motivation für neue Unternehmungen haben.

4

Der Südosten Ihres Horoskops ist von der Holz-Energie der Zahl Vier besetzt, die nicht mit der Erde-Energie der Zahl Fünf in der Mitte harmoniert. Deshalb fühlen Sie sich anfangs in Situationen unwohl, in denen von Ihnen Kreativität verlangt wird. Trotzdem könnten Sie ein guter Lehrer, Moderator oder Künstler werden.

Wenn Sie Ihre anfängliche Zurückhaltung überwunden haben, können Sie sehr hartnäckig und zäh sein. Obwohl Sie möglicherweise daran arbeiten müssen, haben Sie eine lebhafte Phantasie und können kreative Projekte entwickeln. Sie sind jedoch empfindlich für Kritik und zögern vielleicht deshalb, sich an gemeinsamen Unternehmungen zu beteiligen. Wenn aber jemand Sie mit Begeisterung und einer positiven Einstellung unterstützt und ermutigt, machen Sie große Fortschritte.

Neun-Ki Geburtshoroskop

1 5 1

Schlange

Ihre Neun-Ki Jahreszahl steht im Norden und macht Sie unabhängig und zufrieden mit sich selbst. Sie können auch gesellig und begeisterungsfähig sein. Sie haben eine erotische Seite und werden vielleicht später im Leben Ihre spirituellen Neigungen entdecken.

Die Ki-Energie der Schlange verstärkt die Energie des Südostens. Das gibt Ihnen das Bedürfnis, Ihre Ideen mit anderen zu teilen und dadurch Ihre Phantasie zu beflügeln. Planen ist nicht Ihre starke Seite und Sie fühlen sich ohne Kontrolle unsicher.

2 5 2

Affe

Ihre Neun-Ki Jahreszahl steht im Südwesten. Damit halten Ihre Beziehungen zu Freunden, Familienmitgliedern und Geschäftspartnern dauerhaft. Sie können sich selbst auch gut zu harter Arbeit motivieren.

Die Monats-Energie des Affen gibt Ihnen noch mehr Ki-Energie im Südwesten. Daher sind Ihnen Menschen, die Sie lieben, sehr wichtig. Ihre Neigung zum Klatsch könnte für Ihre Beziehungen gefährlich werden.

3 5 3

Tiger oder Schwein

Ihre Neun-Ki Jahreszahl steht im Osten. Sie sind deshalb ehrgeizig, zuversichtlich und dynamisch mit hervorragenden organisatorischen Fähigkeiten. Sie können die finanziellen Folgen von Entscheidungen gut überblicken.

Die Monats-Energie des Tigers verstärkt die Energie des Nordostens, die für Motivation und hervorragenden Geschäftssinn sorgt. Für Familie und Freunde haben Sie jedoch nicht so viel Aufmerksamkeit übrig.

Die Monats-Energie des Schweins verstärkt Ihre Ki-Energie im Nordwesten, was für Organisation, Würde und Respekt steht. Zeitweise ziehen Sie sich aus der Unterhaltung zurück und beobachten gerne die anderen.

4 5 4

Schlange

Ihre Neun-Ki Jahreszahl im Südosten stärkt Ihre kommunikativen Fähigkeiten und fördert Ihre Kreativität. Sie besitzen eine natürliche Intuition und eine würdevolle Ausstrahlung, Sie sind gerne gut organisiert.

Die Ki-Energie der Schlange stärkt die südöstliche Energie noch mehr, daher können Sie extrem hartnäckig und trotzig sein. Kreativität, Kontrolle und Organisation sind Ihnen wichtig. Wenn Sie lernen loszulassen, werden Sie es leichter finden, im Leben zurechtzukommen.

5 5 5

Affe

Ihre Neun-Ki Jahreszahl steht auch im Zentrum Ihres Horoskops, daher sind die auf Seite 29 beschriebenen Charaktereigenschaften Ihrer Monatszahl besonders ausgeprägt. Von den 108 möglichen Kombinationen ist dies diejenige mit der meisten Kraft – Sie sollten von Ihrer starken Ki-Energie sehr weise Gebrauch machen, um sich vor

Fehlern und Überreaktionen zu schützen. Die Monats-Energie des Affen verstärkt die Aspekte des Südwestens, das heißt Familie und Freunde. Ihre Arbeit könnte darunter leiden, dass Sie zu wenig Schwung und Ziele haben.

6 5 6

Tiger oder Schwein

Ihre Neun-Ki Jahreszahl im Nordwesten stärkt die Ki-Energie entlang dieser Achse, sorgt für Würde und ein erhöhtes Kontrollbedürfnis. Sie haben auch einen Sinn für Kreativität und die Fähigkeit, Ihre Ideen mitzuteilen.

Die Monats-Energie des Tigers stärkt die Energie des Nordostens mit dem Bedürfnis nach Konkurrenz und harter Arbeit, aber auch dem Risiko von unvorhersehbaren Veränderungen in Ihrem Leben. Es kann Ihnen auch an Engagement für Familie und Freunde fehlen, weil Sie zu viel Energie in Ihre Arbeit investieren.

Die Monats-Energie des Schweins gibt der Ki-Energie im Nordwesten noch mehr Bedeutung, das heißt Ihren organisatorischen Fähigkeiten und Führungsqualitäten. Zeitweise jedoch sind Sie damit zufrieden, bei Diskussionen zuzuhören und zuzuschauen, ohne selbst daran teilzunehmen.

7 5 7

Schlange

Ihre Neun-Ki Jahreszahl befindet sich im Westen Ihres Horoskops, was die Ki-Energie entlang dieser Achse verstärkt. Sie sind romantisch und spielerisch veranlagt und genießen die Freuden des Lebens. Darüber hinaus sind Sie ehrgeizig, aktiv und unternehmungslustig.

Die Ki-Energie der Schlange verstärkt die Energie des Südostens. Sie suchen oft nach Möglichkeiten, Ihre Phantasie anzuregen und neue Ideen zu entwickeln. Es fällt Ihnen nicht leicht, vorauszuplanen, und mit strengen Arbeitsstrukturen fühlen Sie sich sehr unwohl.

8 5 8

Affe

Der an sich schon starke Energiefluss entlang der Achse von Nordosten nach Südwesten wird noch dadurch erhöht, dass die einflussreiche Energie der Fünf auch dabei ist. Das verstärkt Ihre konkurrenzorientierte Seite und lässt Sie nach Herausforderungen suchen. Sie genießen aber auch Ihr Zuhause und die Zeit mit der Familie und Freunden.

Die Monats-Energie des Affen betont die Aspekte des Horoskops im Südwesten, was Freunde und Familie betrifft. Sie gibt dieser Achse noch mehr Kraft, Gewinnen ist daher Ihre große Stärke.

9 5 9

Tiger oder Schwein

Die Energie entlang Ihrer Nord-Süd-Achse stärkt Ihren Wunsch nach geselligem Leben und Ihre Fähigkeit, sich gut auszudrücken – Sie sind intelligent und in Gesprächen sehr unterhaltsam. Sie sind eine unabhängige, außerordentlich sinnliche Persönlichkeit, aber Sie riskieren, dass man wegen Ihrer erotischen Abenteuer über Sie redet und Sie sich damit schaden, besonders wenn Sie indiskret sind. Die Ki-Energie des Tigers verstärkt die Energie des Nordostens. Sie gewinnen gern, sind gewissenhaft, gewitzt und mögen Konkurrenz. Diese Eigenschaften können Sie manchmal egozentrisch und Ihrer Familie und Freunden gegenüber gleichgültig machen.

Die Monats-Energie des Schweins gibt Ihnen zusätzliche Energie im Nordwesten. Damit haben Sie bewundernswerte organisatorische Fähigkeiten und Führungsqualitäten, und das macht Sie zu einem intelligenten Vordenker. Oft trifft Ihre Intuition genau den richtigen Punkt. Ihre Ki-Energie ist jedoch schwach in Bezug auf Qualitäten wie Hartnäckigkeit und Durchhaltevermögen, was Sie manchmal zu schnell aufgeben lässt.

6 Neun-Ki Geburtshoroskop

SO	S	SW
5	1	3
O 4	6	8 W
9	2	7
NO	N	NW

5 Die Zahl Fünf in der südöstlichen Position Ihres Horoskops gibt Ihnen ein starkes Bedürfnis nach Kommunikation und Mitteilung Ihrer Ideen. Da der Südosten mit Phantasie und Kreativität zu tun hat, sind Sie ein Mensch mit interessanten und ungewöhnlichen Ideen. Die Ki-Energie der Fünf ist sehr veränderlich, ebenso können Ihre Unternehmungen unvorhersehbare Ergebnisse hervorrufen. Sie haben oft Erfolg, wenn Sie Ihre Ziele verfolgen, können dies aber nicht immer wiederholen. Jedenfalls wirken Sie auf andere anziehend, wenn Sie von Ihren Ideen sprechen.

Die Erde-Energie der Zahl Fünf harmoniert mit der Ki-Energie der Sechs im Zentrum Ihres Horoskops, aber nicht mit der Holz-Energie des Südostens. Das bedeutet, dass Sie es trotz Ihrer Begabung, andere für Ihre Ideen zu begeistern, nicht angenehm finden, regelmäßig kreativ zu arbeiten.

1 Weiter im Uhrzeigersinn steht in südlicher Position die Zahl Eins mit den Eigenschaften Unabhängigkeit, Sexualität und Objektivität. Der Süden steht für öffentliche Anerkennung, Selbstdarstellung und Geselligkeit. Sie mögen es, mit Menschen zu tun zu haben, die aus den verschiedensten Bereichen kommen. Sie sind in der Lage, sich Aufmerksamkeit zu verschaffen, obwohl das eine Weile dauern kann und Sie auch nicht der Typ sind, Ruhm auf die Dauer zu genießen. In der Regel bewahren Sie Ihre Unabhängigkeit, Ideale sind Ihnen wichtiger als Freundschaften. Da die Eins gegenüber ihrer natürlichen Position im Magischen Quadrat steht, ist das Risiko erhöht, dass Ihnen in Ihrem Privatleben unerwartete Dinge passieren. Wasser- und Metall-Energie harmonieren miteinander, Sie finden leicht einen Zugang zu den entsprechenden Lebensaspekten, was aber langfristig nicht so bleiben muss.

3 Im Südwesten Ihres Horoskops steht die Drei: aktiv, ehrgeizig und dynamisch, während der Südwesten das Thema Familie, Freunde und Zuhause hat. Das ermöglicht es Ihnen, eine direkte und aktive Rolle in Freundschaften zu spielen, und erleichtert Ihnen das Kennenlernen von neuen Menschen. Unter Umständen sind Sie vorsichtig, wenn es um die Familiengründung geht, aber dann lassen Sie sich auf das Familienleben aktiv ein. Sie stellen hohe Anforderungen an die Umgebung, in der Sie leben. Manchmal sind Sie frustriert, ärgerlich und ungeduldig mit anderen Familienmitgliedern, was aber in der Regel schnell vorübergeht. Der Südwesten ist die Richtung der Mutter, mit der Sie viele gemeinsame Aktivitäten teilen. Die Holz-Energie der Drei harmoniert nicht mit der Erde-Energie des Südwestens, daher fühlen Sie sich in diesen Lebensbereichen vielleicht unwohl.

8 Die Zahl Acht besetzt den Westen Ihres Horoskops, dessen Thema Liebe, Interesse für Geld und die Fähigkeit ist, Projekte bis zum Schluss durchzuziehen. Die Zahl Acht ist motiviert, arbeitet hart und mag Konkurrenz. Das bedeutet, Sie arbeiten viel, wenn Sie durch Geld motiviert werden. Sie sind schnell, wenn es um neue finanzielle Möglichkeiten geht, und können diese dann konkurrenzfähig weiterverfolgen. Sie drängen aber so sehr nach materiellem Wohlstand, dass Sie sich den Blick auf andere Freuden des Lebens nehmen. Sie sind schnell entschlossen, wenn Sie eine Liebesbeziehung wollen, und können sie auch leicht weiterverfolgen.

Weil die Erde-Energie der Zahl Acht mit der Metall-Energie des Zentrums und des Westens harmoniert, finden Sie sich leicht in Situationen zurecht, in denen es um Geld oder Liebe geht. Ihnen werden diese beiden Aspekte auch langfristig sehr wichtig sein.

7 Die nordwestliche Position Ihres Horoskops ist von der Zahl Sieben besetzt, die für Lebenslust, Liebe und Zufriedenheit steht, während der Nordwesten mit Führung, Organisation und Würde zu tun hat. Das bedeutet, dass Sie Ihre Führungsposition dafür nutzen, sich die Arbeit erfreulicher zu gestalten. Sie können ein angenehmes Arbeitsumfeld schaffen und dabei gleichzeitig Ihre Würde wahren. Da der Nordwesten die Richtung des Vaters ist, suchen Sie zu ihm eine Beziehung, in der Sie unbeschwert sein und Spaß haben können. Wenn Sie ein Mann sind, wollen Sie mit Ihren eigenen Kindern eine ähnliche Beziehung aufbauen. Da jedoch die Sieben gegenüber der starken Ki-Energie der Fünf steht, sind die Beziehungen nicht unbedingt so, wie Sie sich das vorgestellt haben.

Die zueinander harmonischen Metall-Energien der Sieben, der Sechs in der Mitte und des Nordwestens machen Ihnen Dinge wie Leitungsaufgaben, Organisation und Verantwortung leicht.

2 Die Zahl Zwei besetzt die nördliche Position Ihres Geburtshoroskops, die mit Sexualität, Unabhängigkeit und Spiritualität zu tun hat, die Zahl Zwei macht Sie vorsichtig, praktisch und realistisch. Das bedeutet, dass Sie zurückhaltend sind, wenn Sie eine Liebesbeziehung anfangen. Mit der Zeit aber fühlen Sie sich in der Intimität wohl und haben das Potential, ein guter Liebhaber(in) zu sein. Mit der eher abhängigen Natur der Zahl Zwei können Sie in diesem Bereich auch Trost finden und sich auf Ihren Partner bei emotionalen Schwierigkeiten verlassen. Sie fühlen sich später zu spirituellen Dingen hingezogen und können in Krisenzeiten darin Rückhalt finden.

Die Erde-Energie der Zwei harmoniert mit der Metall-Energie der Sechs im Zentrum Ihres Horoskops, aber nicht mit der Wasser-Energie des Nordens. Das lässt Sie leicht eine emotionale Beziehung zu einem anderen Menschen finden, erschwert Ihnen aber die Balance zwischen Abhängigkeit und dem Bedürfnis nach Unabhängigkeit.

9 Die Neun steht im Nordosten, der mit Motivation, harter Arbeit und einem Sinn für Konkurrenz verbunden ist, während die Neun leidenschaftlich, gefühlvoll und ausdrucksstark ist. Das bedeutet, dass Sie wahrscheinlich Wettkampfsportarten mögen und leidenschaftlich für den Sieg kämpfen. Wenn Sie verlieren, könnten Stress und Ärger Sie jedoch dazu bringen, die Wettkämpfe überhaupt aufzugeben. Die Gefühlsebene ist für Ihre Motivation wichtig, sodass Ihnen Arbeit und Erfolg leicht fallen, wenn Sie sich dabei gut fühlen und die anderen Beteiligten anregend sind. Sie könnten jedoch durch falsche Beurteilung in eine Situation hineinschlittern und später feststellen, dass sie emotional doch nicht damit zufrieden sind. Wenn Sie jedoch den für Sie richtigen Platz gefunden haben, sind Sie motiviert, können hart arbeiten und Konkurrenz aushalten.

4 Die Vier steht im Osten Ihres Horoskops, dessen Ki-Energie mit Ehrgeiz, Aktivität und dem Start neuer Projekte verbunden ist, während die Zahl Vier Sie einfallsreich, kreativ und auch hartnäckig macht. Daher haben Sie die Fähigkeit, neue Dinge mit Einfallsreichtum anzugehen und Ihr Leben generell leicht zu nehmen. Sie sind tendenziell ein aktiver Mensch und haben besondere Fähigkeiten, Ihre Ideen in die Tat umzusetzen.

Die Holz-Energie der Vier harmoniert zwar nicht mit der Metall-Energie der Sechs im Zentrum Ihres Horoskops, aber mit der Holz-Energie des Ostens. Daher fällt es Ihnen zunächst nicht so leicht, etwas Neues anzufangen oder ehrgeizig zu sein. Wenn Sie aber einmal Selbstvertrauen gewonnen haben, können Sie sich höhere Ziele setzen und gut darauf hinarbeiten.

6 Neun-Ki Geburtshoroskop

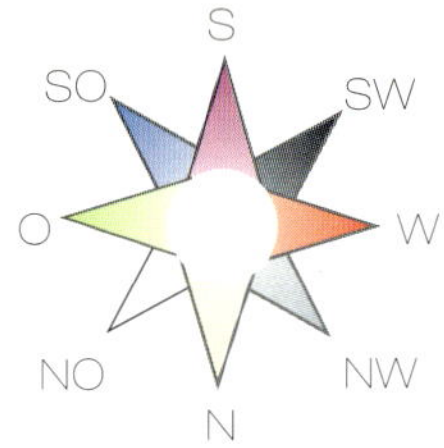

1 6 9

Drache oder Ochse

Ihre Neun-Ki Jahreszahl steht im Süden Ihres Horoskops und gibt Ihnen gesellige, ausdrucksstarke und unternehmungslustige Eigenschaften. Sie sind gerne unabhängig und interessieren sich für Sex. Sie haben einen bewundernswerten Sinn für klare und objektive Ideen, die Sie auf eine menschliche und gefühlvolle Art vermitteln können. Der Drache stärkt die Ki-Energie des Südostens. Sie haben ein starkes Bedürfnis danach, Ihre Phantasie auszuleben und Ihre Ideen mitzuteilen. Sie sind eine hartnäckige Person, aber Organisation fällt Ihnen schwer, besonders wenn es um detaillierte Pläne oder Vorbereitungen geht. Der Ochse dagegen stärkt die Energie im Nordosten. Sie steht für Motivation und Konkurrenzbewusstsein, mit dem Sie das Leben direkt angehen. Sie nehmen sich weniger Zeit für Freunde und Familie, sodass sich diejenigen, die Sie lieben, vernachlässigt fühlen.

2 6 1

Schaf

Ihre Jahreszahl steht im Norden, somit schätzen Sie Unabhängigkeit und brauchen viel Zeit für sich selbst. Trotzdem mögen Sie auch die Wärme, wenn Sie mit anderen Menschen zusammen sind, und fühlen sich dann wohl und glücklich. Sie sind ein objektiver Denker und fühlen sich zu spirituellen Philosophien hingezogen.

Das Schaf verstärkt die südwestlichen Aspekte Ihres Horoskops in Bezug auf Familie, Freunde und Zuhause – all das ist Ihnen sehr wichtig. Es kann aber Zeiten geben, in denen Ihnen etwas Motivation fehlt und Sie Konkurrenzsituationen meiden.

3 6 2

Hund

Ihre Jahreszahl steht im Südwesten, das heißt, Sie sind vorsichtig, realistisch und praktisch. Sie können über lange Zeit hinweg hart arbeiten und haben die Fähigkeit, sich Fertigkeiten anzueignen. Freundschaften und harmonische Familienbeziehungen pflegen Sie über lange Zeit.

Der Hund gibt Ihnen mehr Energie im Nordwesten mit Würde und Führungsqualitäten. In Ihrem Leben gibt es jedoch Zeiten, in denen Ihnen Inspiration, Phantasie und Kreativität fehlen.

4 6 3

Drache oder Ochse

Ihre Jahreszahl steht im Osten, was die Aspekte Ehrgeiz und Aktivität stärkt. Sie gehören zu der Sorte Menschen, die eine neue Idee umsetzen und das Projekt bis zum erfolgreichen Abschluss verfolgen. Sie sind auch romantisch veranlagt und mit dem Leben in der Regel zufrieden. Die Ki-Energie des Drachen stärkt die Energie des Südostens und damit Ihr Bedürfnis, Ihre Ideen bekannt zu machen. Sie haben ausgeprägte kommunikative Fähigkeiten und sind eher hartnäckig. Manchmal fallen Ihnen jedoch Organisation und die alltägliche Zeitplanung schwer. Sie haben eine besonders hohe Sensibilität für Situationen, in denen Sie Ihre Würde verlieren könnten.

Der Ochse dagegen stärkt die Energie im Nordosten. Sie sind hoch motiviert und haben das Potential für erfolgreiche Geschäfte und alle Arten von Tätigkeiten, die Spekulation erfordern. Sie suchen Konkurrenzsituationen und arbeiten gern auf klar definierte Ziele hin.

5 6 4

Schaf

Ihre Jahreszahl steht im Südosten und da es eine Fünf ist, gibt sie dieser Achse besonderen Einfluss. Sie können Ihre Phantasie für Ideen nutzen, die Sie realisieren wollen. Sie denken logisch und können Ihre Vorstellungen mit einem Sinn für Autorität vermitteln.

Das Schaf verstärkt die südwestlichen Aspekte Ihres Horoskops in Bezug auf Familie, Freunde und Kollegen, mit denen Sie über lange Zeit hinweg verbunden bleiben. Manchmal kann Ihnen die Motivation zu arbeiten verloren gehen, besonders wenn Sie durch Kritik gekränkt worden sind oder Ihr Stolz verletzt worden ist.

6 6 5

Hund

Ihre Neun-Ki Jahreszahl steht auch im Zentrum Ihres Horoskops und verstärkt damit alle emotionalen Aspekte Ihrer Monatszahl, wie sie auf Seite 30 beschrieben sind. Sie haben echte Führungseigenschaften und können hervorragend organisieren.

Die Energie Hund bezieht sich auf den Nordwesten und gibt Ihnen Würde, Respekt und organisatorische Fähigkeiten. Ihnen fällt es leicht, sich Achtung zu verschaffen und andere sehen in Ihnen einen geborenen Anführer. Zeitweise jedoch ziehen Sie es vor, sich zurückzulehnen und andere zu beobachten.

7 6 6

Drache oder Ochse

Ihre Neun-Ki Jahreszahl im Nordwesten Ihres Horoskops gibt Ihnen eine würdevolle Ausstrahlung, die Achtung gebietet und Vertrauen schafft. Sie sind auch kreativ, einfallsreich und begierig darauf, Ihre Ideen anderen mitzuteilen. Da Ihre Neun-Ki Jahreszahl gegenüber der Zahl Fünf steht, würden Sie sich das Leben erleichtern, wenn Sie nicht gegen den Strom schwimmen, sondern warten, bis die Dinge auf Sie zukommen.

Der Drache stärkt die Ki-Energie des Südostens und gibt Ihnen lebendige Phantasie und das Bedürfnis, Ihre Ideen realisiert zu sehen. Sie können zeitweise etwas selbstgerecht sein und sind sehr verletzt, wenn Ihre Würde angetastet wird.

Der Ochse im Nordosten macht Sie motiviert und gewissenhaft. Organisation ist eine Ihrer Stärken und Sie widmen Ihrer Arbeit einen großen Teil Ihrer Zeit, oft auf Kosten Ihrer Freunde und Familie. Sie haben eine gute Intuition und stellen oft fest, dass Sie instinktiv das Richtige tun.

8 6 7

Schaf

Ihre Neun-Ki Jahreszahl steht im Westen und verstärkt die Ki-Energie, die mit Interesse für Geld, Liebe und Vergnügen zu tun hat. Es passt zu Ihnen, ehrgeizig, aktiv und dynamisch zu sein. Die Monats-Energie des Schafes verstärkt die Aspekte des Südwestens. Das bedeutet, dass Ihnen Freunde, Familie und Zuhause außerordentlich wichtig sind. Zeitweise lassen Sie sich jedoch im Leben treiben, bevor Sie wieder den Schwung für eine neue Richtung bekommen.

9 6 8

Hund

Die Ki-Energie entlang der Nordost-Südwest-Achse Ihres Horoskops ist verstärkt und gibt Ihnen Motivation, Konkurrenzdenken und Direktheit. Sie sind schnell, wenn es darum geht, neue Möglichkeiten zu entdecken. Gleichzeitig können Sie gut mit alten Freunden und der Familie umgehen. Der Hund verstärkt die Ki-Energie, die zum Nordwesten gehört. Damit haben Sie organisatorische Fähigkeiten und Führungsqualitäten. Sie sind intuitiv, haben aber manchmal zu wenig Durchhaltevermögen und geben zu schnell auf.

7 Neun-Ki Geburtshoroskop

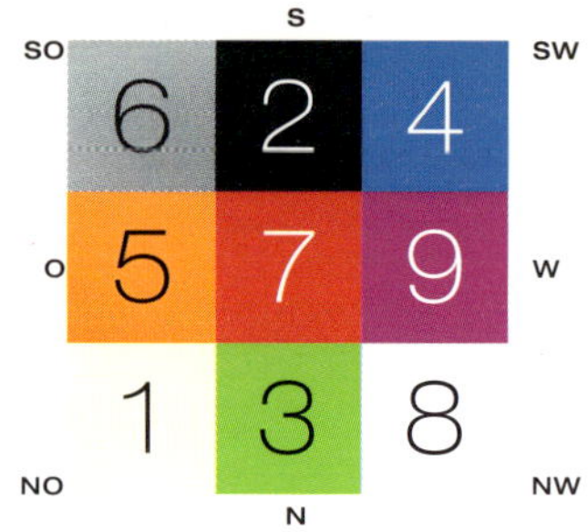

5 Die Zahl Fünf steht im Osten und damit haben Sie große Fähigkeiten, Menschen in einem Team zusammenzubringen und für ein neues Projekt zu motivieren. Ihre Begeisterung kann ansteckend sein und diese Eigenschaft macht Sie liebenswert. Weil die Ki-Energie der Fünf jedoch instabil ist, können Ihnen zeitweise das Interesse und die Orientierung verloren gehen. Die Kombination aus Fünf und Osten kann bewirken, dass Sie auf andere Menschen reizbar und ärgerlich reagieren. Wenn Sie sich in einer Sache, die Ihnen wichtig ist, gebremst fühlen, können Frustration und Ärger aufkommen. Die Erde-Energie der Fünf harmoniert mit der Metall-Energie der Sieben im Zentrum, aber nicht mit der Holz-Energie des Ostens. Das kann dazu führen, dass neue Projekte sich nicht so entwickeln, wie Sie gedacht hatten. Wenn Sie jedoch einmal das Richtige gefunden haben, sind Sie hoch motiviert.

6 Im Uhrzeigersinn finden Sie als Nächstes im Südosten die Zahl Sechs, würdevoll, respektgebietend und kontrollbedürftig. Der Südosten dagegen steht für Kommunikation, Kreativität und Phantasie. Es ist nahe liegend, dass Sie kreativ und sehr phantasievoll sein können und dass Sie gleichzeitig Ihre Ideen auf eine strukturierte und verständliche Art mitteilen können. Da jedoch die Sechs gegenüber ihrer natürlichen Position im Magischen Quadrat steht, kann es trotzdem zu Schwierigkeiten und Missverständnissen kommen.

Die Metall-Energien von Sechs und Sieben, der zentralen Zahl Ihres Horoskops, erleichtern Ihnen Situationen, die Kommunikation erfordern. Jedoch verhält sich die Metall-Energie nicht harmonisch zur Holz-Energie des Südostens, was das Risiko von Missverständnissen langfristig erhöht.

---

2 Die Zahl Zwei hat ihre Position im Süden Ihres Horoskops. Sie hat vorsichtige, fürsorgliche und praktische Seiten, während die Themen des Südens Gefühl, Ausdrucksstärke und ein guter Ruf sind. Mit dieser Kombination achten Sie auf Ihr Image und sind eifrig darum bemüht, Ihren guten Ruf zu pflegen. Sie finden praktische Wege zum Erfolg. Sie zeigen gern Ihre eher fürsorgliche Seite und schaffen damit soziale Bindungen, aus denen sich zuverlässige Freundschaften ergeben.

Die Erde-Energie der Zahl Zwei harmoniert mit der Feuer-Energie des Südens und ebenso mit der Metall-Energie der Sieben in der Mitte Ihres Horoskops. Das macht Sie zu einem geselligen Menschen und gibt Ihnen die Leichtigkeit, sich gut auszudrücken und beachtet zu werden.

4 Die Vier besetzt die südwestliche Position Ihres Horoskops mit den Bereichen Freundschaft, Familie und Zuhause; die Zahl Vier ist hartnäckig, kreativ und phantasievoll. Das bedeutet, dass Sie ein natürliches Interesse an Zuhause, gemeinsamem Essen, Menschen, Umwelt und sozialen Themen haben, und Sie werden die Erfahrung machen, dass diese Themen Ihnen immer wichtiger werden. Da der Südwesten mit der Mutter verbunden ist, könnten Sie generell eine harmonische Beziehung zu Ihrer Mutter haben und mit Ihrem Familienleben glücklich sein.

Die Erde-Energie des Südwestens harmoniert mit der Metall-Energie der Sieben im Zentrum, aber nicht mit der Holz-Energie der Vier. Das bedeutet, dass Sie leichten Zugang zu den entsprechenden Lebensaspekten haben, langfristig aber das Risiko von Frustration und Enttäuschung besteht.

9

Die westliche Position Ihres Horoskops ist mit der Neun besetzt. Der Westen ist die Richtung für Liebe, Geld und Vergnügen, während die Neun leidenschaftliche, emotionale und soziale Qualitäten hat. Sie bringen Leidenschaft in Ihre Liebesbeziehungen ein, gleichzeitig ist es Ihnen wichtig, zu Geld und materiellem Wohlstand zu kommen. In diesen Bereichen können Sie viel Energie mobilisieren, besonders wenn Sie sich wohl fühlen und die Leute mögen, mit denen Sie zu tun haben. Zeitweise bringen Sie aber auch ausgesprochen wenig Begeisterung für solche Unternehmungen auf. Weil die Zahl Neun gegenüber der starken Energie der Fünf steht, ist es möglich, dass Sie sich in Liebesdingen oder Geldangelegenheiten manchmal blockiert fühlen und dass Sie Probleme haben, Ihrem Vergnügen nachzugehen. Die Feuer-Energie der Zahl Neun steht nicht harmonisch zur Metall-Energie des Westens und der Sieben, der Zahl in der Mitte. Daher ist das Risiko größer, dass in diesen Lebensbereichen nicht alles glatt läuft.

8

Die Ki-Energie der Zahl Acht besetzt die nordwestliche Position Ihres Geburtshoroskops, die für Führungsqualitäten, Organisationstalent und würdevolle Ausstrahlung steht. Die Zahl Acht ist motiviert, konkurrenzbezogen und schnell. Wenn Sie die Gelegenheit haben, eine Führungsposition zu bekommen, sind Sie schnell und übernehmen gern größere Verantwortung. Sie arbeiten dann hart und können andere Menschen auf natürliche Weise motivieren. Sie wirken anregend und inspirierend. Sie sind gut organisiert, dabei versuchen Sie aber, andere zu sehr zu kontrollieren, was zu Ärger führen kann.

Die Erde-Energie der Acht verhält sich harmonisch zur Metall-Energie sowohl des Nordwestens als auch der Sieben im Zentrum Ihres Horoskops. Verantwortung und Leitungsaufgaben machen Ihnen keine Probleme und Sie fühlen sich über lange Zeit wohl damit.

3

Die Zahl Drei besetzt die nördliche Position Ihres Horoskops, die Spiritualität, Sexualität und Unabhängigkeit repräsentiert, während die Drei ehrgeizig, aktiv und dynamisch ist. Sie haben einen analytischen Zugang zu Spiritualität, das heißt, Sie müssen erst verstehen, wie etwas funktioniert, bevor Sie es annehmen können. Sie können in sexueller Hinsicht energisch und aktiv sein. Für Sie ist Sex eine positive Kraft in Ihrem Leben und zeitweise geben Sie sich selbst damit Auftrieb.

Die Holz-Energie der Drei harmoniert zwar nicht mit der Metall-Energie der Sieben im Zentrum Ihres Geburtshoroskops, aber mit der Wasser-Energie des Nordens. Das bedeutet, dass in einer neuen Partnerschaft Sex vielleicht anfangs nicht befriedigend ist, mit der Zeit aber sollte daraus eine Quelle großer Zufriedenheit werden.

1

Die Energie der Eins besetzt die nordöstliche Position Ihres Geburtshoroskops, eine Richtung, die mit Motivation, harter Arbeit und neuen Möglichkeiten verbunden ist, während die Zahl Eins Sie unabhängig, flexibel und objektiv macht. Sie sind in Ihrer Arbeitsweise flexibel und können sich auf die jeweilige Situation einlassen. Sie können sehr hart arbeiten, wenn Sie wollen, aber genauso können Sie Zeiten genießen, in denen Sie sich ausruhen und sogar einen faulen Eindruck machen.

Die Wasser-Energie der Zahl Eins harmoniert mit der Metall-Energie der Sieben, der Zahl im Zentrum Ihres Horoskops, aber nicht mit der Erde-Energie des Nordostens. Deshalb bieten sich Ihnen immer wieder Gelegenheiten für harte Arbeit und Konkurrenz, aber Ihnen fällt es schwer, diese Rollen auf Dauer auszufüllen.

7 Neun-Ki Geburtshoroskop

1 7 8

Hase oder Ratte

Ihre Neun-Ki Jahreszahl im Nordosten verstärkt die Energie der ganzen Achse. Das gibt Ihnen Konkurrenzfähigkeit, Motivation und die Bereitschaft zu harter Arbeit. In geschäftlichen Dingen sind Sie clever, indem Sie Ihren natürlichen Charme mit scharfsinnigem Urteil verbinden. Sie genießen auch die Sicherheit eines Familienlebens und enge Freundschaften.

Die Monats-Energie des Hasen stärkt die östliche Energie: Sie wollen aufbrechen und etwas unternehmen. Sie sind ehrgeizig und karrierebewusst, Ihnen kann aber dann die Energie fehlen, das Ziel im Auge zu behalten und bis zum Ende durchzuhalten. Sie lassen sich leicht durch neue Ideen ablenken. Die Monats-Energie der Ratte sorgt dagegen für mehr nördliche Energie, also Objektivität, Unabhängigkeit und Sexualität, schränkt aber Leidenschaft, Ausdrucksfähigkeit und soziale Fähigkeiten ein. Sie müssen sich manchmal in Ihren eigenen Bereich zurückziehen, ohne gestört zu werden, und finden in schwierigen Zeiten Trost in der Spiritualität.

2 7 9

Pferd

Ihre Neun-Ki Jahreszahl steht im Süden, was den Energiefluss entlang dieser Achse verstärkt. Sie sind unabhängig und dabei gesellig und Sie lieben es, Aufmerksamkeit auf sich zu ziehen. Sie sind außerdem großzügig und sinnlich.

Die Ki-Energie des Pferdes verstärkt die feurige Energie des Südens, die für Beliebtheit und den Hang zur Selbstdarstellung sorgt. Sie sind eine gefühlvolle Person mit großer Leidenschaft. Zeitweise können Sie ein Hitzkopf sein.

Auf der anderen Seite machen Sie sich leicht unnötig Sorgen. Vielleicht fühlen Sie sich manchmal unwohl allein mit sich selbst und verbringen die Zeit lieber mit Freunden.

3 7 1

Hahn

Ihre Neun-Ki Jahreszahl steht im Norden und verstärkt die Energie entlang dieser Achse. Daher sind Sie unabhängig und spirituell, aber auch gesellig und sinnlich. Sie lieben es, Ihren Charme einzusetzen, um einen Liebespartner zu finden. Sie können von Ihrer warmen und ausdrucksstarken Seite umschalten auf eine ziemlich kühle Art. Der Hahn stärkt die Aspekte Ihres Horoskops, die mit Liebe, Vergnügen und Geld zu tun haben. Sie sind eher vorsichtig, wenn es um das Anfangen neuer Projekte geht, diese Zurückhaltung kann aber durch Ihre Jahreszahl ausgeglichen werden.

4 7 2

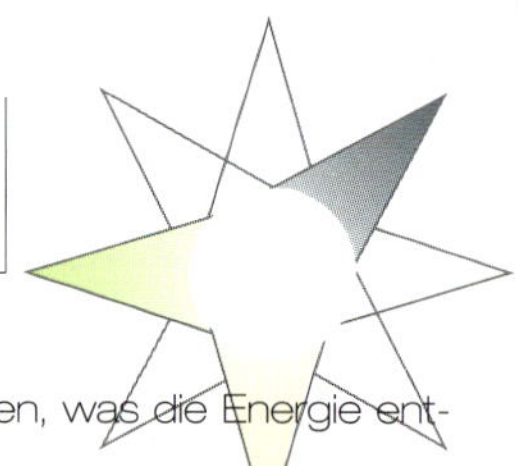

Hase oder Ratte

Ihre Jahreszahl steht im Südwesten, was die Energie entlang dieser Achse stärkt und die Aspekte Freundschaften, Ausbildung von Fertigkeiten und praktische Fähigkeiten betont. Sie können motiviert, konkurrenzbewusst, geistig beweglich und bereit zu harter Arbeit im Team sein. Sie haben eine klare Vorstellung davon, was Sie in Ihrem Leben tun wollen, dabei sind Sie besonnen und sorgfältig. Der Hase verstärkt die Energie des Ostens. Weil das auch die Position der einflussreichen Fünf ist, bekommt dieser Aspekt Ihres Horoskops mehr Bedeutung. Sie neigen dazu, sich in neue Projekte mit Ehrgeiz und Begeisterung hineinzustürzen, allerdings mit dem Risiko, dass Ihre hohen Erwartungen sich nicht erfüllen. Die Ratte verstärkt die Ki-Energie des Nordens, also Objektivität, Unabhängigkeit und Sexualität. Sie können Situationen klar und emotionslos betrachten, aber es ist nicht Ihre Art, gefühlsstark oder leidenschaftlich zu sein.

5 7 3

Pferd

Ihre Neun-Ki Jahreszahl im Osten Ihres Horoskops aktiviert diese Achse. Sie stürzen sich begeistert in neue Projekte, aber es kann Ihnen schwer fallen, Ihre Stimmung zu kontrollieren, wenn etwas nicht so läuft, wie Sie wollen. Sie sind ehrgeizig in Bezug auf Wohlstand und bei Partnerschaften. Das Pferd verstärkt die feurige Energie des Südens mit Ihren sozialen Fähigkeiten und hebt Sie aus der Menge hervor. Sie sind leidenschaftlich mit Dingen und Menschen, schwieriger sind für Sie Unabhängigkeit und Objektivität. Sie brauchen Zeit, um sich von einer Krankheit zu erholen.

6 7 4

Hahn

Ihre Neun-Ki Jahreszahl steht im Südosten und gibt Ihnen die Fähigkeit, wirkungsvoll zu kommunizieren und Ihre Ideen auszudrücken. Sie können Dinge auf eine logische und durchdachte Art erklären. Sie sind auch hartnäckig, strukturiert und sehr geeignet für Führungspositionen. Der Hahn verstärkt die Aspekte Ihres Horoskops, die mit Liebe, Vergnügen und Geld zu tun haben – Bereiche, in denen Ihre Stärke und Leidenschaft liegt. Jedoch sind Sie vorsichtig mit Neuanfängen und schnellen Veränderungen aller Art.

7 7 5

Hase oder Ratte

Ihre Neun-Ki Jahreszahl steht auch im Zentrum Ihres Horoskops und stärkt damit all Ihre emotionalen Charakteristika, wie sie auf Seite 31 beschrieben sind. Sie benutzen Ihren Charme, um Menschen für sich zu gewinnen – mit Ihnen macht es Spaß zusammen zu sein. Sie verfolgen Ziele und kommen zu materiellem Reichtum, können aber auch durch Zeiten tiefer Depression gehen. Der Hase stärkt die Kl-Energie des Ostens. Sie haben Ehrgeiz und das Bedürfnis nach neuen Herausforderungen. Sie könnten aber zu ehrgeizig anfangen und dann frustriert und ärgerlich sein, wenn Sie Ihre Ziele nicht erreichen. Die Ratte hat mehr nördliche Energie, die für Objektivität, Unabhängigkeit und Sexualität steht. Es fällt Ihnen leicht, das andere Geschlecht zu bezaubern, aber echte Leidenschaft kann dabei fehlen.

8 7 6

Pferd

Ihre Neun-Ki Jahreszahl steht im Nordwesten Ihres Horoskops. Sie sind gut organisiert und geben sich würdevoll, was Menschen erleichtert, Ihnen zu vertrauen. Sie fühlen sich Ihrer Natur entsprechend zu Positionen mit Leitung oder Verantwortung hingezogen und kommunizieren auf der Basis von Respekt. Das Pferd verstärkt die feurige Energie des Südens. Sie sind ausdrucksstark und lieben es, im Zentrum von gesellschaftlichen Ereignissen zu stehen. Weil Sie gefühlvoll und leidenschaftlich sind, fällt es Ihnen nicht leicht, unabhängig und objektiv zu sein. Sie können Schwierigkeiten mit Ihrer Gesundheit haben. Wahrscheinlich sind Sie lieber mit Freunden zusammen als allein.

9 7 7

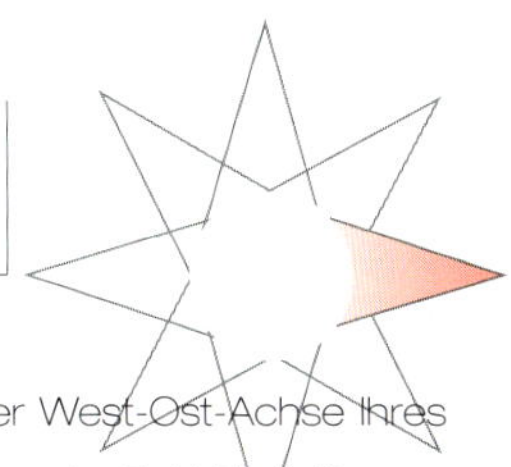

Hahn

Sie haben viel Energie entlang der West-Ost-Achse Ihres Horoskops. Dies ist auch die Achse der Zahl Fünf. Besonders im Vordergrund stehen damit Dinge, die mit Liebe, Geld und dem Abschließen von Projekten zu tun haben. Sie sind ehrgeizig und zielstrebig, wenn Sie sich auch zeitweise in diesen Bereichen blockiert fühlen. Der Hahn betont die westlichen Aspekte Ihres Horoskops. Liebe, Vergnügen und Finanzen sind Ihnen wichtig, aber Veränderungen und neue Projekte können Ihnen Sorgen machen. Diese Dinge müssen Sie mit anderen Lebensbereichen ausgleichen.

8 Neun-Ki Geburtshoroskop

SO	S	SW
7	3	5
O 6	8	1 **W**
2	4	9
NO	N	NW

5 Die Zahl Fünf steht in der südwestlichen Position, die Ihnen große Fähigkeiten verleiht, Eindruck zu machen und enge Beziehungen im Freundes- und Familienkreis zu knüpfen. Durch die instabile Ki-Energie der Fünf ist das Risiko von Konfrontationen erhöht, sodass diese Beziehungen vielleicht nicht lange halten. Der Südwesten ist die Richtung der Mutter, zu der Sie möglicherweise eine ganz besondere Beziehung haben, besonders wenn Sie eine Frau sind.

Der Südwesten und die Zahl Fünf haben beide Erde-Energie, dieselbe Ki-Energie wie die Zahl Acht im Zentrum Ihres Horoskops. Familienleben hat für Sie daher einen besonderen Stellenwert, umso mehr, als sowohl der Nordosten als auch der Südwesten mit Erde-Zahlen besetzt sind, die den Energiefluss entlang dieser diagonalen Achse erleichtern.

1 Weiter im Uhrzeigersinn kommt im Westen die Zahl Eins: unabhängig, objektiv und sexuell orientiert. Der Westen steht für Liebe, Interesse für Finanzen und das Abschließen von Projekten. Deshalb haben Sie eher einen objektiven Blick auf Ihre Partnerschaft, sehen aber Sexualität als einen wichtigen Aspekt. Ihr Hang zur Unabhängigkeit kann sogar von Ihren starken sexuellen Bedürfnissen überdeckt werden. Ihr Weg zum Wohlstand kann sich häufig ändern, wenn Sie aber einmal den richtigen Weg gefunden haben, können Sie viel Geld verdienen. Da Sie jedoch ebenso gut im Geldausgeben sind, ist das Sparen schwierig. Die Wasser-Energie der Eins harmoniert nicht mit der Erde-Energie der Acht, der Zahl in der Mitte, aber mit der Metall-Energie des Westens. Das macht Ihnen den Anfang von Liebesbeziehungen und das Geldverdienen schwer, wenn Sie aber einmal dabei sind, wird es leichter.

9 Im Nordwesten Ihres Horoskops steht die Neun mit leidenschaftlichen, feurigen und ausdrucksstarken Qualitäten, während der Nordwesten mit Führung, Organisation und Würde assoziiert ist. Sie sind oft stolz und wollen Ihre Würde verteidigen, sodass Sie Fehler nicht gut zugeben oder akzeptieren können. Sie können eine Menge Energie mobilisieren, um eine Führungsposition mit Autorität und Verantwortung zu erreichen, und als Vorgesetzter können Sie Ihre Mitarbeiter mit Ihren engagierten Ansichten motivieren. Mit Ihrer großzügigen und liebevollen Art haben Sie herzliche Beziehungen zu anderen Menschen. Der Nordwesten ist die Richtung des Vaters, mit dem Sie eng verbunden sind, auch wenn Sie manchmal Auseinandersetzungen haben und sich später mehr auseinander leben. Wenn Sie eine Frau sind, suchen Sie eher nach einem Partner, der warmherzig ist und seine Gefühle ausdrücken kann.

4 Die Ki-Energie der Zahl Vier besetzt die nördliche Position Ihres Horoskops. Diese Position ist mit Sexualität, Spiritualität und der Fähigkeit zu heilen verbunden, während die Zahl Vier kreativ, phantasievoll und hartnäckig ist. Das unterstützt Ihre Phantasie und Ihre Spiritualität, die Ihnen immer wichtiger wird, je älter Sie werden. Sie haben die Fähigkeit, sich selbst zu heilen, und können diese Ki-Energie auch gezielt für die Heilung anderer einsetzen. Sie fühlen sich in der Regel wohl in intimen Beziehungen.

Die Holz-Energie der Vier harmoniert mit der Wasser-Energie des Nordens, aber nicht mit der Erde-Energie der Acht im Zentrum Ihres Horoskops. Das erschwert es Ihnen zunächst, Ihre spirituelle Seite zu entwickeln, wenn Sie aber einmal den Zugang gefunden haben, wird dieser Aspekt Ihrer Ki-Energie voll ausreifen.

2 Die nordöstliche Position Ihres Horoskops ist mit der Zwei besetzt, also praktischen, realistischen und fürsorglichen Eigenschaften, während der Nordosten Motivation, harte Arbeit und Konkurrenz zum Thema hat. Daher gehen Sie Arbeit praktisch an, verfolgen Ihre Ziele realistisch und bauen dabei gute Beziehungen zu Ihren Kollegen auf. In Konkurrenzsituationen können Sie trotzdem eifersüchtig reagieren. Die Zwei steht gegenüber ihrer natürlichen Position im Magischen Quadrat, deshalb geraten Sie leicht auf den falschen Weg und überlassen anderen den Sieg. Die Zwei steht außerdem gegenüber der mächtigen Zahl Fünf, sodass Sie sich blockiert fühlen, wenn Sie eine neue Richtung für Ihr Leben suchen oder ausbauen wollen. Weil sowohl die Zwei, die Acht im Zentrum und auch der Nordosten Erde-Energie haben, können Sie Chancen erkennen und sie schnell nutzen. Es fällt Ihnen leicht, sich zwischen Motivation und Schnelligkeit auf der einen Seite und Vorsicht und Sorgfalt auf der anderen Seite hin und her zu bewegen.

6 Die Ki-Energie der Zahl Sechs besetzt die östliche Position Ihres Horoskops, die Richtung von Ehrgeiz, Aktivität und dem Beginn neuer Projekte, während die Zahl Sechs würdevoll, organisiert und kontrollierend ist. Das bedeutet, dass Sie effektiv planen und bei einem neuen Projekt oder Geschäftsvorhaben die Organisation übernehmen, sich ferne Ziele setzen und zuverlässig dafür arbeiten können. Ihre würdevolle Ausstrahlung hilft Ihnen, den Respekt und das Vertrauen anderer zu gewinnen und Unterstützung zu bekommen. Sie nehmen Ihre Karriere ernst und sind im Alltag diszipliniert und praktisch.

Die Metall-Energie der Zahl Sechs verhält sich zur Erde-Energie der Zahl Acht im Zentrum Ihres Horoskops harmonisch, aber nicht zur Holz-Energie des Ostens. Der Start einer neuen Unternehmung ist deshalb leicht, aber je länger Sie daran arbeiten, desto größer wird das Risiko der Enttäuschung, wenn der Erfolg sich nicht gleich einstellt.

7 Die südöstliche Position Ihres Horoskops ist mit der Zahl Sieben besetzt, deren stilvolle, romantische und verspielte Eigenschaften sich mit Kommunikation, Kreativität und Hartnäckigkeit des Südostens mischen. Das ermöglicht es Ihnen, Ihre Ideen mit Stil und großer Überzeugungskraft zu verbreiten, und gibt Ihnen Charme und Charisma vor einer Zuhörerschaft. Sie können sehr unterhaltsam sein und Menschen zum Lachen bringen.

Die Metall-Energie der Sieben harmoniert mit der Erde-Energie der Acht im Zentrum Ihres Horoskops, aber nicht mit der Holz-Energie des Südostens. Am wirkungsvollsten sind Sie, wenn Sie zu Beginn einen ersten Eindruck hinterlassen, aber Ihr Charme kann sich verlieren, wenn Sie Ihre Zuhörer zu lange in Anspruch nehmen und zu viel Zeit für Ihre Sache vereinnahmen.

3 Die Drei besetzt die südliche Position Ihres Horoskops. Diese Richtung ist mit öffentlicher Anerkennung, Selbstdarstellung und Stolz verbunden, während die Drei ehrgeizig, aktiv und begeistert ist. Deshalb können Sie gut für sich selbst Werbung machen und sind begeistert, wenn Sie die Gelegenheit bekommen, sich selbst darzustellen und in der Öffentlichkeit zu glänzen. Sie neigen jedoch dazu, sich in solche Situationen unüberlegt hineinzustürzen. Die Holz-Energie der Drei harmoniert mit der Feuer-Energie des Südens, aber nicht mit der Erde-Energie der Acht im Zentrum. Daher kann es passieren, dass Sie sich selbst falsch einschätzen und andere Sie angeberisch und oberflächlich finden. Wenn Sie sich aber entspannen und einen Menschen besser kennen lernen, wirken Sie positiv und inspirierend und finden tiefe und intensive Freundschaften.

Neun-Ki Geburtshoroskop

1 8 7

Tiger oder Schwein

Ihre Neun-Ki Jahreszahl steht im Westen und aktiviert damit den Ki-Energiefluss entlang dieser Achse. Sie sind romantisch, verspielt und offen für die Freuden des Lebens, aber auch ehrgeizig und aktiv. Sie können das Endergebnis eines Projekts gut im Auge behalten und erkennen finanzielle Chancen. Die Monats-Energie des Tigers stärkt die nordöstliche Energie für Motivation und Konkurrenzbewusstsein. Mit Ihrem guten Geschäftssinn können Sie schnell Entscheidungen treffen. Man kann Ihnen aber auch vorwerfen, dass Sie Ihre Familie und Freunde vernachlässigen. Das Schwein hat mehr nordwestliche Ki-Energie, die für Würde, organisatorische Fähigkeiten und Führungseigenschaften sorgt. Sie gewinnen leicht Vertrauen und Respekt. Manchmal können Sie aber auch unkommunikativ sein und dann ziehen Sie es vor, zurückgelehnt andere zu beobachten.

2 8 8

Schlange

Ihre Neun-Ki Jahreszahl steht im Nordosten Ihres Horoskops und verstärkt die Energie von Konkurrenz, Schnelligkeit und Motivation. Sie haben einen kämpferischen Geist und lieben neue Herausforderungen. Da jedoch Ihre Neun-Ki Jahreszahl gegenüber der Zahl Fünf steht, könnten Sie manchmal das Gefühl haben, dass diese Stärken blockiert sind. Sie legen Wert auf Freunde und Familie und sorgen für ein warmes Zuhause. Die Schlange verstärkt die Ki-Energie des Südostens. Sie lieben es, Ihre Phantasie zu nutzen und Ihre Ideen mitzuteilen. Sie sind wirkungsvoll, wenn Sie öffentlich sprechen, aber das Vorausplanen fällt Ihnen schwer. Das Gefühl, keine Kontrolle zu haben, verunsichert Sie.

3 8 9

Affe

Sie haben viel Ki-Energie entlang der Achse vom Süden zum Norden Ihres Horoskops. Diese Energie hat mit gesellschaftlichem Leben, Selbstdarstellung und Emotionen zu tun. Sie haben ausgeprägte Fähigkeiten, für sich selbst Werbung und auf sich aufmerksam zu machen, dabei sind Sie unabhängig, objektiv und sinnlich. Die Monats-Energie des Affen stärkt die Aspekte Ihres Horoskops im Südwesten: alles, was mit Familie, Freunden und Zuhause zu tun hat. Vielleicht fehlen Ihnen zeitweise etwas die Motivation und die Orientierung.

4 8 1

Tiger oder Schwein

Ihre Neun-Ki Jahreszahl im Norden Ihres Horoskops verstärkt die Ki-Energie entlang dieser Achse mit Unabhängigkeit, Sexualität und Objektivität. Materieller Wohlstand ist Ihnen wichtig und Sie sind klug, wenn es um Geschäfte geht. Sie sind auch gesellig, können sich gut darstellen und für sich Werbung machen. Sie stellen sich mühelos auf die verschiedensten Situationen ein. Der Tiger betont die Ki-Energie des Nordostens. Dieses Horoskop verbindet die Energie der Zahl Fünf mit der Energie des Monatstiers auf einer Achse und macht damit diese Ki-Energie außergewöhnlich stark und schwer kontrollierbar. Sie lieben Motivation, Konkurrenz und harte Arbeit, auch wenn Ihnen die Arbeit nicht leicht von der Hand geht. Beruflicher Ärger kann große Auswirkungen haben, sodass Sie es schwer haben, sich wieder zu stabilisieren. Die Monats-Energie des Schweins bedeutet dagegen stärkere Ki-Energie im Nordwesten für organisatorische Fähigkeiten, Führungsqualitäten und Würde. Sie stellen sich selbst als jemand dar, dem man vertrauen kann, und Sie erwarten Respekt von anderen. Kreativität, Selbstdarstellung und Einfallsreichtum sind allerdings nicht Ihre starken Seiten.

5 8 2

Schlange

Ihre Neun-Ki Jahreszahl steht im Südwesten. Ihnen liegt viel an guten Beziehungen zu Freunden, Familie und Kollegen. Weil aber die Zahl Fünf auch in dieser Position steht, können überraschende Veränderungen diese Beziehungen gefährden. Sie arbeiten hart und neigen dabei zu Extremen. Die Schlange stärkt die Energie des Südostens: Sie sind einfallsreich, ausdrucksstark und zäh. Vielleicht sind Sie schlecht organisiert und haben Probleme mit der Zeiteinteilung.

6 8 3

Affe

Ihre Neun-Ki Jahreszahl im Osten stärkt die Energie entlang dieser Achse Ihres Horoskops. Daher kommt es, dass Sie nicht nur ehrgeizig sind, sondern auch begeistert von der Anwendung Ihrer Ideen. Sie haben eine Vorstellung vom Ende eines Projekts und können darauf hinarbeiten.

Die Monats-Energie des Affen betont die Aspekte Ihres Horoskops im Südwesten: Freunde, Familie und Kollegen. Ihnen sind Freundschaften langfristig wichtig, genauso wie die Menschen, die Ihnen nahe sind. Zeitweise kann Ihnen die Motivation fehlen und Ihnen wird Ihre Arbeit unwichtig.

7 8 4

Tiger oder Schwein

Ihre Neun-Ki Jahreszahl steht im Südosten und sorgt für Kommunikation, Kreativität und Hartnäckigkeit, gleichzeitig aktiviert sie auch die Energie, die mit Organisation und Verantwortung zu tun hat. Sie können wirkungsvoll und klar kommunizieren, wenn Sie Zeit haben vorauszuplanen. Sie haben eine würdevolle Ausstrahlung und können sich Respekt verschaffen.

Die Monats-Energie des Tigers stärkt die Energie des Nordostens und mit der Zahl Fünf kombiniert ist die Energie entlang dieser Achse noch stärker. Sie haben das Bedürfnis nach Konkurrenz, harter Arbeit und wollen gewinnen. Sie nehmen sich vielleicht manchmal zu wenig Zeit für diejenigen, die Sie lieben. Das Schwein dagegen sorgt für nordwestliche Energie auf derselben Achse wie Ihre Jahreszahl und stärkt damit Organisation und Führungseigenschaften. Sie übernehmen mit Vergnügen Verantwortung, haben aber nicht genug Durchhaltevermögen.

8 8 5

Schlange

Ihre Jahreszahl steht auch im Zentrum Ihres Horoskops und betont damit die Charaktereigenschaften Ihrer Monatszahl, die auf Seite 51 beschrieben sind. Sie sind zielgerichtet und mögen Wettbewerb und Erfolg.

Die Schlange stärkt die südöstliche Energie. Sie sind einfallsreich und sprechen gern mit anderen über Ihre Ideen. Sie könnten es schwierig finden, das Vertrauen von Menschen zu gewinnen, und manchmal fühlen Sie sich in Ihrer Würde verletzt.

9 8 6

Affe

Ihre Neun-Ki Jahreszahl im Nordwesten stärkt die Ki-Energie entlang dieser Achse. Sie haben eine würdevolle Art, schätzen Kontrolle und können leicht eine Führungsposition übernehmen. Ihre Art von Kommunikation verlangt Respekt.

Die Monats-Energie des Affen stärkt die Aspekte Ihres Horoskops im Südwesten. Freunde, Familie und Zuhause sind Ihnen sehr wichtig. Sie können Phasen haben, in denen Sie keinen Elan haben und sich treiben lassen.

9 Neun-Ki Geburtshoroskop

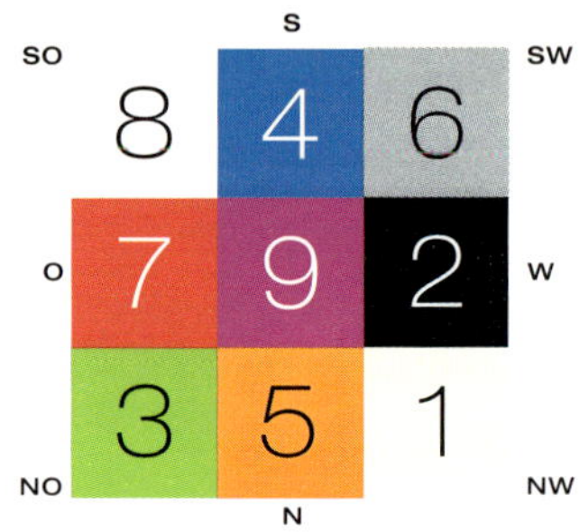

5 Die Zahl Fünf steht im Norden Ihres Horoskops in einer Richtung, die mit Sexualität, Regeneration, Heilung und Spiritualität assoziiert ist. Das bedeutet, dass Ihre erotische Ausstrahlung Menschen anzieht, Sie haben auch wichtige spirituelle und heilende Fähigkeiten, die aber nicht dem Willen gehorchen. Durch die instabile Ki-Energie der Fünf haben Sie zeitweise das Gefühl, dass Ihnen diese Kräfte verloren gehen, genauso, wie Sie auch Zeiten mit sehr wenig Sexualität erleben. Generell können Sie sich gut von Krankheiten erholen, aber dann werden Sie auch wieder Zeiten haben, in denen Sie es schwer haben, wieder gesund zu werden. Die Erde-Energie der Fünf harmoniert mit der Feuer-Energie der Neun im Zentrum Ihres Horoskops, aber nicht mit der Wasser-Energie des Nordens. Das erleichtert Ihnen den Zugang zu spirituellen Dingen und zu Sexualität, vielleicht hält die Leidenschaft aber nicht lange an.

3 Weiter im Uhrzeigersinn steht in der nordöstlichen Position die Zahl Drei, aggressiv, aktiv und ehrgeizig, während der Nordosten für harte Arbeit, Motivation und Konkurrenz steht. Sie sind ehrgeizig, können aber Ihre Ziele nur durch harte Arbeit erreichen. Sie können sich selbst motivieren, indem Sie laut und deutlich Ansprüche stellen, die Sie aber direkt in Konkurrenzsituationen bringen werden.

Die Holz-Energie der Zahl Drei harmoniert mit der Feuer-Energie der Zahl Neun im Zentrum Ihres Horoskops, aber nicht mit der Erde-Energie des Nordostens. Damit geraten Sie relativ leicht in Konkurrenzsituationen, die harte Arbeit bedeuten. Sie finden dann nur schwer das richtige Tempo, um durchhalten zu können.

---

7 In der östlichen Position Ihres Geburtshoroskops steht die Zahl Sieben, bereit zu Vergnügen, Liebe und Zufriedenheit, während der Osten mit Aktivität, Ehrgeiz und Tatkraft verbunden ist. Mit dieser Kombination können Sie Ihre Ziele im Leben verwirklichen, wenn Sie Ihren Charme einsetzen. Sie gehen mit Sinn für Spaß und Vergnügen an Ihre Arbeit, und das ist meist Ihre beste Strategie, um Erfolg zu haben.

Da die Sieben gegenüber ihrer natürlichen Position im Magischen Quadrat steht und die Metall-Energie der Sieben weder mit der Feuer–Energie der Neun in der Mitte Ihres Horoskops noch mit der Holz-Energie des Ostens harmoniert, erweisen sich vielleicht Ihre Ziele und Vorstellungen als nicht so realistisch, wie Sie gedacht hatten. Wenn Sie mit Schwierigkeiten konfrontiert sind, neigen Sie dazu aufzugeben und etwas anderes zu versuchen.

8 Die Zahl Acht besetzt die südöstliche Position Ihres Horoskops, die mit Kommunikation, Kreativität und Phantasie verbunden ist. Die Zahl Acht hat direkte, scharfe und schneidende Qualitäten. Sie neigen dazu, andere überreden zu wollen, und wenn Sie sich ärgern, können Sie unangenehm scharf und direkt sein. Bei Kritik sind Ihre Stimme und Ihre Worte kalt und beißend. Wenn es um Kreativität geht, können Ihre Vorstellungen aber von großer Klarheit und Einsichtsfähigkeit sein.

Die Erde-Energie der Zahl Acht harmoniert mit der Feuer-Energie der Zahl Neun im Zentrum Ihres Horoskops, aber nicht mit der Holz-Energie des Südostens. Das verleitet Sie dazu, vorschnell Ihre Meinung zu sagen, was Ihnen langfristig nur Schwierigkeiten bringt.

4

Die südliche Position Ihres Geburtshoroskops ist von der Ki-Energie der Zahl Vier besetzt, die phantasievoll, kreativ und hartnäckig ist, auch reiselustig und expansiv. Der Süden hat Leidenschaft, Selbstdarstellung und öffentliche Anerkennung zum Thema. Diese Kombination gibt Ihnen die Fähigkeit, andere mit Ihrer Begeisterung und Leidenschaft anzustecken, was Sie, wenn man mit Ihnen zusammen ist, zu einer anregenden Person macht. Da die Ki-Energie der Vier auch Ihren Lebenslauf bestimmt, kann dieser Aspekt langfristig auch Erfolg durch Beachtung, Berühmtwerden oder gesellschaftliche Verbindungen bedeuten. Möglicherweise entwickeln Sie auch eine Leidenschaft für Reisen.

Die Holz-Energie der Zahl Vier verhält sich sowohl zur Feuer-Energie des Südens als auch zur Feuer-Energie der Neun im Zentrum Ihres Geburtshoroskops harmonisch. Daher kommt es, dass Sie Ihre Gefühle gerne anderen mitteilen.

6

Die Zahl Sechs besetzt die südwestliche Position Ihres Horoskops, die Richtung, die mit Familie, Zuhause und Ernährung verbunden ist. Die Sechs organisiert, plant voraus und kontrolliert. Daraus entsteht Ihr Bedürfnis, Ihre Ernährung, Ihre Familie und Ihre Wohnung zu kontrollieren, und es fällt Ihnen schwer, Einfluss und Verantwortung zu teilen. Sie sind normalerweise in diesen Lebensbereichen sehr gut organisiert und nehmen Ihre Verantwortung ernst. Da der Südwesten die Richtung der Mutter ist, hatten Sie als Jugendlicher möglicherweise Konflikte mit Ihrer Mutter, vielleicht waren Sie auch ein schwieriges Kind. Dieses Konfliktpotential wird aber abgeschwächt durch einen tiefen Respekt für Ihre Mutter – in Wirklichkeit haben Sie viele Eigenarten von ihr übernommen. Die Metall-Energie der Sechs harmoniert mit der Erde-Energie des Südwestens, aber nicht mit der Feuer-Energie der Neun im Zentrum Ihres Horoskops. Deshalb stürzen Sie sich nicht gern in eine Liebesbeziehung hinein, sondern lassen sie lieber langsam wachsen.

2

Die Zwei besetzt die westliche Richtung, die mit Liebe, Geld und Vergnügen zu tun hat, während die Zahl Zwei vorsichtig, besonnen und abhängig ist. Daher gehen Sie an eine ernsthafte Beziehung vorsichtig heran, wenn Sie aber einmal die anfängliche Zurückhaltung überwunden haben, kann sich eine lange und tiefe Freundschaft entwickeln. Ihnen fällt es schwer, zu finanziellem Erfolg zu kommen, und Sie haben das Bedürfnis, sich mit jemandem zusammenzutun, der mehr aktive Energie hat. Die Erde-Energie der Zwei verhält sich sowohl zur Metall-Energie des Westens harmonisch als auch zur Feuer-Energie der Neun in der Mitte. Das erleichtert Ihnen den Zugang zu einem lukrativen Projekt oder einer Partnerschaft, und wenn Sie einmal die richtige Unternehmung oder Person gefunden haben, sind Sie wahrscheinlich auch langfristig erfolgreich und zufrieden.

1

Die Eins besetzt die nordwestliche Richtung Ihres Horoskops mit den Bereichen Organisation, Planung und Leitung, während die Eins eine tiefe, intuitive und spirituelle Ki-Energie ist. Sie gibt Ihnen die Fähigkeit abzuwarten, wenn es um Führungspositionen geht, und Sie können auch anderen diese Rolle überlassen. Sie planen nicht gerne im Voraus, außer wenn es um Ihr Zuhause geht, und verlassen sich lieber auf Ihre gute Intuition. Da der Nordwesten die Richtung des Vaters ist, haben Sie vielleicht zu ihm eine herzliche Beziehung, wobei der Abstand in späteren Jahren größer werden könnte. Die Wasser-Energie der Eins harmoniert mit der Metall-Energie des Nordostens, aber nicht mit der Feuer-Energie der Eins. Damit könnten Sie in Schwierigkeiten kommen, wenn Sie zu schnell eine Führungsposition erreichen wollen, mit Geduld haben Sie mehr Erfolg.

Neun-Ki Geburtshoroskop

1 9 6

Hund

Ihre Neun-Ki Jahreszahl steht im Nordwesten Ihres Horoskops, was die Präsenz der Ki-Energie entlang dieser Achse erhöht. Sie können gut organisieren und haben gern das Gefühl von Kontrolle. Vielleicht sind Sie etwas selbstgerecht und wollen immer wieder beweisen, dass Sie Recht haben, damit Ihre kostbare Würde unangetastet bleibt.

Die Monats-Energie des Hundes gibt dem Nordwesten noch mehr Einfluss mit ausgeprägten organisatorischen Fähigkeiten, Führungsqualitäten und Würde. Sie haben Selbstdisziplin und planen gern voraus. Es kann aber Zeiten geben, in denen Sie das Gefühl haben, dass Ihre Kreativität und Phantasie blockiert sind.

2 9 7

Drache oder Ochse

Die Ki-Energie, die entlang der Achse von West nach Ost fließt, ist durch die Position Ihrer Jahreszahl im Westen stark. Sie interessieren sich für Geld, Liebe und Vergnügen. Finanziell besonders erfolgreich sind Sie, wenn Sie mit anderen zusammenarbeiten. Sie sind ehrgeizig, positiv und begeisterungsfähig. Die Ki-Energie des Drachen stärkt die südöstliche Energie, die für Kreativität, Inspiration und das Bedürfnis, Ihre Ideen zu verbreiten, sorgt. Sie stürzen sich in neue Projekte mit Begeisterung hinein, Organisation und Pünktlichkeit sind aber nicht Ihre starken Seiten. Der Ochse im Nordosten dagegen stärkt die entsprechende Ki-Energie in Ihrem Horoskop und erhöht damit die Bereitschaft zu Motivation und Konkurrenz. Sie gehen die Dinge direkt an und bringen plötzliche Veränderungen in Ihr Leben, wenn sich die Gelegenheit ergibt. Sie machen vielleicht die Erfahrung, dass Sie wenig Zeit für Ihre Familie und Freunde haben und sich in Acht nehmen müssen, diese Menschen nicht auszunutzen.

3 9 8

Schaf

Sie haben viel Energie entlang der Nordost-Südwest-Achse Ihres Horoskops, was Konkurrenz und harte Arbeit bedeutet. Mit Ihrem klaren Verstand können Sie Chancen schnell entdecken und nutzen. Sie haben auch viel Energie für zuverlässige Freundschaften und Familienbeziehungen.

Die Monats-Energie des Schafs betont die südwestlichen Aspekte Ihres Horoskops noch mehr: Das betrifft alle Dinge, die mit Familie und Freunden zu tun haben. Die Position gegenüber der Neun-Ki Jahreszahl kann diese Aspekte aber unkontrollierbar machen. Es kann Phasen geben, in denen Sie Ihren normalerweise gut ausgeprägten Orientierungssinn verlieren.

4 9 9

Hund

Ihre Neun-Ki Jahreszahl steht im Süden Ihres Horoskops. Daher sind Sie gesellig und haben es leicht, sich selbst auszudrücken, dazu ein starkes Bedürfnis nach Unabhängigkeit. Da jedoch Ihre Jahreszahl gegenüber der Zahl Fünf steht, können Sie manchmal das Gefühl haben, dass Ihr Weg blockiert ist. Der Hund gibt Ihnen mehr nordwestliche Ki-Energie. Sie ruhen sehr in sich, werden geachtet und haben gute organisatorische Fähigkeiten. Manchmal beobachten Sie lieber, als an der Unterhaltung teilzunehmen.

5 9 1

Drache oder Ochse

Ihre Neun-.Ki Jahreszahl steht im Norden und verstärkt den Energiefluss entlang dieser Achse. Sie sind unabhängig und originell in Ihrem Lebensstil und haben einen objektiven Blick für Situationen. Sexualität und Spiritualität sind wichtige Bereiche für Sie und Sie genießen das Zusammensein mit anderen Menschen. Der Drache hat mehr südöstliche Energie. Sie sind künstlerisch veranlagt und lieben es, Ihre Ideen anderen mitzuteilen. Besonders wenn es um Pünktlichkeit geht, können Sie desorganisiert sein. Der Ochse im Nordosten stärkt Ihre Motivation. Sie könnten im kaufmännischen Bereich erfolgreich sein oder jeder anderen Tätigkeit, die mit Spekulation zu tun hat. Wenn Sie sich festgefahren haben, neigen Sie zu plötzlichen Veränderungen in Ihrem Leben.

6 9 2

Schaf

Ihre Neun-Ki Jahreszahl steht im Westen und erhöht damit den Einfluss der Ki-Energie entlang dieser Achse. Sie sind vorsichtig, realistisch und praktisch veranlagt. Ihnen fällt es leichter, Dinge in einem Team zu tun, statt allein. Zuverlässige Freundschaften und intensive Familienbeziehungen sind Ihnen wichtig. Die Monats-Energie des Schafs betont die Aspekte im Südwesten noch mehr: Familie, Freundschaften und Zuhause. Sicherheit und Geborgenheit bedeuten Ihnen viel. Manchmal fehlen Ihnen der Antrieb und ein kämpferischer Geist, um für sich selbst etwas zu erreichen.

7 9 3

Hund

Ihre Neun-Ki Jahreszahl steht im Osten und verstärkt damit die Energie entlang dieser Achse – Ehrgeiz und Aktivität. Sie bringen Ihre Ideen ein und verfolgen sie bis zu einem erfolgreichen Abschluss. Andererseits sind Sie romantisch veranlagt und fühlen sich generell zufrieden.

Der Hund stärkt die nordwestliche Energie, die für organisatorische Fähigkeiten und Führungsqualitäten sorgt. Sie gehen Situationen mit Weisheit an, haben aber wenig Durchhaltevermögen und Zähigkeit.

8 9 4

Drache oder Ochse

Ihre Neun-Ki Jahreszahl steht im Südosten Ihres Horoskops und ermutigt Sie, Ihre Phantasie und Kreativität einzusetzen und neue Ideen zu entwickeln. Sie können mit Ihren Ideen strukturiert umgehen und wichtige Aufgaben übernehmen. Weil Sie gern schnelle Erfolge sehen, können Sie ungeduldig sein, Dinge voranzubringen.

Der Drache betont die südöstliche Energie noch mehr. Sie sind sehr phantasievoll und kommunizieren gern. Ihr Geist ist so aktiv, dass Sie es schwierig finden abzuschalten. Manchmal haben Sie das Gefühl, dass Sie die Kontrolle verlieren und den Dingen ausgeliefert sind.

Der Ochse stärkt die Energie des Nordostens. Sie sind motiviert und arbeiten hart, vielleicht haben Sie dann zu wenig Zeit für Freunde und Familie. Sie finden geschäftliche Chancen besonders aufregend und lieben es, wenn Sie bei einem Projekt verfolgen können, wie es Gestalt annimmt.

9 9 5

Schaf

Ihre Neun-Ki Jahreszahl steht auch im Zentrum Ihres Horoskops und stärkt damit die Eigenschaften Ihrer Monatszahl, wie sie auf Seite 33 beschrieben sind. Sie haben starke Gefühle, die Sie kanalisieren können, indem Sie sich selbst ausdrücken. Sie handeln auf der Basis von Gefühl und Wärme. Weil Sie sich leicht Aufmerksamkeit verschaffen können, werden Sie vielleicht egozentrisch.

Das Schaf betont die südwestlichen Aspekte Ihres Horoskops – Freunde, Familie und Kollegen. Sie haben die natürliche Fähigkeit, Beziehungen mit anderen Menschen lange zu erhalten. Manchmal können Sie unentschlossen sein und Phasen haben, in denen Sie sich unsicher fühlen.

Die neun verschie- denen Ki-Energien

Teil vier

Wie wir bereits gesehen haben, haben im Feng Shui jede Zahl und jede Richtung eine bestimmte Energie. Mit diesen neun verschiedenen Energien sind auch Jahreszeiten, Tageszeiten und Monate verbunden, außerdem bestimmte Trigramme (siehe rechts), Farben und Mitglieder der traditionellen Familie. Die Kombination gibt jeder Energie ihren besonderen Charakter.

Was sind die Ki-Energien?

Jede der neun Zahlen in der Feng Shui Astrologie hat einen bestimmten Charakter oder eine bestimmte »Energie«. Die folgenden Seiten helfen Ihnen, sich die Energietypen anhand von Bildern aus der Natur – wie Erde, Donner, Wind, Himmel, See und Berg – besser vorzustellen. Es kann Ihnen helfen, sich in die damit verbundene Atmosphäre hineinzuversetzen, wenn Sie zum Beispiel draußen in einem Gewitter oder in starkem Wind sind, auf einen Berg steigen, mit Erde arbeiten oder an einem See sitzen. Jeder Ki-Energie ist ein Element zugeordnet (Wasser, Holz, Feuer, Erde, Metall), eine Himmelsrichtung, eine Tageszeit, eine Jahreszeit, ein Trigramm (siehe Seite rechts) und ein Familienmitglied im traditionellen orientalischen Haushalt. Es ist wichtig, dass Sie sich mit den Merkmalen jeder Energie und Zahl vertraut machen, weil Ihnen dieses Wissen bei der Interpretation Ihres Geburtshoroskops helfen wird (siehe Seite 34–73).

Himmelsrichtungen, Tages- und Jahreszeiten

Die Himmelsrichtungen sind am besten zu verstehen, wenn Sie an den Stand der Sonne am Himmel denken. Auch die Tageszeiten werden vom

Lauf der Sonne bestimmt. Der Osten ist die Richtung der aufgehenden Sonne, im Süden steht die Sonne auf dem höchsten Punkt am Himmel, der Westen ist der Sonnenuntergang und der Norden die Dunkelheit. Nordosten, Südosten, Südwesten und Nordwesten sind jeweils der Übergang von einem Sonnenstand zum anderen.

Wenn Sie an die Atmosphäre jeder Jahreszeit denken, können Sie sich auch die Art von Energie vorstellen, aus der sich der Charakter einer Person zusammensetzt. Ein Mensch mit Winter-Ki-Energie wird ganz anders sein als ein Mensch mit Sommer-Ki-Energie. Der Monat steht für die Zeit der größten Intensität jedes Energietyps. Im Dezember etwa ist die Wasser-Energie am stärksten.

Farben

Zu jeder Zahl oder jedem Energietyp gehört auch eine Farbe. Wenn Sie sich mit dieser Farbe umgeben, stärken und etablieren Sie dadurch die entsprechende Ki-Energie. Der Grund ist, dass farbige Oberflächen das Licht in unterschiedlichen Wellenlängen und Frequenzen reflektieren. Wenn Sie zum Beispiel in ein Zimmer hineingehen würden, dessen Fußboden, Wände und Decke ganz in Rot gestrichen sind, würde Ihre eigene Energie durch all die reflektierten Lichtwellen in der Weise beeinflusst, dass Sie sich mehr yang fühlen würden, aggressiver, wacher und aktiver sind. Wenn Sie von diesem Raum in ein Zimmer gehen, das ganz mit hellblauer Farbe ausgemalt wäre, würden Sie anfangen, sich mehr yin zu fühlen, würden stiller, passiver und entspannter werden.

Wenn Sie diese Energien für sich nutzen wollen, schauen Sie sich die Trigramme rechts auf dieser Seite an und suchen Sie die Farben heraus, die Ihrem Zahlencode zugeordnet sind (die Fünf hat kein Trigramm, aber die Farbe Gelb). Jede Farbe stärkt die Qualitäten der entsprechenden Zahl, egal ob es Ihre Jahres-, Monats- oder Achsenzahl ist.

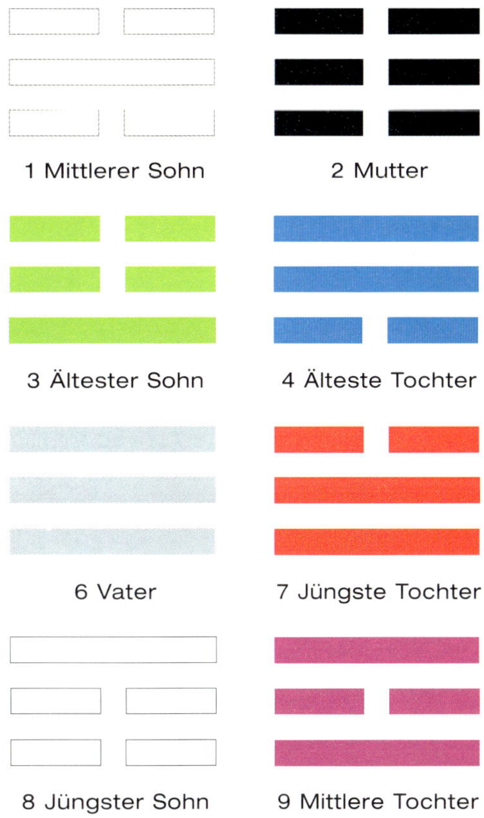

Die acht Trigramme

Ein Trigramm besteht aus drei Linien, die entweder unterbrochen oder durchgehend sind. Eine durchgehende Linie steht für Yang und eine unterbrochene Linie für Yin. Jedes Trigramm symbolisiert ein Mitglied der traditionellen orientalischen Familie und dessen typische Charaktereigenschaften. Der Vater zum Beispiel hat drei Yang-Linien, die seine Dominanz im Haushalt darstellen. Beachten Sie, dass die Fünf kein Trigramm hat.

Die Merkmale jeder Zahl

Auf den folgenden Seiten finden Sie Beschreibungen aller Zahlen bzw. Ki-Energien. Auf der linken Seite steht immer eine Zusammenstellung aller Elemente, die zu dieser Ki-Energie gehören. Der Abschnitt auf jeder rechten Seite unten, mit dem Titel »Lebensthemen«, sagt Ihnen etwas über Ereignisse in den Zeiträumen, in denen die Position Ihrer Jahreszahl in der dazugehörigen Richtung steht. Ihre Jahreszahl steht jedes Jahr unter dem Einfluss eines anderen Energietyps, was Ihnen bestimmte Dinge im Leben erleichtert, während andere riskanter werden. In Phasen, in denen Richtung und Jahreszahl übereinstimmen, empfinden die Menschen das Leben generell als angenehmer (siehe auch Seite 107–117).

1

Wasser

Wasser

Norden

Nacht
(23.00–1.00)

Winter

Dezember

Mittlerer Sohn

Die Zahl Eins hat Wasser-Energie und steht für die Nacht in der Mitte des Winters. Um diesen Ki-Energietyp zu erleben, müssten Sie im tiefsten Winter mitten in der Nacht an einen ruhigen Ort gehen. Ideal wäre eine dunkle, sternklare Mondnacht, Sie ständen am Wasserufer, mit Frost oder Schnee am Boden. In dieser Umgebung wären Sie sich der Stille um Sie herum bewusst. Sie würden Ihren Atem, Ihren Herzschlag und insgesamt sich selbst intensiv wahrnehmen. Unter diesen Bedingungen hätten Sie leichten Zugang zu Ihren tiefsten spirituellen Gefühlen und Einstellungen. Sie könnten objektiv über Ihr Leben nachdenken und Ihre Lebensbedingungen auf eine kühle und wenig emotionale Weise betrachten. Das ist es, was diesem Typ der Ki-Energie seine Qualität der Unabhängigkeit gibt.

Die Fähigkeit, in sich selbst hineinzuhorchen und seine tiefsten Gefühle aufzuspüren, gibt Menschen mit der Monatszahl Eins sehr herzliche und liebevolle Züge. Solche Menschen brauchen jedoch ihren eigenen Raum und können zeitweise distanziert, reserviert und desinteressiert scheinen, weil sie sich auf tiefere Ebenen dieser Ki-Energie zurückziehen. Wenn sie mit Schwierigkeiten konfrontiert werden, haben Menschen mit dieser Neun-Ki Jahreszahl die Tendenz wegzulaufen oder sich zurückzuziehen, bis sie die Dinge

Suche nach festen Ufern

Ein Mensch mit der Eins in seinem Code braucht eine Begrenzung. Eine Wasser-Persönlichkeit wird sonst chaotisch und undiszipliniert.

Lebendig und frisch
Ein abenteuerlustiger Geist ist charakteristisch für Menschen mit der Zahl Eins in ihrem Code – so wie das Wasser, das natürlich weiter und über Hindernisse hinweg fließt.

für sich allein erledigt haben. Diese Energie eignet sich deshalb besonders gut, um Geheimnisse zu bewahren oder sich vor Gefahren zu verstecken.

Die Atmosphäre der Nacht, die zu der Zahl Eins gehört, unterstützt spirituelle Orientierung, und deshalb ist diese Ki-Zahl mit Religion, Spiritualität und Meditation verbunden. Der Winter ist auch die Zeit, in der sich die Erde erholt für den folgenden Frühling, genauso wie die Nacht die Zeit ist um zu schlafen und sich vorzubereiten für die Aktivitäten des nächsten Tages. Als Jahreszahl ist deshalb die Eins assoziiert mit tiefer Heilung und persönlicher Regeneration, genauso wie mit Empfängnis und Sexualität.

Wasser ist das Element der Zahl Eins. Die flüssige Natur des Wassers ist eine Energie, die ihren Weg durch die meisten Hindernisse hindurch findet. Mit genügend Antrieb kann diese Energie auch stark und mächtig sein, auch wenn sie mehr innen zu finden ist und auf der Oberfläche nicht in Erscheinung tritt. Typischerweise haben viele Entdecker diese Zahl in ihren Horoskopen. Menschen mit der Eins als Monatszahl können oft sehr flüssig reden und gut mit anderen über ihre Gefühle sprechen.

Die Zahl Eins repräsentiert den Mittleren Sohn, der sich in der traditionellen Familie unabhängig macht und das Haus vergleichsweise früh verlässt. Das entsprechende Trigramm hat eine Yang-Linie in der Mitte, zwischen zwei Yin-Linien. Es symbolisiert die innere Stärke, die umgeben ist von einer flexibleren und stilleren Kraft.

PERSÖNLICHE MERKMALE

Herzlich
Liebevoll
Unabhängig
Objektiv
Verschwiegen
Flexibel
Sexuell
Spirituell

GEEIGNETE BERUFE

Heiler
Therapeut
Mitglied einer spirituellen oder religiösen Gruppierung
Unternehmensberater
Gruppenleiter
Musiker
Künstler
Gynäkologe
Apotheker

LEBENSTHEMEN

Spirituelles Bewusstsein und innerer Friede
Unabhängigkeit suchen
Objektiver Überblick
Regeneration
Empfängnis
Sexuelle Neugier
Heilen von alten Wunden
Nähe und Zuneigung
Geld- oder Gesundheitsprobleme

Besonders wichtig für diejenigen mit den Jahreszahlen 1, 3, 4 und 7. 6 sollte sich vor öffentlichen Skandalen hüten.

2

Erde

Erde

Südwesten

Nachmittag
(13.00–17.00)

Sommer bis Herbst

Juli und August

Mutter

Die Zahl Zwei gehört zur Erde-Energie und steht für den Nachmittag und den Spätsommer. Um diese Ki-Energie zu spüren, müssten Sie in der Zeit des Übergangs vom Sommer zum Herbst an einem Nachmittag an einen ruhigen Ort gehen. Idealerweise wären Sie draußen in der Natur in einer flachen Landschaft. Hier würden Sie sich der Bäume und Pflanzen um Sie herum bewusst, wie die Veränderung vom Grün zum Gelb und Braun beginnt. Sie würden wahrnehmen, wie die Sonne sich am Himmel schon nach unten neigt. Sie würden spüren, wie die Natur langsam zur Ruhe kommt. Es ist eine Zeit, in der Früchte, Gemüse und Getreide eher reifen als weiter wachsen. Wenn Sie diese Energie für sich nutzen wollen, machen Sie etwas aus dem, was Sie schon gewonnen haben, anstatt noch mehr erreichen zu wollen.

In einer solchen Atmosphäre und Ki-Energie ist es leicht, die Situation, in der Sie sich bereits befinden, zu stabilisieren und zu verbessern. Diese Ki-Energie kann Ihnen helfen, praktisch zu sein und überlegt einen Schritt vor den anderen zu setzen. Menschen mit der Neun-Ki Zahl Zwei in ihrem Code haben eine eher realistische Ansicht vom Leben. Zwei ist auch eine hilfreiche Energie, um Beziehungen zu vertiefen und zu festigen, insbesondere Freundschaften. Gleichzeitig ist es eine Energie, die Eifersucht, Unentschlossenheit und Unsicherheit mit sich bringen kann, weil die Vorwärtsbewegung fehlt.

Der Nachmittag ist die Tageszeit der Zahl Zwei. Diese Energie könnte man mit der »zweiten Hälfte einer Sache« beschreiben, sie erleichtert Verbesserungen im späteren Leben. Jemand mit der Zwei als Jahreszahl ist oft sorgfältig

Die Landschaft genießen
Die Zahl Zwei steht für den Übergang vom Sommer zum Herbst, eine Zeit, um sich auszuruhen und das Beste aus dem zu machen, was Sie erreicht haben.

und vorsichtig und will lieber langsam und stetig vorankommen als schnell und eilig. Das Risiko ist ein Gefühl von Stagnation und zu wenig Inspiration und Antrieb, um neue Dinge anzufangen. Das kann zur Abhängigkeit von der Motivation und Ausstrahlung anderer Menschen führen. Gleichzeitig fühlt sich eine Person mit der Zwei im Code oft zu Menschen hingezogen, die Sicherheit bieten können.

Mütterlicher Instinkt
Mit der Zahl Zwei in Ihrem Neun-Ki Zahlencode haben Sie sehr wahrscheinlich mütterliche, fürsorgliche und verständnisvolle Qualitäten.

Die Himmelsrichtung der Neun-Ki Zahl Zwei ist der Südwesten, die entsprechende Jahreszeit ist der Spätsommer, in dem die Pflanzen reifen und zur Ernte bereit sind. Dieser Aspekt gibt den Menschen mit der Zahl Zwei die Möglichkeit, allem, was sie tun, eine besondere Qualität zu geben. Sie können von Natur aus gut ihre Fertigkeiten entwickeln und Begabungen in musikalischen, künstlerischen oder handwerklichen Bereichen haben. Es fällt ihnen leicht, Dinge zu erforschen und zu verfeinern.

Das Element der Ki-Zahl Zwei ist Erde, die vom Wesen her nährend ist. Die Vorstellung ist, dass die Erde die Nährstoffe für das Leben aller bereitstellt. Menschen mit der Zwei als Monatszahl haben oft ein ausgesprochen fürsorgliches Naturell. Generell neigen sie dazu, aufmerksam und verständnisvoll zu sein. Damit haben sie gute Fähigkeiten in allen Bereichen, die mit Ernährung, Zuhause und Familie zu tun haben.

Die Neun-Ki Zahl Zwei repräsentiert in der Familie die Mutter, die traditionell als freundlich, sorgfältig und fürsorglich gesehen wird. Das Trigramm besteht aus drei Yin-Linien, die das aufnahmefähige, passive und nachgiebige Wesen dieser Ki-Energie symbolisieren.

PERSÖNLICHE MERKMALE

Praktisch
Sorgfältig
Fürsorglich
Realistisch
Mütterlich
Besonnen
Familienorientiert
Nährend
Häuslich

GEEIGNETE BERUFE

Gastronom
Krankenschwester
Lehrer
Makler
Headhunter
Personalchef
Psychotherapeut
Heilpraktiker
Hausfrau/Hausmann
Musiker

LEBENSTHEMEN

Sicherheit
Sparen
Familiengründung
Verschönerung des Zuhause
Freundschaften pflegen
Verwandte unterstützen
Teambildung
Sich niederlassen
Neue Fertigkeiten entwickeln
Qualität verbessern
Übervorsichtig sein
Sich abhängig fühlen

Günstig für diejenigen mit der Jahreszahl 2, 5, 6, 7, 9. 8 könnte orientierungslos und eifersüchtig werden.

3

- Donner
- Holz
- Osten
- Morgendämmerung (5.00–7.00)
- Frühling
- März
- Ältester Sohn

Die Zahl Drei ist mit der Ki-Energie des Donners verbunden, der Zeit der Morgendämmerung und des Frühlings. Um diese Energie zu spüren, müssten Sie im Frühling bei Sonnenaufgang an einen ruhigen Ort mit Bäumen und hohem Gras gehen. Wenn Sie dann still dastehen, werden Sie sich der frischen jungen Triebe bewusst, des Taus, der aus dem Gras aufsteigt, und der Natur, wie sie um Sie herum aufwacht. Der Haupteindruck wäre der eines neuen Anfangs und aufsteigender Energie. In dieser Umgebung spüren Sie intensiv, dass ein neuer Tag vor Ihnen liegt, der Ihnen neue Chancen eröffnet. Eine solche Atmosphäre fördert eine positive, vorwärts strebende und zuversichtliche Haltung. Diese Ki-Energie hat den Charakter des Neuen und ermutigt Sie, aktiv zu sein, Ideen zu entwickeln und sich auf neue Gedanken zu konzentrieren.

Die Energie der Zahl Drei fördert auch die Konzentration auf Details. In der richtigen Umgebung können Sie nicht nur neue ehrgeizige Ideen entwickeln, sondern sie auch aktiv in die Tat umsetzen. Generell ist dies eine Energie, die nach vorn denkt und auf die Zukunft gerichtet ist.

Weil diese Ki-Energie den Anfang repräsentiert, erleichtert sie einem Menschen mit dieser Neun-Ki Jahreszahl einen schnellen Start und frühen Erfolg im Leben. Allerdings neigt er dazu, immer wieder neue Projekte anzufangen, auch wenn die alten noch nicht gut zu Ende gebracht sind. Jemand mit dieser Neun-Ki Jahres- oder Monats-Energie kann zu sehr auf das einzelne Ziel fixiert sein und dabei den Blick für das Ganze verlieren, sodass er Chancen verpasst.

Der Osten ist die Himmelsrichtung der Zahl Drei. Wie der Frühling ist die östliche Energie mit der Jahreszeit verbunden, in der die Pflanze ihre Triebe wachsen lässt und Energie von der Sonne und aus der Luft aufnimmt. Es ist eine Phase, in der die Pflanze schnell wächst, und Menschen mit dieser Jahres-Ki-

Neue Anfänge

Holz-Energie ist aktiv und zielgerichtet wie junge Triebe – sie symbolisiert eine Zeit des aufstrebenden Wachstums, Ehrgeiz und Leistungsfähigkeit.

Gewittrige Natur
Ein Mensch mit der Drei im Code kann schnell intolerant und verbal aggressiv reagieren, besonders wenn er frustriert ist. Diese Stimmung verfliegt aber in der Regel so schnell wie ein Gewitter.

Energie haben oft die Fähigkeit, Wachstum und Expansion in geschäftlichen Dingen zu bewirken. Die neuen Triebe und Knospen stehen für neues Leben und deshalb kann zu dieser Energie auch gehören, dass Sie die Vergangenheit loslassen und weitergehen.

Holz ist das Element der Zahl Drei. Das Wachsen eines Baums und das Aufsteigen der Säfte im Stamm gibt dieser Ki-Energie eine starke aufwärts strebende Bewegung. Donner, die Energie, die der Zahl Drei zugeordnet ist, hat Eigenschaften, die sowohl mit Geräuschen und schnellen Reaktionen zu tun haben als auch mit der Fähigkeit, eher die Dinge selbst in die Hand zu nehmen als abzuwarten.

Ein Mensch mit der Drei im Code ist oft ungeduldig und kann dafür anfällig sein, die Nerven zu verlieren und zu schreien, besonders wenn die Drei die Monatszahl ist. Wenn solch ein Mensch besonders frustriert ist, kann er aggressiv werden. Das geht aber so schnell vorbei wie ein Gewitter und ist auch genauso schnell wieder vergessen.

Die Drei repräsentiert den Ältesten Sohn, der traditionell als ehrgeizig und begeisterungsfähig gesehen wird und der darauf wartet, die Aufgaben seines Vaters zu übernehmen. Das Trigramm für die Drei hat unten eine Yang-Linie mit zwei Yin-Linien darüber. Dies veranschaulicht die aktive Yang-Energie, die plötzlich durch die Yin-Energie hindurch nach oben steigen kann.

PERSÖNLICHE MERKMALE

Ehrgeizig
Aktiv
Zuversichtlich
Begeisterungsfähig
Vorausdenkend
Zielgerichtet
Präzise
Fähig, Ideen in die Tat umzusetzen

GEEIGNETE BERUFE

Industriedesigner
Computerprogrammierer
Elektroingenieur
Wissenschaftler
Bauunternehmer
Architekt
Branchenanalyst
Progressiver Künstler
Software-Entwickler
Geschäftsmann

LEBENSTHEMEN

Schneller Start
Steigende Aktivität
Optimistische Gefühle
Das Leben in die Hand nehmen
Neue Karriere beginnen
Geschäftserweiterung
Im Leben vorwärts gehen und die Vergangenheit loslassen
Etwas bewirken
Zuversichtlich sein
Zu viel Eile
Ungeduldig sein

Günstig für diejenigen mit den Jahreszahlen 3, 4 und 9. 1 sollte gute Gelegenheiten auf sich zukommen lassen.

4

Wind

Holz

Südosten

Morgen
(7.00–11.00)

Später Frühling

April und Mai

Älteste Tochter

Die Zahl Vier gehört zur Wind-Energie und steht für den Morgen und den späten Frühling. Um die Eigenschaften dieser Energie zu spüren, müssten Sie im späten Frühling am Morgen an einen ruhigen Ort mit Bäumen und hohem Gras gehen. Wenn Sie dort still stehen, würden Sie sich der aufsteigenden Sonne am Himmel bewusst. Mit der steigenden Tagestemperatur würden Sie wahrnehmen, wie auch die Energie stärker wird und Kraft für eine Zeit der Aktivität gibt.

Die Tageszeit der Vier beginnt am Morgen und dauert bis zur Mittagssonne. Mit ihrer Energie lassen sich viele Vorhaben leichter erledigen und man kann das Leben positiv angehen – obwohl diese Energie, verglichen mit dem Tagesanbruch, wenn die Sonne noch im Osten steht, gar nicht so kraftvoll ist. Der Vorteil der Energie des Südostens ist, dass sie Ihnen erlaubt, alles auf eine harmonischere Art zu tun, als es bei der Energie der Zahl Drei, des Ostens, der Fall ist. Wenn Ihre Jahreszahl in der Position der Vier oder im Südosten steht, ist jede Art von Arbeit zu dieser Tageszeit günstig für Ihren zukünftigen Wohlstand. Die Ki-Energie der Vier ist außerdem eine Energie, die Auswirkungen auf Ihr zukünftiges Schicksal hat.

Genau wie die Drei gehört die Neun-Ki Zahl Vier zum Holz-Element. So wie ein Baum älter werden und dabei noch wachsen kann, ist es für einen Menschen mit der Vier im Code möglich, sein ganzes Leben lang immer weiter voranzukommen. Er hat Phantasie und die Fähigkeit, schnell neue Ideen zu entwickeln. Deshalb kann es anderen schwer fallen, bei seiner geistigen Schnelligkeit mitzuhalten.

Menschen mit der Vier als Monatszahl können sich gelegentlich in ihren eigenen Tagträumen verlieren. Andererseits sind sie aber auch fähig, mehrere Dinge gleichzeitig zu tun – zum Beispiel ein Buch zu lesen oder fernzusehen und sich währenddessen Gedanken zu machen, was sie für den nächsten Tag noch tun müssen. Wenn Sie mit so einem Menschen sprechen, kann es schwierig sein festzustellen, ob er sich wirklich darauf konzentriert, was Sie sagen, oder ob er gerade an ganz etwas anderes denkt.

Hartnäckig und zäh

Menschen mit der Vier im Code können nicht gut loslassen. Sie sind nachtragend und vergessen nicht so schnell.

Sanfte Farben des Frühlings

Verglichen mit dem Frühjahr der Zahl Drei ist der späte Frühling der Vier aufmunternder, freundlicher und sanfter.

Wind ist die Energie der Vier und steht für die Verbreitung von Ideen (der Wind weht die Samen fort und ermöglicht ihnen damit, sich über ein weites Gebiet fortzupflanzen). Ein Mensch mit der Vier als Monats- oder Jahreszahl hat oft ein starkes Bedürfnis, seine Ideen mitzuteilen, sei es in Gesprächen oder durch Schreiben, Kunst, Film oder Musik. Dieser Ki-Energie-Typ kann auch Begeisterung empfinden für Reisen oder alles, was mit Reisen zu tun hat, wie zum Beispiel Autos, Eisenbahnen oder Flugzeuge.

Die Ki-Energie des Windes ist beständiger als die des Donners und nicht so laut. Deshalb kann jemand mit dieser Ki-Energie sehr entschlossen und zäh sein und dabei oft sehr geschickt seinen Weg machen.

Die Vier repräsentiert die Älteste Tochter, die traditionell als eine freundliche, milde und sensible Person gesehen wird. Das kann einen Menschen mit dieser Neun-Ki Monats-Energie in Situationen bringen, in denen er negative Bemerkungen oder Kritik zu persönlich nimmt. Grundsätzlich schreckt ein solcher Mensch eher vor Konfrontation zurück.

Das Trigramm der Zahl Vier mit einer Yin-Linie unten und zwei Yang-Linien darüber verbindet die veränderliche Natur des Windes mit Kraft und Geschwindigkeit. Ein Symbol für die wechselhafte Stimmung dieser Menschen, kombiniert mit einer energischen Natur.

PERSÖNLICHE MERKMALE

Entwickelt schnell neue Ideen
Bedürfnis, Ideen mitzuteilen
Sensibel
Hartnäckig
Einfallsreich
Kreativ
Harmoniebedürftig

GEEIGNETE BERUFE

Schriftsteller
Herausgeber/Lektor
Designer
Filmregisseur
Drehbuchautor
Schauspieler
Medienexperte
Agent
Reiseleiter
Marketingberater

LEBENSTHEMEN

Neue Ideen entwickeln, die zu künftigem Wohlstand führen
Sich verloben/heiraten
Ideen erfolgreich vertreten
Kreativ sein
Reisen
In globalen Dimensionen denken
Geschäftliche Expansion
Zu hartnäckig sein
Keinen Rat annehmen

Günstig für diejenigen mit den Jahreszahlen 1, 4 und 9. 3 kann mit Beziehungen Probleme haben.

5

- Erde
- Zentrum
- Jede Tageszeit
- Jede Jahreszeit
- Jede Uhrzeit
- Die ganze Familie

Die Ki-Energie der Zahl Fünf ist die mächtigste der Neun-Ki Energien, weil sie im Zentrum des Magischen Quadrats und deshalb im Zentrum jeder Achse steht. Alle anderen Ki-Energien müssen durch die Fünf hindurch, um eine andere zu erreichen, damit kontrolliert und beeinflusst die Fünf alle anderen Ki-Energien.

Auf der anderen Seite wird die Fünf selbst auch von den anderen acht Ki-Energien beeinflusst. In dieser Hinsicht ist sie die instabilste und flüchtigste Ki-Energie. Diese Kombination aus Macht und Flüchtigkeit gibt der Fünf die gegensätzlichen Eigenschaften, dass ihre Kraft einerseits genutzt werden kann, um große Dinge zu erreichen, sie andererseits aber auch eine selbstdestruktive Energie sein kann.

Die Fünf repräsentiert alle Tages- und die Jahreszeiten. Vielleicht ist deshalb diese Ki-Energie am schwierigsten spürbar oder vorstellbar. Es ist nicht nur so, dass alles passieren kann, sondern es passiert auch mit großer Kraft.

Eine Person mit der Fünf als Jahres- oder Monatszahl wird sich regelmäßig im Zentrum der Aktivität wiederfinden und mag es auch, im Zentrum der Aufmerksamkeit zu stehen. Gleichzeitig stellen diese Menschen immer wieder fest, dass sie sich leicht von anderen beeinflussen lassen. Sie haben den Vorteil, dass sie Personen mit allen anderen Ki-Energietypen verstehen können. Sie ändern ihre Meinung aber schnell je nachdem, welche Meinungen um sie herum vertreten sind. Gleichzeitig können sie sich mit voller Kraft auf etwas stürzen. In diesem Sinn können sie konfrontativ und streitsüchtig sein, und weil es ihnen leicht fällt, zu gewinnen, wecken sie in »Verlierern« besonders ungute Gefühle.

Menschen mit der Fünf als Jahreszahl machen oft die Erfahrung, dass sie durch viele Veränderungen im Leben gehen müssen. Generell ist es ihre erfolgreichste Strategie, so stabil wie möglich zu bleiben und sich bereit-

Trautes Heim

Menschen mit der Fünf im Code legen großen Wert auf ihr Familienleben, ihr Zuhause ist ihr Mittelpunkt.

zuhalten, um aus den Gelegenheiten, so wie sie sich bieten, das Beste zu machen. Diese Einstellung funktioniert am besten, wenn sie sich im Zentrum des Geschehens befinden.

Ein Mensch mit der Fünf im Code hat normalerweise einen großen Freundeskreis. Ideal wäre ein Beruf, in dem er von vielen Menschen umgeben ist. Wenn diese Person mit guten sozialen Fähigkeiten ausgestattet und in der Lage ist, andere zu beeinflussen, kann sie im Leben viel erreichen.

Zeitweise können Menschen mit der Fünf in ihrem Code durch Zeiten gehen, in denen nichts passiert und sie das Gefühl haben, dass ihr Leben stagniert. Isolation ist für sie am schlimmsten, weil sie dann nicht die nötige Energie haben, um vorwärts zu kommen. Sie sollten sich vor Streit und Konfrontation in Acht nehmen und gute Freunde nicht als selbstverständlich betrachten.

Erde ist das Element der Ki-Zahl Fünf. Sie bringt in diesen Charakter einen stabilen Faktor ein, obwohl sie zeitweise auch eine so beherrschende Kraft sein kann, dass man sich mit dieser Ki-Energie auch festgefahren fühlt und zeitweise nichts voranzugehen scheint.

Weil die Zahl Fünf eine besondere Zahl ist, gibt es kein spezielles Trigramm oder Familienmitglied dafür.

Das gelbe Kraftzentrum

Die Zahl Fünf ist die mächtigste Energie in der Neun-Ki Astrologie. Wie die Samen der Sonnenblume ist die Position der Neun-Ki Zahl Fünf in der Mitte des Magischen Quadrats und ihre Energie ist dort konzentriert.

PERSÖNLICHE MERKMALE

Kraftvoll
Kommt mit allen Menschentypen gut aus
Blüht bei Aufmerksamkeit auf
Zieht gute Chancen an
Sympathisch
Potentiell einflussreich
Häuslich

GEEIGNETE BERUFE

Politiker
Mitglied einer religiösen Vereinigung
Mediator/Vermittler
Talentemanager
Landwirt
Gastronom
Bauunternehmer
Architekt
Bauingenieur

LEBENSTHEMEN

Veränderung erfahren
Neue Möglichkeiten ausprobieren
Andere Menschen verstehen
Größere Macht bekommen
Andere beeinflussen
Von anderen beeinflusst werden
Größere Veränderungen meiden
Die Dinge so nehmen, wie sie sind

Günstig für diejenigen mit den Jahreszahlen 2, 5, 6, 7 und 9

6

Himmel

Metall

Nordwesten

Abend bis Nacht (19.00–23.00)

Herbst bis Winter

Oktober & November

Vater

Die Zahl Sechs besitzt Himmel-Energie und repräsentiert den Abend, der in die Nacht übergeht. Um diese Ki-Energie zu spüren, müssten Sie kurz nach Sonnenuntergang, in der Zeit wenn der Herbst in den Winter übergeht, an einen ruhigen Ort gehen. Ideal wäre eine hügelige Gegend mit großen runden Felsen. Wenn Sie dann still dastehen, würde Ihnen bewusst werden, wie sich alles nach innen wendet und die Natur sich auf die Nacht vorbereitet. Diese Stimmung würde es Ihnen erleichtern, über Ihre Vergangenheit nachzudenken, die Ereignisse des Tages oder des Jahres zu prüfen und sich darüber Gedanken zu machen, was Sie hätten besser machen können. Diese Qualität gibt Menschen mit der Sechs als Jahres- oder Monatszahl Weisheit. Sie ist auch eine hilfreiche Energie, um Pläne für das nächste Jahr zu machen und sich ganz allgemein besser zu organisieren.

Metall ist das Element der Zahl Sechs, eine stabile, verantwortliche und zuverlässige Ki-Energie. Menschen mit der Sechs als Monats- oder Jahreszahl können ein großes Maß an Selbstdisziplin und Selbstkontrolle aufbringen. Ihnen sind auch Würde und Selbstachtung wichtig und sie sind tief verletzt, wenn man sich über sie lustig macht. Sie suchen die Gesellschaft von Menschen, denen sie Achtung entgegenbringen, und zeigen sich ihnen gegenüber äußerst loyal. Sie sind ehrlich, können aber, obwohl es ein bewundernswerter Zug ist, sehr direkt seine persönliche Meinung zu sagen, damit andere verletzen. Die Metall-Ki-Energie bewirkt, dass diese Menschen großen Wert auf materiellen Wohlstand legen. Ihnen ist finanzielle Sicherheit wichtig, weil sie sich sonst beunruhigt und angespannt fühlen. Sie nutzen materiellen Wohlstand auch dazu, Ansehen, Würde und Respekt zu bekommen.

Fest wie ein Felsen

Die Energie der Sechs ist am stärksten yang von allen. Menschen mit der Sechs in ihrem Code gelten als stark und stabil.

Der Nordwesten ist die Richtung der Zahl Sechs und diese Ki-Energie repräsentiert die Zeit, in der Getreide und Gemüse nach der Ernte für den Winter eingelagert werden. Das gibt Menschen mit der Zahl Sechs in ihrem Code die Fähigkeit, sich eine übergeordnete Sicht des Lebens zu erhalten und systematisch auf langfristige Ziele hinzuarbeiten. Sie haben das Glück, dass sie bei Misserfolgen nicht aufgeben und auch angesichts von Schwierigkeiten weitermachen können. Ihre beste Erfolgsstrategie ist oft,

PERSÖNLICHE MERKMALE

Ehrlich
Intuitiv
Scharfsinnig
Organisiert
Verantwortlich
Achtbar
Loyal
Selbstdiszipliniert
Würdevoll
Führungspersönlichkeit

GEEIGNETE BERUFE

Politiker
Manager
Heiler
Lehrer
Unternehmensberater
Planer/Organisator
Verwalter
Ingenieur

LEBENSTHEMEN

Beförderung
Selbstdisziplin
Intuition
Gut organisiert sein
Einen Mentor suchen
Würde
Vorausplanen können
Sich selbstständig machen
Entschlussfreudiger sein
Selbstgerecht sein und sich überfordern

Günstig für diejenigen mit den Jahreszahlen 1, 2, 5, 6 und 8.
7 kann mit der Kommunikation Schwierigkeiten haben.

Helle Lichter, große Stadt
Die Energie der Zahl Sechs ist wie der stark strukturierte und organisierte Lebensstil der Menschen, die in großen Städten leben.

einen langsameren, methodischeren Weg zu wählen als andere. Der Himmel ist das Symbol, das zur Zahl Sechs gehört, was ihnen die Fähigkeit gibt, die äußeren Sphären der Energie zu erreichen, und ihrem Charakter eine ausgeprägte spirituelle Dimension verleiht. Menschen mit der Sechs im Code können daher intuitiv und scharfsinnig sein.

Die Zahl Sechs repräsentiert den Vater, der traditionell als Autorität und natürlicher Führer gesehen wird und der gerne Verantwortung für andere übernimmt. Menschen mit der Zahl Sechs im Code können aber auch eine selbstgefällige Haltung entwickeln, aus der heraus sie bereitwillig moralische Urteile fällen. Manchmal stellen sie zu hohe Erwartungen an andere, die sie nicht einmal selbst erfüllen könnten. Wenn sie sich nicht unter Kontrolle haben, wirken sie auf andere Menschen negativ, ernst und kritisch, obwohl das nicht ihre Absicht ist. Für diese Menschen ist es wichtig, das Gefühl von Kontrolle über Situationen zu haben, weshalb sie am glücklichsten in Führungspositionen oder selbständiger Arbeit sind. Sie wollen nicht gesagt bekommen, was sie tun sollen. In Familiensituationen besteht das Risiko, dass sie die anderen Familienmitglieder zu sehr kontrollieren und dann überbeansprucht und dominant sind. Andere Menschen lassen sich von ihnen einschüchtern.

Das Trigramm, das der Zahl Sechs zugeordnet ist, besteht aus drei Yang-Linien. Es symbolisiert die Energie, die von allen am stärksten Yang ist.

7

See

Metall

Westen

Sonnenuntergang (17.00–19.00)

Herbst

September

Jüngste Tochter

Die Zahl Sieben steht für die Ki-Energie des Sees und des Sonnenuntergangs. Um die Stimmung dieser Energie zu spüren, müssten Sie im Herbst bei Sonnenuntergang an einen ruhigen Ort gehen. Ideal wäre eine hügelige Landschaft mit großen Steinen. Wenn Sie dann still dastehen, würden Sie sich der Landschaft bewusst, würden erleben, wie sie sich in einem Punkt auflöst, wenn die Sonne am Ende des Tages am Horizont verschwindet. In dieser Umgebung würde es Ihnen leicht fallen, sich auf die Beendigung von Projekten zu konzentrieren, über Möglichkeiten nachzudenken, wie Sie Ihre Vorhaben erfolgreich abschließen und in Zukunft gewinnbringend arbeiten können.

Die Energie der Sieben kann Ihnen helfen, konsequent auf Ihren Lebensabend hinzuarbeiten. Diese Ki-Energie hilft Ihnen auch, zurückliegende Projekte neu zu bewerten und darüber nachzudenken, wie Sie dasselbe noch einmal, aber dann besser machen könnten.

Der Sonnenuntergang ist die mit der Zahl Sieben verbundene Tageszeit. Das Ende eines guten Tages ist der Moment, um sich zu entspannen und zufrieden auf die Anstrengungen des Tages zurückzublicken.

Menschen mit der Sieben in ihrem Code wollen die Freuden des Lebens genießen. Weil der Abend auch eine gute Zeit für romantische Gefühle ist, liegt diesen Menschen viel an Liebesbeziehungen und Intimität. Menschen mit der Sieben als Jahreszahl brauchen regelmäßig vergnügliche Aktivitäten. Zur Arbeit sind sie allerdings eher motiviert, wenn sie sich unbehaglich fühlen. Wenn sie zum Beispiel nicht genug Geld haben, um sich das zu leisten, was ihrem Geschmack entspricht, werden sie Möglichkeiten finden, mehr zu verdienen. Wenn diese Menschen aber ihr Ziel erreicht haben, verlieren sie leicht wieder ihre Motivation und werden faul.

Stimmung bei Sonnenuntergang

Ein Sonnenuntergang symbolisiert die romantische Natur der Sieben, verbunden mit runden Formen und Kuppeln.

Der Westen ist die Himmelsrichtung der Zahl Sieben, und der frühe Herbst ist die entsprechende Jahreszeit. Es ist die Zeit der Ernte, das bedeutet Anerkennung für Ihre harte Arbeit zu bekommen, die Zeit für den alten Brauch, am Ende des Arbeitstages auch bezahlt zu werden.

Hell und strahlend

Der Reiz, den materielle Dinge ausüben, ist typisch für eine Person, die Sieben in ihrem Code hat.

Für Menschen mit der Sieben als Jahreszahl ist es wichtig, das Ziel immer vor Augen zu haben. Solange sie das Licht am Ende des Tunnels sehen und sich auf etwas freuen können, werden sie positiv auf ihr Ziel hinarbeiten. Wenn sie jedoch das Ziel ihrer Anstrengungen nicht sehen, können sie schnell die Motivation verlieren und aufgeben.

Metall ist das Element der Sieben, es ist auch das Symbol für materiellen Besitz. Ein Mensch mit der Sieben im Code fühlt sich deshalb generell von materiellen Dingen angezogen, Geld und Besitz sind für ihn wichtig. Außerdem ist Metall mit Edelmetallen und Schmuck assoziiert: Menschen mit dieser Neun-Ki Zahl haben oft einen besonderen Sinn für gehobenen Stil, Qualität und Schönheit.

Die mit der Sieben verbundene Energie bewegt sich nach innen und bewirkt, dass Menschen mit dieser Zahl in ihrem Code häufig emotional reagieren. Das kann sich in Depressionen äußern, denen Phasen von großer Begeisterung folgen. Der See als Symbol ist wie ein Spiegel, was diesen Menschen die Fähigkeit gibt, anderen ihren Charakter widerzuspiegeln. Wenn das Wetter still ist, ist der See tief und depressiv – ein Bild für ihre Eigenschaft, die Gefühle im Inneren zurückzuhalten. Wenn sich solch ein Mensch aber ärgert, was selten vorkommt, reagiert er schnell und heftig.

Die Sieben repräsentiert die Jüngste Tochter, jemand, der traditionell als verspielt, jugendlich und sorglos gesehen wird. Sieben ist daher eine lebhafte und leichtherzige Ki-Energie. Oft sind Menschen mit dieser Monatszahl (bei der Jahreszahl ist das weniger ausgeprägt) außerordentlich charmant. Als erfolgreiche Lebensstrategie können sie ihren Charme einsetzen, kombiniert mit der Fähigkeit, das Ziel im Auge zu behalten. Menschen mit der Ki-Energie der Sieben lieben Spaß und werden ab und zu dafür kritisiert, die Dinge nicht ernst genug zu nehmen.

Das Trigramm für die Zahl Sieben hat zwei Yang-Linien unten mit einer Yin-Linie darüber, eine stille, passive Oberfläche, die auf einem Yang-Fundament ruht. Es symbolisiert eine Veranlagung, die mehr yang ist und manchmal Schwierigkeiten hat vorwärts zu kommen.

PERSÖNLICHE MERKMALE

Sorglos
Charmant
Motiviert durch materiellen Gewinn
Charismatisch
Jugendlich
Romantisch
Erotisch
Stilvoll
Zielorientiert
Liebt Vergnügen

GEEIGNETE BERUFE

Geschäftsmann
Berater
Bankkaufmann
Buchhalter
Aktienmakler
Entertainer
Nachtclubbesitzer
Juwelier

LEBENSTHEMEN

Finanziellen Dingen Aufmerksamkeit widmen
Sich zufrieden fühlen
Eine neue Partnerschaft
Ein neuer Beruf
Mit Profit verhandeln
Spaß haben
Romantische Gefühle
Sinn für Stil entwickeln
Fehlende Motivation
Depressive Gefühle

Günstig für diejenigen mit den Jahreszahlen 1, 2, 5, 6 und 8.
9 kann Probleme mit der Liebe und dem Geld haben.

8

- Berg
- Erde
- Nordosten
- Nacht bis Morgendämmerung (1.00–5.00)
- Winter bis Frühling
- Januar & Februar
- Jüngster Sohn

Die Zahl Acht hat die Ki-Energie des Bergs und der Nacht, wie sie langsam zum Morgen wird, dazu des Winters, der in den Frühling übergeht. Um diese Energie zu spüren, müssten Sie zur Zeit des Übergangs vom Winter zum Frühling vor Sonnenaufgang an einen ruhigen Ort hinausgehen. Ideal wären Berge und Felsen und wenn ein starker, kalter Nordostwind Ihnen entgegenblasen würde. In einer solchen Umgebung wären Sie sich bewusst, wie die Natur sich verändert und für den nächsten Tag vorbereitet. Der starke, kalte Wind wäre erfrischend und anregend und Sie hätten die nötige Klarheit, um Ihre Lebensaufgaben zu überdenken. Sie könnten auch gut darüber nachdenken, was Sie unternehmen wollen, damit sich Ihre Situation vorteilhaft entwickelt. Wenn Sie dabei auf den Berg steigen, würde das wie in Gedankenblitzen einen Blick in die Zukunft ermöglichen.

Wenn Ihr Zahlen-Code die Acht enthält, gibt Ihnen diese Ki-Energie Zugang zu einem tieferen inneren Wissen und intuitive Fähigkeiten. Sie ist rein, klar, hart, scharf und schneidend – Qualitäten, die alle ideal sind für schnelle Veränderungen. Ein gutes Bild für diesen Energietyp ist ein Fischschwarm, der plötzlich die Richtung ändert, was nur den Bruchteil einer Sekunde zu dauern scheint. Die gleiche Qualität erlaubt einem Menschen mit dieser Neun-Ki Zahl, spontane Entscheidungen zu fällen und Chancen zu ergreifen, bevor die anderen reagieren können.

Jemand mit der Acht als Monats- oder Jahreszahl hat im Leben Erfolg, wenn er sich in neue Situationen begibt, die seinen Fähigkeiten sehr gut entsprechen. Es kann ihm jedoch schwer fallen loszulassen, sich zu entspannen oder jemand anderen gewinnen zu lassen. Das alles sind Gründe dafür, dass ein solcher Mensch meistens zu viel arbeitet.

Beeindruckende Konturen

Genau wie die Spitze eines Kirchturms kann die Persönlichkeit von Menschen mit der Acht in ihrem Code eine scharfe und schneidende Seite haben.

Den Gipfel erreichen
Menschen mit der Zahl Acht in ihrem Code sind hochgradig motiviert. Wenn sie ihr Ziel erreichen, bekommen sie eine gewisse geistige Klarheit.

Der Nordosten ist die Richtung der Neun-Ki Zahl Acht, und die Zeit zwischen Winter und Frühling ist die entsprechende Jahreszeit. Das ist die Ki-Energie, durch die ein Samen seine Wurzeln wachsen lässt und sich in der Erde verankert. Diese Transformation von dem in sich selbst ruhenden Zustand hin zum Kämpfen um den festen Halt gibt einem Menschen mit dieser Jahres- oder Monatszahl Konkurrenzbereitschaft, Siegeswillen und starke Eigenmotivation. Im Extremfall kann diese Energie den Menschen gierig und berechnend wirken lassen. Die Verwandlung von einem Samen in eine Pflanze, die von ihrer Umgebung abhängig ist, bewirkt aber genauso, dass diese Menschen sozial und unternehmungslustig sind. Wenn sie jedoch mit Schwierigkeiten konfrontiert werden, wenden sie sich eher neuen Dingen zu oder verändern die Situation, als dass sie durchhalten und das Problem lösen.

Das Symbol des Bergs steht für eine Energie, die hart ist und eine scharfe Außenseite zeigt, aber ein weiches Inneres enthält. Der scharfe Aspekt in ihrem Wesen kann die Menschen dazu bringen, kritisch und äußerlich schneidend zu sein, was besonders auf diejenigen zutrifft, die die Acht als Monatszahl haben.

Die Acht repräsentiert den Jüngsten Sohn, der traditionell als verspielt und jugendlich gilt und eher verwöhnt wird. Menschen mit der Acht als Neun-Ki Jahres- oder Monatszahl können gewohnt sein, dass alles nach ihren Vorstellungen geht. Sie haben eine jungenhafte und charmante Art, mit der sie alles bekommen können, was sie wollen, ohne dass jemand anderes sich darüber ärgert. Das Trigramm hat oben eine Yang-Linie mit zwei Yin-Linien darunter: die harte, scharfe Oberfläche der Erdkruste über der flüssigen und weichen geschmolzenen Lava darunter.

PERSÖNLICHE MERKMALE

Intuitiv
Hart arbeitend
Selbstmotiviert
Jugendlich
Verspielt
Sozial
Unternehmungslustig
Begabt dafür, neue Chancen zu entdecken
Fähig, Risiken einzugehen

GEEIGNETE BERUFE

Börsenhändler
Immobilienmakler
Profisportler
Lehrer
Versicherungsmakler
Einkäufer
Handelsvertreter
Geschäftsmann
Moderator
Schauspieler

LEBENSTHEMEN

Geistige Klarheit erfahren
Erfolgreich spekulieren
Kurzfristige Profite
Motiviert und wettbewerbsorientiert
Für sich selbst kämpfen
Flexibel werden
Gelegenheiten ergreifen
Fixe Ideen haben
Berechnend erscheinen

Günstig für diejenigen mit den Jahreszahlen 5, 6, 7, 8 und 9.
2 sollte in Familienangelegenheiten vorsichtig sein.

9

- Feuer
- Süden
- Mittag (11.00–13.00)
- Sommer
- Juni
- Mittlere Tochter

Die Zahl Neun hat Feuer-Energie und steht für den Mittag und den Sommer. Um diese Energie zu spüren, müssten Sie an einem Tag im Hochsommer mittags hinausgehen. Ideal wäre eine Umgebung mit farbenprächtigen Blumen in voller Blüte. Wenn Sie still stehen, würden Sie sich der Hitze, der Farben und der Energie bewusst. Der Sommer ist die Zeit, in der alles in der Natur lebendig und bereit ist, beachtet zu werden. In einer solchen Stimmung würden Sie eine Form der Ki-Energie wahrnehmen, die sich in alle Richtungen ausbreitet. Diese Energie ermuntert Sie, sich selbst auszudrücken, gefühlvoll und leidenschaftlich zu sein, sie gibt Ihnen den Mut, hinauszugehen, etwas zu sehen und Menschen zu treffen. Die strahlende und feurige Natur dieser Energie erleichtert es Ihnen, bemerkt zu werden, deshalb fördert die Neun-Ki Zahl Neun öffentliche Anerkennung.

Neun ist eine Ki-Energie, die Ihnen hilft, Ihre Gefühle wahrzunehmen und auszudrücken. Mit dieser Energie in Ihrem Code treffen Sie Entscheidungen eher auf der Basis Ihrer momentanen Gefühle. Sie stimuliert zwar sowohl auf der emotionalen wie auf der mentalen Ebene, aber vieles in Ihrem Leben unterliegt eher emotionalen Einflüssen. Sie ist auch eine schnelle Energie, die Ihnen hilft, spontan auf Ideen zu reagieren. Das hält Sie zum Beispiel in der Mode stets auf dem neuesten Stand.

Spaß in der Sonne
Eine lebhafte und gesellige Natur ist charakteristisch für Menschen mit der Zahl Neun in ihrem Code.

Explosive Eigenschaften
Menschen mit der Neun in ihrem Code neigen dazu, auf sehr emotionale Art zu reagieren.

Scharfer Verstand und Intelligenz sind Qualitäten, die andere beeindrucken können. Menschen mit dieser Ki-Energie neigen zum Stolz und dazu, andere in den Schatten stellen zu wollen. Ihnen ist es aber auch wichtig, auf diejenigen stolz sein zu können, die ihnen nahe stehen.

Da dies die Ki-Energie der Tagesmitte ist, erleichtert sie einem Menschen mit der Jahreszahl Neun den Erfolg in der Lebensmitte. Das ist das richtige Alter, um Beachtung zu finden, bekannt zu werden und nach Möglichkeit berühmt zu werden. Menschen mit der Neun als Monatszahl verwenden einen großen Teil ihrer feurigen Ki-Energie für Dinge, die sie emotional gut oder richtig finden. Andererseits fällt es ihnen schwer, etwas zu beginnen oder weiterzuführen, das sich nicht richtig »anfühlt«. Das kann dazu führen, dass andere Menschen denken, sie würden nur dann etwas tun, wenn sie sich danach fühlen. Die Energie eines solchen Menschen ist unbeständig wie das Feuer: So, wie ein paar Tropfen Alkohol plötzlich die Flammen auflodern lassen, lassen ein paar Tropfen Wasser sie schnell in sich zusammensinken. Auf eine ähnliche Art sind Menschen mit der Zahl Neun in ihrem Code leicht zu beeinflussen: Eine bestimmte Umgebung kann ihr Energieniveau heben und sie anregen, eine andere aber kann sie ersticken.

Die feurige, brennende Natur dieser Energie gibt Menschen mit der Neun-Ki Monatszahl Acht explosive Charaktereigenschaften. Sie können sehr schnell die Geduld verlieren und ihren Ärger heftig äußern. Sie können sich nicht gut entspannen und schon durch so kleine Details wie Raumtemperatur, unbequeme Betten und Stühle oder das Benehmen anderer Leute irritiert sein und reizbar werden.

Die Zahl Neun repräsentiert die Mittlere Tochter, die traditionell als strahlend, lebhaft und sozial gilt. Das Trigramm hat außen zwei aktive Yang-Linien und innen eine flexible Yin-Linie. Es symbolisiert die heiße Natur des Yang, die von der gasförmigen Yin-Struktur der Flamme umgeben ist.

PERSÖNLICHE MERKMALE

Emotional
Scharfsinnig
Reaktionsschnell
Leidenschaftlich
Sozial
Auffallend
Feurig
Stolz

GEEIGNETE BERUFE

Staatsanwalt
Verkäufer
Pressereferent
Werbefachmann
Modedesigner
Redner
Komiker
Organisator und Gastgeber von gesellschaftlichen Ereignissen
Schauspieler

LEBENSTHEMEN

Gefühle zeigen
Öffentliche Anerkennung bekommen
Unternehmungslustiger und geselliger werden
Neue Ideen haben
Für sich selbst werben
Auszeichnungen bekommen
Erfolg haben
Streitlustig sein
Sich zurückziehen

Günstig für diejenigen mit den Jahreszahlen 2, 3, 5, 8 und 9.
4 sollte Trennungen vermeiden und mit extremen Emotionen vorsichtig sein.

Feng Shui Astrologie anwenden

Teil fünf

Jetzt können Sie Ihre Neun-Ki Zahlen berechnen und Ihr Geburtsquadrat zusammenstellen und interpretieren. Damit steht Ihnen die Neun-Ki Astrologie als Hilfe für drei wichtige Lebensbereiche zur Verfügung: Wahl des richtigen Partners, Ortswechsel in eine günstige Richtung und Planung von wichtigen Ereignissen zu den jeweils günstigsten Zeiten.

Partnerschaft

Wenn man den Neun-Ki Zahlencode von zwei Menschen vergleicht, kann man mit Hilfe der Feng Shui Astrologie beurteilen, wie gut diese beiden in einer Partnerschaft harmonieren werden. Dafür schlagen Sie zuerst Ihre Neun-Ki Jahreszahl und die Ihres potentiellen Partners nach (Seite 20). Dann lesen Sie nach, wie gut Sie in Bezug auf die Ki-Energien (siehe Seite 14–19 und Seite 25–33) und in Bezug auf die Fünf Elemente (siehe Seite 10) zusammenpassen. Die Neun-Ki Jahreszahlen geben Ihnen Aufschluss darüber, wie Sie beide auf einer tieferen Ebene und über einen längeren Zeitraum hinweg verbunden sein werden. Machen Sie dann das Gleiche mit den Neun-Ki Monatszahlen und den Achsenzahlen. Die Monatszahlen beschreiben, wie Sie miteinander kommunizieren und wie Sie sich gefühlsmäßig verstehen. Die Achsenzahlen geben Hinweise darauf, wie Sie Dinge zusammen tun und wie Sie miteinander arbeiten können.

Die Zahlen vergleichen

Die große Tabelle, die auf Seite 95 beginnt, gibt eine kurze Beschreibung für alle Beziehungstypen. Sie ist so abgefasst, als würde es sich um eine Partner-

Das Potential nutzen

Es gibt keine perfekte Partnerschaft, aber Sie können es sich im Leben leichter machen, wenn Sie sich mit Hilfe der Feng Shui Astrologie einen Partner suchen, der zu Ihren wesentlichen Persönlichkeitsmerkmalen passt und dieselben Ziele im Leben hat.

schaft handeln, Sie können die Beschreibung aber auf jede Art von Beziehung übertragen, also auch auf Familienmitglieder, Geschäftspartner oder Freunde. Sie sollten auch die Beschreibungen des Neun-Ki Codes auf Seite 25–33 und der Geburtshoroskope auf Seite 34–73 lesen, um ein ganzheitliches Bild vom Charakter der betreffenden Person zu bekommen.

Die Spalten »Vorteile« und »Nachteile« geben Hinweise auf zentrale Themen in der Beziehung. Im Idealfall sollte das Fundament aus positiven Aspekten, die wir miteinander teilen können, bestehen. Wir sollten vermeiden, uns gegenseitig mit den zerstörerischen Elementen zu konfrontieren. Die Spalte »Nachteile« soll Ihnen zeigen, wie Sie zu einer ehrlicheren Einschätzung Ihrer Probleme kommen. Neun-Ki Astrologie kann Ihnen zu einer Lösung verhelfen, indem Sie die Einzigartigkeit des anderen erkennen und akzeptieren lernen.

1 & 1

Vorteile		Nachteile
Sie sind beide flexibel, brauchen Unabhängigkeit, Privatleben und genug Platz. Sie respektieren dies auch an anderen Menschen.	JAHR	Vielleicht leben Sie sich auseinander, sind distanziert und zurückhaltend miteinander. Bei Schwierigkeiten wollen Sie weglaufen.
Sie lieben Gespräche und finden einander anregend. Sie sind liebevoll und können sich leicht gefühlsmäßig miteinander identifizieren.	MONAT	Jeder kann zu sehr in sein Leben vertieft sein. Sie sind nicht immer tolerant und wollen Ihren Willen durchsetzen, was auf starken Widerstand stößt.
Sie nehmen es beide leicht, sodass Sie sich verschiedenen Situationen anpassen können. Beide sind objektiv und arbeiten gut zusammen.	ACHSE	Beide können sich Sorgen machen. Gemeinsame Probleme könnten verschleppt werden, ohne die Situation oder die Gefühle zu klären.

Vorteile		Nachteile

1 & 2

Vorteile		Nachteile
Zwei gibt Eins Sicherheit, Stabilität und Realitätssinn. Eins hat mehr Abenteuerlust. Das könnte eine Art von Mutter-Sohn-Beziehung werden.	JAHR	Eins mit seiner unabhängigen, flexiblen Natur findet Zwei übervorsichtig und steif. Zwei kann Eins zu verschlossen und anstrengend finden.
Zwei ist fürsorglich, besonnen und mütterlich zu Eins. Eins ist gegenüber Zwei herzlich, inspirierend und erotisch.	MONAT	Eins kann Zwei langsam und unflexibel finden und sich langweilen. Zwei kann zu kritisch und negativ für die sensible Eins sein.
Zwei ist praktisch und realistisch, während Eins helfen kann, im Fluss zu bleiben. Sie sind ein erfolgreiches Team gegensätzlicher Menschen.	ACHSE	Eins findet Zwei strukturiert und rigide. Die methodische Arbeitsweise von Zwei kann durch die Sorgen von Eins behindert werden.

1 & 3

Vorteile		Nachteile
Eins genießt die dynamische und entschlossene Haltung von Drei, während Drei den unabhängigen Geist und die Objektivität von Eins mag.	JAHR	Eins kann das Leben mit Drei stressig finden und sich nach Ruhe sehnen. Drei versteht die flexible, spirituelle Seite von Eins nicht so gut.
Eins mag den aktiven Geist und die direkte Art von Drei. Drei findet Eins anregend und lebendig. Eins behält den Überblick.	MONAT	Eins mag die Ungeduld und die Ärgerattacken von Drei nicht so gern. Drei könnte finden, Eins rede zu viel und tue nicht genug.
Eins findet die Begeisterung von Drei ansteckend und mag ihre positive Lebenseinstellung. Drei profitiert von der Objektivität der Eins.	ACHSE	Eins ist frustriert, weil Drei vorausprescht, während Drei schlecht mit der gelassenen und leichtfertigen Art von Eins zurechtkommt.

1 & 4

Vorteile		Nachteile
Die flexible Lebenseinstellung von Eins passt zu den kreativen Instinkten von Vier. Vier und Eins kommen beide gern voran und sind gern kreativ.	JAHR	Eins findet, dass Vier in einer Phantasiewelt lebt und unfähig ist, loszulassen. Das Bedürfnis nach Unabhängigkeit von Eins ist schwierig für Vier.
Beide respektieren die sensible Seite des anderen. Vier findet Eins anregend und gesprächig und hat auf Eins einen beruhigenden Einfluss.	MONAT	Vier ist zeitweise zu sehr in sich selbst verstrickt. Eins ist von Vier's träumerischer Seite frustriert. Beide sind sensibel, was Probleme bringen kann.
Die Hartnäckigkeit und Zähigkeit von Vier passt gut zu der tieferen Kraft und äußeren Ruhe von Eins. Sie verbringen gern ihre Zeit miteinander.	ACHSE	Eins findet die ungeduldige Arbeitsweise von Vier schwierig, während Vier meint, Eins zeige manchmal zu wenig Einsatz.

1 & 5

Vorteile		Nachteile
Eins fühlt sich im Kielwasser der Kraft von Fünf wohl. Wenn Fünf im Mittelpunkt steht, bleibt Eins klar und zielgerichtet.	JAHR	Eins kann sich von Fünf überfahren fühlen und mehr Zeit ohne sie verbringen. Fünf könnte Eins ausweichend und heimlichtuerisch finden.
Eins und Fünf sind beide wechselhaft. Deshalb ist es am besten, sie sorgen dafür, dass die Beziehung anregend und dynamisch bleibt.	MONAT	Fünf kann zu konfrontativ und kontrollierend für die unabhängige, sensible Eins sein. Fünf findet schwer Zugang zur spirituellen Seite von Eins.
Bei aller Verschiedenheit können Sie als Team gut zusammenarbeiten, wenn Sie Ihre gegensätzlichen Talente kombinieren.	ACHSE	Fünf wird alles auf den Tisch legen und die Initiative ergreifen wollen, während Eins sich lieber zurücklehnen und abwarten will.

Vorteile		Nachteile	
Eins benutzt die Struktur und Organisation von Sechs als Plattform, um mehr zu erreichen. Die spirituelle Eins mag die intuitive Seite von Sechs.	JAHR	Eins kann Sechs dominant und kontrollierend finden, während Sechs die Eins nicht leicht versteht und glaubt, sie werde verlassen.	1
Eins fühlt sich sicher mit Sechs, bewundert ihre Würde, während Sechs die überschwängliche Seite der Eins mag. Beide haben Sinn für Humor.	MONAT	Eins legt sich nicht fest und stört das Organisationsbedürfnis von Sechs. Die strukturierte und gefühlsarme Sechs kann Eins ersticken.	&
Sechs hat eine methodische Art zu planen. Eins schätzt dieses Vorausdenken und hilft Sechs dabei, flexibler zu sein.	ACHSE	Eins kann durch die gründliche Vorbereitung von Sechs gelangweilt sein. Sechs findet Eins einen schwierigen und unzugänglichen Partner.	6

Vorteile		Nachteile	
Eins liebt an Sieben die spielerische Seite und die Lust am Wohlstand. Die sorglose Haltung von Eins hilft Sieben, Veränderungen zu planen.	JAHR	Sieben möchte Schwierigkeiten gemeinsam lösen, während Eins lieber unabhängig bleibt. Eins kann Sieben unverantwortlich finden.	1
Beide sind unterhaltsame Redner. Sieben bringt den kreativen Geist von Eins zum Funkeln und mag ihren Scharfsinn. Ihr Sexleben ist anregend.	MONAT	Beide sind sensibel und können sich gegenseitig leicht verletzen. Sieben könnte zeitweise kindlich und Eins egozentrisch wirken.	&
Sieben hilft Eins, sich auf das Endergebnis eines Projekts zu konzentrieren, während Eins dem laufenden Prozess mehr Aufmerksamkeit gibt.	ACHSE	Sieben kann die Zeit vertrödeln und die Motivation verlieren, während Eins sich eher Sorgen um die Beziehung macht und sich unsicher fühlt.	7

Vorteile		Nachteile	
Acht nimmt lieber den direkten Weg, während Eins flexibler ist. Zeitweise sind sie sich nah, dann wieder könnten sie sich nicht ferner sein.	JAHR	Eins versteht die Leidenschaft von Acht nicht, sich alles im Leben holen zu wollen. Acht meint, Eins verpasst deshalb viele Dinge im Leben.	1
Trotz aller Gegensätze sind beide anregend und können die Dynamik ihrer Beziehung genießen. Eigene Interessen und Aktivitäten sind hilfreich.	MONAT	Eins kann Acht berechnend und egoistisch finden, während Acht meint, Eins sei herablassend und reserviert. Sie können sich gegenseitig verletzen.	&
Die konkurrierende und direkte Art der Acht kann Eins motivieren. Eins kann Acht helfen, erst alles zu überdenken, bevor sie losstürmt.	ACHSE	Acht findet vielleicht, dass sie die ganze Arbeit allein macht und Eins nur zuschaut. Eins kann meinen, Acht prescht vor und reißt alles an sich.	8

Vorteile		Nachteile	
Eine dynamische Beziehung, in die Eins Frieden und Ruhe bringt, während Neun das mit Leidenschaft und Gefühlen ausgleicht.	JAHR	Eins kann den Charakter von Neun zu instabil und dramatisch finden, während Neun vielleicht meint, Eins sei zu distanziert und reserviert.	1
Beide lieben lebendige Kommunikation und können sich leicht emotional verständigen. Es gibt niemals Langeweile in dieser Beziehung.	MONAT	Neun kann sich mit der gesprächigen Eins langweilen. Eins kann ungeduldig werden, wenn Neun Gefühle ausdrückt und dabei übertreibt.	&
Eins bringt gedankliche Klarheit in diese Partnerschaft, während Neun für soziale Kontakte sorgt und hervorragend für sich werben kann.	ACHSE	Neun kann Eins in den Schatten stellen und die erste Geige spielen wollen, findet es aber schwierig zu verstehen, was Eins eigentlich will.	9

2 & 2

Vorteile		Nachteile
Beide gehen leicht und beständig durch das Leben und konzentrieren sich auf die Qualität ihrer gemeinsamen Aktivitäten.	JAHR	Es könnte Ihnen miteinander und mit Ihren Gewohnheiten langweilig werden. Sie sollten mehr Anregung und Spannung suchen.
Sie sind beide fürsorglich, besonnen und verständnisvoll. Sie können sich aufeinander verlassen und hätten gern eine Familie.	MONAT	Aus Vertrautheit kann Verachtung werden, wenn Sie sich zu selbstverständlich hinnehmen. Sie sollten anregende Gesellschaft suchen.
Beide gehen das Leben realistisch, aber vorsichtig an, und gemeinsame praktische Tätigkeiten gefallen ihnen.	ACHSE	In Ihrer Beziehung kann Spontaneität und Leidenschaft fehlen. Trotz vielerlei Aktivitäten kann sie emotional unbefriedigend sein.

2 & 3

Vorteile		Nachteile
Drei mag, wie die Zwei Stabilität in das Zuhause und die Familie bringt, während Zwei von dem Elan und dem Ehrgeiz der Drei angeregt wird.	JAHR	Drei findet Zwei vielleicht langsam und fühlt sich gebremst. Wenn Drei in diverse Richtungen vorauspreschen will, ist Zwei beunruhigt.
Drei profitiert von der fürsorglichen, mütterlichen Natur und der praktischen Sichtweise der Zwei, die ihrerseits Drei's Dynamik mag.	MONAT	Drei kann Zwei abhängig und klammernd finden und Zwei findet Drei vielleicht verständnislos und manchmal lieblos.
Drei hat neue Ideen und fängt gern neue Projekte an. Zwei hat hohe Ansprüche und sorgt dafür, dass die Pläne praktisch umgesetzt werden.	ACHSE	Zwei kann übervorsichtig, negativ und konservativ wirken. Drei kann zu unrealistisch, ungeduldig und leicht frustrierbar sein.

2 & 4

Vorteile		Nachteile
Die sensible Vier mag die mütterliche, liebe und fürsorgliche Seite der Zwei. Beide vermeiden Konfrontation und suchen Harmonie.	JAHR	Zwei findet, dass Vier zu ungeduldig ist, um etwas ordentlich zu tun. Zwei kann zu unentschlossen und langsam für Vier sein.
Vier genießt die besonnene Art von Zwei und regt deren Phantasie an. Sie können unterschiedlicher Meinung sein und diskutieren gern darüber.	MONAT	Bei Provokationen kann Zwei zu kritisch und negativ sein für die sensible Vier, die ihrerseits zeitweise zu vage, oberflächlich und verträumt ist.
Zwei findet an Vier deren kreativen Gedankenfluss anregend; Vier schätzt an Zwei die Fähigkeit, eine Idee aufzugreifen und zu verbessern.	ACHSE	Es ist schwierig, die Kreativität der Vier mit dem praktischen Sinn der Zwei zu kombinieren. Vier kann stur sein und die Ideen von Zwei ignorieren.

2 & 5

Vorteile		Nachteile
Zwei gibt dem Leben von Fünf Stabilität, während Fünf Stärke in die Beziehung bringt. Beide genießen es, ein Leben zusammen aufzubauen.	JAHR	Zwei kann sich darüber ärgern, wenn Fünf plötzliche Veränderungen und Risiken will. Fünf findet die Vorstellungen von Zwei zu negativ.
Fünf genießt die Aufmerksamkeit der Zwei und ihre mütterliche Seite. Zwei liebt die Kompetenz der Fünf bei wichtigen Entscheidungen.	MONAT	Zwei kann Fünf anstrengend, egozentrisch und zu konfrontativ finden, sie selbst könnte zeitweise zu unselbstständig sein.
Beide können praktisch und realistisch sein. Fünf will stets größere Projekte angehen, während Zwei weiß, wie man sie umsetzt.	ACHSE	Die vorsichtige Zwei widersetzt sich der Risikofreude von Fünf; Fünf findet es schwierig, mit den Einschränkungen von Zwei zu arbeiten.

Vorteile		Nachteile

2 & 6

Beide haben eine reife Lebenseinstellung, respektieren die Werte des anderen und nehmen seine Gedanken und Gefühle ernst.	JAHR	Zwei findet es schwierig, dem kontrollierenden Verhalten von Sechs etwas entgegenzusetzen, vielleicht fehlt ihr auch Entschlossenheit .
Autorität und Organisation der Sechs geben Zwei Sicherheit; sie ist weicher und mildert den Ernst der Sechs – eine Mutter-Vater-Beziehung.	MONAT	Beide sind eher zu ernst und zu wenig vergnügt in der Beziehung, vielleicht sehnen sie sich zeitweise nach mehr Anregung und Spannung.
Beide nehmen Arbeit ernst. Mit dem Planungstalent der Sechs und dem Durchführungstalent der Zwei sind sie ein erfolgreiches Team.	ACHSE	Zwei ärgert sich über Sechs, wenn sie die Situation bestimmt, die ihrerseits Zwei zu schwach findet, als dass sie ihr die Initiative zutraut.

2 & 7

Sieben mag oft die mütterliche Natur von Zwei und sonnt sich in der Wärme ihrer Beachtung. Zwei findet in Sieben einen Spielkameraden.	JAHR	Zwei kann Sieben zu verspielt, kindisch und sogar faul finden, sie selbst wirkt manchmal zu ernst und zu praktisch orientiert.
Sie lieben gemeinsame Vergnügungen und Sex ist eine Quelle der Freude für beide – eine harmonische Beziehung zum Wohlfühlen.	MONAT	Zwei kann für die eher empfindlichen Gefühle der Sieben zu kritisch sein und eifersüchtig auf deren Charme und Vergnügungslust reagieren.
Sieben bringt in ein Projekt kreativen Stil und Konzentration auf das Endergebnis ein, Zwei praktische Fähigkeiten, damit es funktioniert.	ACHSE	Sieben könnte sich durch die natürliche Vorsicht von Zwei gebremst fühlen; Zwei dagegen kann denken, Sieben strengt sich nicht genug an.

2 & 8

Beide lieben Freunde, Familie und ein gemütliches Zuhause. In der Regel finden sie viele gemeinsame Interessen.	JAHR	Acht hat mehr Tatendrang und geht Risiken ein, mit denen Zwei sich nicht wohl fühlt. Bei Acht's Aktivitäten könnte Zwei das Nachsehen haben .
Acht kann lustig, jugendlich und verspielt sein, während Zwei mehr verantwortlich und praktisch ist. Es könnte eine Mutter-Sohn-Beziehung sein.	MONAT	Zwei kann sich darüber ärgern, dass sie die Verantwortung übernehmen muss, während Acht keine Lust mehr hat, sich einschränken zu lassen.
Zeitweise will Acht vorwärts drängen und eine Gelegenheit nutzen, während Zwei ihr folgt und nachträglich alles in Ordnung bringt.	ACHSE	Acht können Fehler unterlaufen, was ihr Kritik von Zwei einbringt. Die Vorsicht der Zwei irritiert wahrscheinlich die risikofreudige Acht.

2 & 9

Neun steuert Spontaneität, Anregung und Unternehmungslust bei. Zwei hilft der Neun, sich sicherer, realistischer und stabiler zu fühlen.	JAHR	Neun's Stimmungsumschwünge und Begeisterung sind für Zwei schwierig. Neun fühlt sich durch Zwei's Kritik oder Negativität ausgelaugt.
Die praktische Zwei blüht neben dem feurigen, emotionalen Wesen der Neun auf. Neun's Großzügigkeit passt gut zu Zwei's Fürsorglichkeit.	MONAT	Neun kann explosiv und verletzend sein, wenn ihr Stolz angetastet wird, während Zwei genau weiß, wie sie das Ego von Neun verletzen kann.
Neun schafft nützliche soziale Kontakte und verkauft ihre Projekte gut. Zwei kann besser langfristige Beziehungen entwickeln.	ACHSE	Zwei kann die Arbeitshaltung von Neun ziemlich chaotisch und gefühlsabhängig finden, während Neun nicht immer auf Zwei warten will.

3 & 3

Vorteile		Nachteile
Beide sind ehrgeizig, aktiv und tatkräftig. Es kann die Gefahr bestehen, dass sich beide vor allem für ihre Karriere interessieren.	JAHR	Beide können zu sehr mit anderen Dingen beschäftigt sein und die Beziehung vernachlässigen. Keiner kann dem anderen gut zuhören.
Sie machen gern etwas zusammen und haben einen dynamischen Lebensstil. Sie können direkt, offen und klar miteinander kommunizieren.	MONAT	Beide sind ungeduldig und verlieren leicht die Nerven. Sie könnten die Zeit mit Streit darüber verschwenden, wer an Problemen schuld ist.
Beide schätzen am anderen den Enthusiasmus und die positive Arbeitseinstellung. Beide kommen am liebsten sofort zur Sache.	ACHSE	Sie langweilen sich leicht und könnten sich dazu verleiten lassen, immer wieder etwas Neues anzufangen; daher sind Sie ein instabiles Team.

3 & 4

Vorteile		Nachteile
Vier ist romantisch, Drei zuversichtlich und positiv. Sie können einander in gute Stimmung versetzen und sind beide gern aktiv.	JAHR	Sie sind vielleicht beide zu beschäftigt, um die Beziehung zu genießen, und neigen dazu, kleine Differenzen überzubewerten.
Vier profitiert von Drei's Begeisterung und Zuversicht, die ihrerseits die Phantasie und den weiten Horizont an Vier liebt.	MONAT	Drei kann zu direkt, offen und manchmal irritierend für das sensible Wesen der Vier sein. Drei weiß nicht genau, was Vier denkt.
Beide sind positiv und unternehmungslustig. Mit Drei's technischer Orientierung und Vier's Kreativität können sie gemeinsam etwas aufbauen.	ACHSE	Drei kann ungeduldig und Vier sehr hartnäckig sein. Bei Meinungsverschiedenheiten lässt sich vielleicht nur schwer ein Kompromiss finden.

3 & 5

Vorteile		Nachteile
Drei bringt Ehrgeiz, Begeisterung und Aktivität in diese Beziehung ein, und Fünf kann Stärke und Zusammenhalt beitragen.	JAHR	Drei kann sich in ihrer Begeisterung durch Fünf blockiert fühlen, die aber nur schwer mit Drei's oft negativen Reaktionen zurechtkommt.
Drei ist positiv, zuversichtlich und stabilisierend, Fünf großzügig und einflussreich. Eine mächtige Kombination, wenn sie funktioniert.	MONAT	Drei hat keine Lust, die Forderung von Fünf nach Beachtung zu erfüllen. Fünf mag die Launen von Drei nicht tolerieren.
Beide können viel erreichen. Sie arbeiten eher getrennt, können aber ein starkes Team abgeben, wenn sie harmonieren.	ACHSE	Das Risiko ist, dass das Unverständnis für die Arbeitsweise des anderen zu einem tiefen Graben zwischen beiden führt.

3 & 6

Vorteile		Nachteile
Drei hat eine jugendliche Seite und ist ehrgeizig, Sechs reifer und bewusster. Eine Art von Vater-Sohn-Beziehung.	JAHR	Drei erlaubt nicht, dass Sechs die Kontrolle übernimmt, die wiederum ihre Würde wahren will, wenn Drei irritiert oder ärgerlich ist.
Drei hat ein positives Wesen und liebt Aktivität, Sechs hat Würde und Stil. Ein Erfolg, wenn Sie gegenseitig die Andersartigkeit schätzen.	MONAT	Die Partnerschaft funktioniert vielleicht gut, es könnte aber an Zuneigung, Leidenschaft und sexueller Aktivität fehlen.
Beide sind karrierebewusst und können etwas erreichen. Drei fängt ein Projekt an und Sechs sorgt für den erfolgreichen Abschluss.	ACHSE	Wenn Drei unbedingt mit einem Projekt durchstarten will und Sechs aber jedes Detail peinlich genau beachtet, könnten die Fetzen fliegen.

Vorteile		Nachteile

3 & 7

Vorteile		Nachteile
Aktivität und Energie der Drei stimulieren die Sieben, die ihrerseits der Drei zeigt, wie man Spaß hat, sich vergnügt und entspannt.	JAHR	Drei kann sich im Stich gelassen fühlen, wenn Sieben ihre Begeisterung nicht teilt. Sieben findet Drei manchmal anstrengend.
Drei kann eine sehr individualistische Art haben. Sieben kann das interessant finden und die Drei mit ihrem Charme einwickeln.	MONAT	Drei kann für die sensible Sieben zu laut, ungeduldig und reizbar sein. Deren depressive Anwandlungen wiederum kann Drei nicht gut ertragen.
Drei ist begeistert, neue Ideen zu entwickeln, während Sieben mit ihrer Energie für die Anwendung und den Profit sorgt.	ACHSE	Drei kann ihre Zeit mit ständiger Aktivität verbringen, während Sieben nur Interesse daran hat, wenn wirklich etwas dabei herauskommt.

3 & 8

Vorteile		Nachteile
Beide sind karrierebewusst und jeder schätzt am anderen, dass er vorankommen will, respektiert auch dessen geschäftlichen Erfolg .	JAHR	Beide haben wenig Raum für Liebe und Nähe. Wenn einer von beiden einen Rückschlag im Leben erleidet, stärkt das die Beziehung.
In dieser dynamischen, aktiven Beziehung gestalten beide ihr Leben gemeinsam. Zwei offene Menschen, die in vieler Hinsicht zufrieden sind.	MONAT	Wenn es nicht weitergeht, greifen sie sich gegenseitig an. Drei kann gereizt sein, während Acht mit scharfer, beißender Kritik zurückschlägt.
Drei und Acht geben ein ehrgeiziges, konkurrenzbewusstes und dynamisches Team ab, das es zusammen mit den Besten aufnehmen kann.	ACHSE	Sie könnten eine Konkurrenzbeziehung haben. Ohne Mitgefühl und gegenseitiges Verständnis kann es Spannungen geben.

3 & 9

Vorteile		Nachteile
Drei liebt es voranzukommen, ihr Leben in die Hand zu nehmen. Auch Neun will schnelle Resultate und bringt Wärme und Leidenschaft ein.	JAHR	Die Leidenschaft, Expressivität und emotionale Natur der Neun werden von Drei nicht gewürdigt, sie findet Neun eher zu egozentrisch.
Drei's positive, begeisterte und zupackende Art hebt die Energie der Neun, die mit ihrer natürlichen Leidenschaft der Drei Zuversicht gibt.	MONAT	Die Drei mit ihren Donner-Qualitäten kombiniert mit der feurigen Explosivität der Neun, das kann mit heftigem Streit und Trennung enden.
Ehrgeiz und technische Fähigkeiten der Drei ergeben mit Verkaufstalent und gesellschaftlichen Verbindungen der Neun ein gutes Team.	ACHSE	Keiner von beiden kann gut für die Zukunft vorsorgen oder mit einer Situation umgehen, in der es nicht vorwärts geht.

4 & 4

Vorteile		Nachteile
Beide sind kreativ und phantasievoll. Sie regen sich gegenseitig an und würden gern ihre Ideen in der Öffentlichkeit vertreten sehen.	JAHR	Vielleicht geht jeder stur seinen eigenen Dingen nach, auch wenn das Trennung bedeuten könnte. Langfristig kann sich Ärger aufstauen.
Sie fühlen sich in Gesellschaft des anderen wohl und regen sich geistig an. Beide haben Verständnis füreinander und Sinn für Humor.	MONAT	Beide können reizbar sein und ungeduldig miteinander werden. Beide sind zu stur um aufzugeben und bleiben ärgerlich aufeinander.
Sie können sich gegenseitig anspornen und gut an kreativen Projekten arbeiten. Beide haben einen wachen Verstand und viele Ideen.	ACHSE	Beide sind zäh und hartnäckig, werden aber selten Streit suchen. Keiner weiß so richtig, was er selbst oder der andere wirklich will.

	Vorteile		Nachteile
4 & 5	Beide können hartnäckig und zum Erfolg entschlossen sein. Sie lieben es, sich in die Arbeit für ein gemeinsames Ziel zu vertiefen.	JAHR	Wenn beide gegensätzliche Vorstellungen haben, die mit tiefen Gefühlen verbunden sind, können sie bis zum bitteren Ende stur sein.
	Vier kann romantisch und phantasievoll sein, während Fünf solider ist und mit beiden Beinen auf der Erde steht, eine interessante Mischung.	MONAT	Fünf legt ihre Karten gern auf den Tisch und ist von Anfang an ehrlich. Vier hält ihre Karten lieber sorgfältig verdeckt.
	Fünf findet Vier inspirierend, während Vier beeindruckt ist, wie Fünf Ideen praktisch und energisch umsetzen kann.	ACHSE	Fünf neigt zu konfrontativem Verhalten, während Vier Konflikte vermeidet. Fünf kann sich zermürbt fühlen, weil Vier immer ausweicht.

	Vorteile		Nachteile
4 & 6	Vier respektiert Weisheit und offensichtliche Erfahrung der Sechs, die genau das schätzt und Vier jugendlich, freundlich und verspielt findet.	JAHR	Sechs ist frustriert, wenn sie mit der Zeit merkt, dass sich Vier nicht leicht beeinflussen lässt. Es schadet, wenn Vier den Respekt verliert.
	Sechs liebt an Vier, dass sie einfallsreich ist und alles leicht nimmt. Vier ist beeindruckt, wie Sechs bei einer Idee bleibt und sie weiterentwickelt.	MONAT	Vier kann es schwierig finden, mit Sechs zu kommunizieren, während Sechs nicht richtig weiß, was in Vier vor sich geht.
	Die kreative Vier ist anregend für die Sechs. Vier akzeptiert deren Führungsqualitäten und methodische Vorgehensweise.	ACHSE	Vier kann mit der Vorsicht von Sechs ungeduldig werden, die wiederum findet, Vier überstürze alles und gehe unnötige Risiken ein.

	Vorteile		Nachteile
4 & 7	Beide haben gerne Spaß. Vier ist fasziniert vom Charisma und Stil der Sieben, die die vielfältigen Interessen und den Enthusiasmus der Vier mag.	JAHR	Beide sind von ihrem Leben sehr in Beschlag genommen. Möglicherweise fühlen sie sich nicht sehr verbunden und leben sich auseinander.
	In dieser herzlichen, angenehmen Beziehung finden beide Harmonie, Anregung von außen und wahrscheinlich ein sehr aktives Sexleben.	MONAT	Beide sind sensibel, launisch und können sich gegenseitig verletzen. Beide sind nicht ernsthaft daran interessiert, diese Probleme zu lösen.
	Vier ist kreativ, positiv und voller Ideen. Das entfacht auch in der Sieben Begeisterung, sodass sie für Stil und Profit sorgen kann.	ACHSE	Zeitweise können sich beide schlecht verständigen, jeder versinkt in seiner eigenen Welt. Nur mit Mühe können sie in einem Team arbeiten.

	Vorteile		Nachteile
4 & 8	Beide respektieren, dass der andere vorankommen will. Sie lieben es, gemeinsam das Leben anzugehen und erfolgreich zu sein.	JAHR	Beide können stur sein, auch wenn das Trennung bedeutet: eine Große-Schwester-Kleiner-Bruder-Beziehung.
	Acht ist fasziniert von den Ideen der Vier, die beeindruckt ist, wie Acht Aufgaben erledigt. Eine dynamische Beziehung der Gegensätze.	MONAT	Acht kann scharf und kritisch sein, dabei sehr verletzlich; Vier kann nachtragend sein und sich damit destruktiv für die Beziehung verhalten.
	Vier hat kreatives, künstlerisches und phantasievolles Potential, während Acht Geschäftssinn und Energie für neue Chancen hat.	ACHSE	Acht kann sich so engagieren, dass Vier sich ausgeschlossen fühlt. Vier kann zu vage für das schnelle und scharfe Vorgehen von Acht sein.

4 & 9

Vorteile		Nachteile
Vier genießt die Zeit mit der unternehmungslustigen Neun, die ihrerseits Vier anregend findet – eine harmonische Bruder-Schwester-Beziehung.	JAHR	Vier findet Neun übertrieben dramatisch und emotional. Neun könnte sich nach Wärme, Leidenschaft und Großzügigkeit sehnen.
Vier ist phantasievoll und unkompliziert, Neun leidenschaftlich, feurig und warmherzig. Es kann eine liebevolle, erotische Beziehung entstehen.	MONAT	Neun ist kritisch und Vier sensibel. Beide sind emotional und lassen sich durch die Laune des anderen beeinflussen, was sie instabil macht.
Neun kann die Ideen der Vier weiterentwickeln und sie publik machen. Im Team regen sie sich gegenseitig an und ergänzen sich.	ACHSE	Neun kann sich auf Kosten von Vier in den Vordergrund spielen. Neun ist gekränkt, wenn ihr Stolz verletzt ist. Beide können zu emotional sein.

5 & 5

Vorteile		Nachteile
Beide lieben eine Mischung aus Sicherheit und Abenteuer. Sie finden sich gegenseitig interessant und haben einen großen Freundeskreis.	JAHR	Phasen der Veränderung können bewirken, dass beide in verschiedene Richtungen gehen. Beide hassen es, nicht im Mittelpunkt zu stehen.
Beide lieben Intimität, Intrigen und intellektuelle Diskussionen. Sie verstehen sich gut auf der Gefühlsebene und mögen einander.	MONAT	Beide können ihre Ideen konfrontativ und stark vertreten. Sie wollen viel Aufmerksamkeit bekommen, aber nur ungern welche geben.
Beide können äußerlich Stärke zeigen und in öffentlichen Situationen beeindruckend wirken. Sie verstehen die Art, wie der andere etwas tut.	ACHSE	Beide können so tun, als wenn die Welt sich nur um sie dreht. Schwierig, wenn das bei beiden gleichzeitig der Fall ist.

5 & 6

Vorteile		Nachteile
Beide sind stark und können viel erreichen. Wenn sie die Stärken des anderen akzeptieren, können sie als Team noch effektiver sein.	JAHR	Fünf will das Kontrollbedürfnis von Sechs nicht akzeptieren und kann bei Provokation streiten, vielleicht auch den Stolz von Sechs verletzen.
Fünf ist fest und stabil, während Sechs der geborene Führer ist. Beide genießen ihr Zuhause und wollen gemeinsame finanzielle Sicherheit.	MONAT	Sechs wird Fünf zu egozentrisch finden und nicht so verständnisvoll sein, wie Fünf möchte. Fünf findet Sechs manchmal wichtigtuerisch.
Sie geben ein starkes und effektives Team ab. Sie können mit Ihrer Ausstrahlung von Prestige, Integrität und Verlässlichkeit beeindrucken.	ACHSE	Beide müssen ihre Arbeitsbeziehung so organisieren, dass der Erfolg nicht durch zerstörerische Machtkämpfe behindert wird.

5 & 7

Vorteile		Nachteile
Eine harmonische Beziehung, in der Fünf den Charme und die Aufmerksamkeit der Sieben genießt, die ihrerseits Fünf anregend findet.	JAHR	Sieben kann sich gegen die Veränderungswünsche von Fünf sträuben. Fünf ist eifersüchtig, wenn Sieben ihren Charme anderen zuwendet.
Sie können eine erfolgreiche und stabile Partnerschaft entwickeln. Beide verbessern ihre Beziehung in kleinen, aber stetigen Schritten.	MONAT	Beide können sich zeitweise schlecht fühlen und jemanden von außen brauchen, der mit einer positiven Einstellung weiterhilft.
Fünf sorgt für Energie und Stärke im Hintergrund, während Sieben Sinn für Stil, den Blick auf die finanziellen Aspekte und in die Zukunft beiträgt.	ACHSE	Sieben wird die konfrontative Seite von Fünf nicht schätzen. Fünf kann denken, dass Sieben sich nicht genug um die Partnerschaft kümmert.

Vorteile		Nachteile

5 & 8

Vorteile		Nachteile
Beide lieben Macht und Einfluss. Beide sind unternehmungslustig und haben viele Freunde. Als Team sind sie durchaus erfolgreich.	JAHR	Beide sind konkurrenzbewusst und sollten einander nicht unterschätzen. Fünf kann gekränkt sein, wenn Acht den Erfolg für sich beansprucht.
Beide mögen die vertraute Seite der Beziehung und die geistige Anregung durch den anderen. Sie genießen ein harmonisches Sexleben.	MONAT	Beide können kritisch und verletzend sein. Sie reagieren scheinbar nicht, aber der Schmerz kann bleiben und für ständigen Ärger sorgen.
Das offene Siegesbedürfnis der Acht zusammen mit der Stärke der Fünf kann in dieser Partnerschaft für Power und große Motivation sorgen.	ACHSE	Beide müssen Eifersucht, belanglosen Streit und unnötige Kritik vermeiden, um für eine langfristig harmonische Beziehung zu sorgen.

5 & 9

Vorteile		Nachteile
Neun ist gefühlvoll und Fünf hat ein starkes Bedürfnis nach Veränderung. Fünf ist dominant, während Neun dafür sorgt, dass es jeder weiß.	JAHR	Zu viele Veränderungen und Aufregungen können die Zeit für Intimität stehlen, Sie könnten sich deshalb auseinander leben.
Die Macht der Fünf passt harmonisch zu der Leidenschaft der Neun, was die Partnerschaft aufregend, wenn auch unberechenbar macht.	MONAT	Verbale Auseinandersetzungen können stressig werden und die Beziehung stören. Beide lassen Dampf ab, was gefährlich sein kann.
Fünf hat in Neun einen leidenschaftlichen Fürsprecher, der die Stärken von Fünf in die Öffentlichkeit tragen kann. Ein aufregendes Team.	ACHSE	Neun's Stolz ist verletzlich, Fünf kann eifersüchtig werden, wenn Neun im Rampenlicht stehen will. Manchmal eine explosive Partnerschaft.

6 & 6

Vorteile		Nachteile
Beide respektieren Würde und Integrität als Grundwerte des Lebens. Sie sind verantwortungsbewusst und halten viel voneinander.	JAHR	Beide wollen Einfluss ausüben und das Gefühl von Kontrolle haben. Das könnte eine Beziehung zwischen zwei autoritären Vaterfiguren sein.
Beide nehmen das Leben ernst und respektieren einander dafür, kommunizieren aufrichtig und genießen den Respekt des anderen.	MONAT	Diese Partnerschaft kann zu ernst sein und zu wenig Spaß machen. Jeder ist selbstgerecht und sucht nach den Schwachstellen des anderen.
Beide sind gern gut organisiert und verhalten sich würdevoll. Beiden ist es wichtig, Dinge richtig und sorgfältig zu tun.	ACHSE	Beide können extrem hohe Ansprüche an den anderen stellen und die Beurteilungskriterien unter Umständen aber selbst nicht erfüllen.

6 & 7

Vorteile		Nachteile
Sechs könnte wie der Vater und Sieben wie die Tochter sein, was gut geht, solange beide mit den Rollen zufrieden sind. Potentiell harmonisch.	JAHR	Sieben kann Sechs zu ernst finden und Spaß mit jemand anderem suchen. Sechs findet Sieben vielleicht kindisch, dumm und launisch.
Sieben bringt eine jugendliche, verspielte Energie in die Beziehung, während Sechs für Weisheit, Sicherheit und Verantwortung sorgt.	MONAT	Sieben ist empfindlich bei Kritik oder Mangel an Anerkennung. Sechs ist in ihrem Stolz verletzt, wenn Sieben ihren Charme anderen zuwendet.
Sechs kann vorausplanen, organisieren und führen, während Sieben für Geld sorgt. Beide interessieren sich für materiellen Wohlstand.	ACHSE	Sieben kann nicht ertragen, wenn Sechs sich um alles kümmern will. Für Sechs ist es schwierig, die Kontrolle abzugeben.

Vorteile		Nachteile

6 & 8

Vorteile		Nachteile
Acht ist witzig, Sechs ist reifer. In dieser Partnerschaft können beide eine erfolgreiche Karriere aufbauen. Beide genießen materiellen Erfolg.	JAHR	Acht kann zu impulsiv für die Sechs sein, die lieber genauer plant. Integrität und Würde der Sechs könnten durch Acht kompromittiert werden.
Acht ist jungenhaft und Sechs ist väterlich, sodass diese Beziehung Verspieltheit mit Verantwortung und Begeisterung mit Weisheit paart.	MONAT	Sechs kann zu kontrollierend für die aktive Acht und zu kritisch gegenüber deren Prinzipien sein. Acht fühlt sich leicht von Sechs blockiert..
Die Weitsicht der Sechs und das Konkurrenzdenken der Acht sind ein Erfolgsrezept. Sechs organisiert und Acht sorgt für die Aufträge.	ACHSE	Acht kann eine schnelle Profitchance sehen, die Sechs nicht nutzen will, weil sie die Dinge lieber richtig tun will. Keiner kann gut nachgeben.

6 & 9

Vorteile		Nachteile
Neun respektiert die Weisheit und Würde der Sechs und ergänzt deren ernste Seite mit ihrer Leidenschaft und Begeisterung. Beide sind stolz.	JAHR	Sechs fühlt sich überfordert, wenn Neun ständig neue Kontakte zu anderen knüpft. Neun fühlt sich nicht genug geschätzt. Beide sind stur.
Sechs kann die emotionale Neun beruhigen. Neun hilft der Sechs, freier und offener zu sein. Sie finden sich gegenseitig merkwürdig anziehend.	MONAT	Sechs kann es nicht leiden, wenn Neun ihre Gefühle nicht unter Kontrolle hat, während Neun findet, Sechs sei zu kontrolliert, dominant und ernst.
Sechs kann gut planen und organisieren, während Neun gern ausgeht und Verbindungen knüpft. Beide sind aufrichtig und stolz auf ihr Tun.	ACHSE	Neun ist zu gefühlsbetont für die logische Sechs, die genervt ist, wenn Neun die Kontrolle verliert. Neun wird lustlos, wenn sie sich eingeengt fühlt.

7 & 7

Vorteile		Nachteile
Beide wollen Vergnügen und Spaß, gemeinsam materiellen Besitz erwerben und positive Zukunftsvisionen entwickeln.	JAHR	Beide können unzuverlässig sein und extravagante Phasen haben. Vielleicht ermuntern sie sich gegenseitig, zu weit zu gehen.
Beide können charismatisch, unterhaltsam und charmant sein. Sie fühlen sich miteinander wohl und entspannt, sie sind spielerisch im Bett.	MONAT	Beide sind sensibel, launisch und auch depressiv. Eine Sieben ist nicht immer der beste Partner, um aus einer Depression herauszufinden.
Beide interessieren sich für finanzielle Dinge und wollen zu Wohlstand kommen. Sie verstehen sich gut und können andere bezaubern.	ACHSE	Wenn es beiden zu gut geht, können sie vergnügungssüchtig sein, zu wenig motiviert und die Arbeit lieber sein lassen, um Spaß zu haben.

7 & 8

Vorteile		Nachteile
Beide haben eine verspielte Seite und suchen Spaß und Unterhaltung. Sie erwerben sich gern gemeinsam Reichtum und Wohlstand.	JAHR	Acht kann ein Workaholic werden und Sieben überlässt ihr gern die Arbeit. Acht ist stur und Sieben sensibel. Beide können unzuverlässig sein.
Sie können sich gegenseitig herausfordern und in Hochform bringen. Sieben ist romantischer, während Acht motivierter ist.	MONAT	Acht kann zu direkt und kritisch für die sensiblere Sieben sein und eifersüchtig reagieren, wenn Sieben charmant zu anderen ist.
Eine jugendliche Partnerschaft, in der Acht gewinnen will und Sieben den erfolgreichen Abschluss im Auge behält. Sie werden Spaß haben.	ACHSE	Acht kann zu sehr auf Konkurrenz und Erfolg fixiert sein und eifersüchtig reagieren, wenn Sieben weniger arbeitet und dafür belohnt wird.

	Vorteile		Nachteile
7 & 9	Beide interessieren sich für Menschen. Neun mag das ruhige und überlegte Wesen der Sieben, die Neun spontan und aufregend findet.	JAHR	Sieben kann Neun für ihre Prahlerei verachten und zu egozentrisch finden. Neun kann zu kritisch für die sensible Sieben sein.
	Sieben genießt die leidenschaftliche und großherzige Liebe der Neun, die ihrerseits in Sieben einen unterhaltsamen Spielkameraden hat.	MONAT	Sieben kann mit den Meinungswechseln der Neun schlecht umgehen, deren Stimmung sinkt, wenn Sieben ihre depressiven Anflüge hat.
	Neun kann für Aufmerksamkeit und Öffentlichkeit sorgen, während Sieben sich auf das profitable Ergebnis konzentriert. Gegenseitige Anregung.	ACHSE	Die Sensibilität der Sieben und das Ego der Neun bringen Ärger mit sich. Wenn Neun explodiert, zieht Sieben sich verunsichert zurück.

	Vorteile		Nachteile
8 & 8	Beide mögen Konkurrenz und harte Arbeit, damit kann die Karriere in den Mittelpunkt der Beziehung rücken. Sie mögen Spaß und Spiel.	JAHR	Sie sollten sich die Zeit nehmen, einander kennen zu lernen. Beide fragen sich, wie viel dem anderen wohl an der Beziehung liegt.
	Beide arbeiten viel und gehen aufs Ganze. Diese Beziehung ist wahrscheinlich schnell und dynamisch ohne alle trägen Momente.	MONAT	Beide können kritisch sein und dem anderen eher die Schuld geben – eine stressige Beziehung mit wenig Zeit für Romantik.
	Sie arbeiten engagiert und wollen gewinnen. Eine erfolgreiche Partnerschaft, solange die beiden nicht zu Gegnern werden.	ACHSE	Beide greifen sich eher gegenseitig an, als dass sie Probleme lösen. Sie treiben einander zu sehr an und führen einen einseitigen Lebensstil.

	Vorteile		Nachteile
8 & 9	Beide sind unternehmungslustig und genießen ihren großen Freundeskreis. Wahrscheinlich eine aktive und geschäftige Beziehung.	JAHR	Neun kann das Gefühl haben, Acht nehme alles für sich. Neun ist egozentrisch und schnell gestresst. Sie gehen kritisch miteinander um.
	Neun bringt Leidenschaft, Gefühle und Drama in die Beziehung, Acht eher Verspieltheit, jugendliche Energie und Sinn für Lebendigkeit.	MONAT	Neun kann sich missbraucht fühlen und an den langfristigen Absichten der Acht zweifeln. Neun kann Acht die Schau stehlen.
	Eine aktive Partnerschaft, in der Acht vorwärts drängt und Neun den Wunsch hat, bekannt zu werden. Sie bieten einander Anregung.	ACHSE	Acht konkurriert mit Neun und ist eifersüchtig, wenn diese mehr Aufmerksamkeit bekommt. Sie greifen sich gegenseitig an.

	Vorteile		Nachteile
9 & 9	Beide lieben diese unternehmungslustige Beziehung. Sie sind spontan und harmonisch miteinander. Eine emotional befriedigende Beziehung.	JAHR	Ihre feurigen Seiten können für Stress in der Partnerschaft sorgen. Wenn die Gefühle hitzig werden, trennen sie sich möglicherweise.
	Beide sind warmherzig, expressiv, liebevoll und großzügig. Sie fühlen sich von ihrem Partner verstanden.	MONAT	Die Leidenschaftlichkeit kann sehr anstrengend sein und häufig zu Streit führen. Vielleicht explodieren sie zu oft und müssen sich dann trennen.
	Beide können Netzwerke schaffen, Kollegen inspirieren und ein gutes Verkaufsteam bilden. Sie verschaffen sich leicht Aufmerksamkeit.	ACHSE	Beide sind stolz, lieben Aufmerksamkeit und lassen sich von Gefühlen leiten. Wenn sie sich gegenseitig verletzen, gibt es Probleme.

Lebensplanung

Jedes Jahr, jeder Monat und jeder Tag hat eine eigene, vorherrschende Ki-Energie. Diese Energie kann Ihre persönliche Jahres-Ki-Energie unterschwellig beeinflussen. Wenn Sie etwa eine Aufgabe zu einer Zeit angehen, in der die Umgebungs-Energie günstig für Sie ist, werden Sie wahrscheinlich leichter damit fertig werden. Arbeitet die Ki-Energie aber gegen Sie, werden Sie erleben, dass Erfolg schwieriger ist oder mehr Einsatz erfordert. Wenn Sie immer wieder versuchen, Ziele zu einer Zeit zu erreichen, in der die vorherrschende Ki-Energie für Ihre persönliche Ki-Energie ungünstig ist, werden Sie sehr wahrscheinlich aufgeben und das als Versagen werten. Ihr Selbstwertgefühl sinkt und schränkt Ihre Erwartungen ein. Um diesen Teufelskreis zu vermeiden, ist ein Blick auf die Ki-Energie der kommenden Monate und Jahre, also Vorausplanung, der Schlüssel dafür, um diese Energie vorteilhaft zu nutzen.

Zuwachs zur richtigen Zeit
Feng Shui Astrologie kann Ihnen helfen, die wichtigsten Veränderungen in Ihrem Leben, wie zum Beispiel Familienzuwachs, zu planen, um Ihre Chancen für Gesundheit und Glück maximal zu nutzen.

Der Einfluss der Umgebungs-Ki-Energie ist abhängig von der Stärke Ihrer eigenen Ki-Energie zu der betreffenden Zeit. Wenn Sie jung und voller Vitalität, Ehrgeiz und Selbstvertrauen sind, wird es Ihnen leichter fallen, trotz der vorherrschenden Ki-Energie erfolgreich zu sein. Wenn Sie aber bereits Schwierigkeiten haben oder nicht in Bestform sind, werden Sie eher die Erfahrung machen, dass es günstig ist, wichtige Dinge so zu planen, dass die Umgebungs-Ki-Energie zu Ihren Zielen passt. Das Prinzip ist dabei, Zeitpunkte zu finden, in denen die Umgebungs-Ki-Energie für Sie und nicht gegen Sie arbeitet. Das wird Ihnen helfen, in Ihrem Leben mit weniger Anstrengung mehr zu erreichen.

Die vorherrschende Jahres-Ki-Energie

Die einflussreichste Umgebungs-Ki-Energie ist die des Jahres. Wenn Sie die Jahreshoroskope auf der folgenden Seite anschauen, wird Ihnen auffallen, dass Ihre eigene Neun-Ki Jahreszahl jedes Jahr in einer anderen Position steht. Die veränderte Position beeinflusst Sie jedes Jahr auf eine andere Weise. Wenn zum Beispiel Ihre Neun-Ki Jahreszahl die Vier ist, können Sie leichter neue berufliche Ziele ansteuern, wenn die Vier in der östlichen Position steht (wie im Jahr 2003). Wenn Sie wissen, in welcher Himmelsrichtung Ihre Neun-Ki Jahreszahl in einem bestimmten Jahr steht, können Sie neue Unternehmungen so planen, dass Sie die größtmöglichen Erfolgschancen haben werden.

Die Jahreshoroskope werden nach der Zahl im Zentrum bezeichnet: Jedes Jahr nimmt die Zahl in der Mitte um eins ab. So ist das Jahr 2000 ein

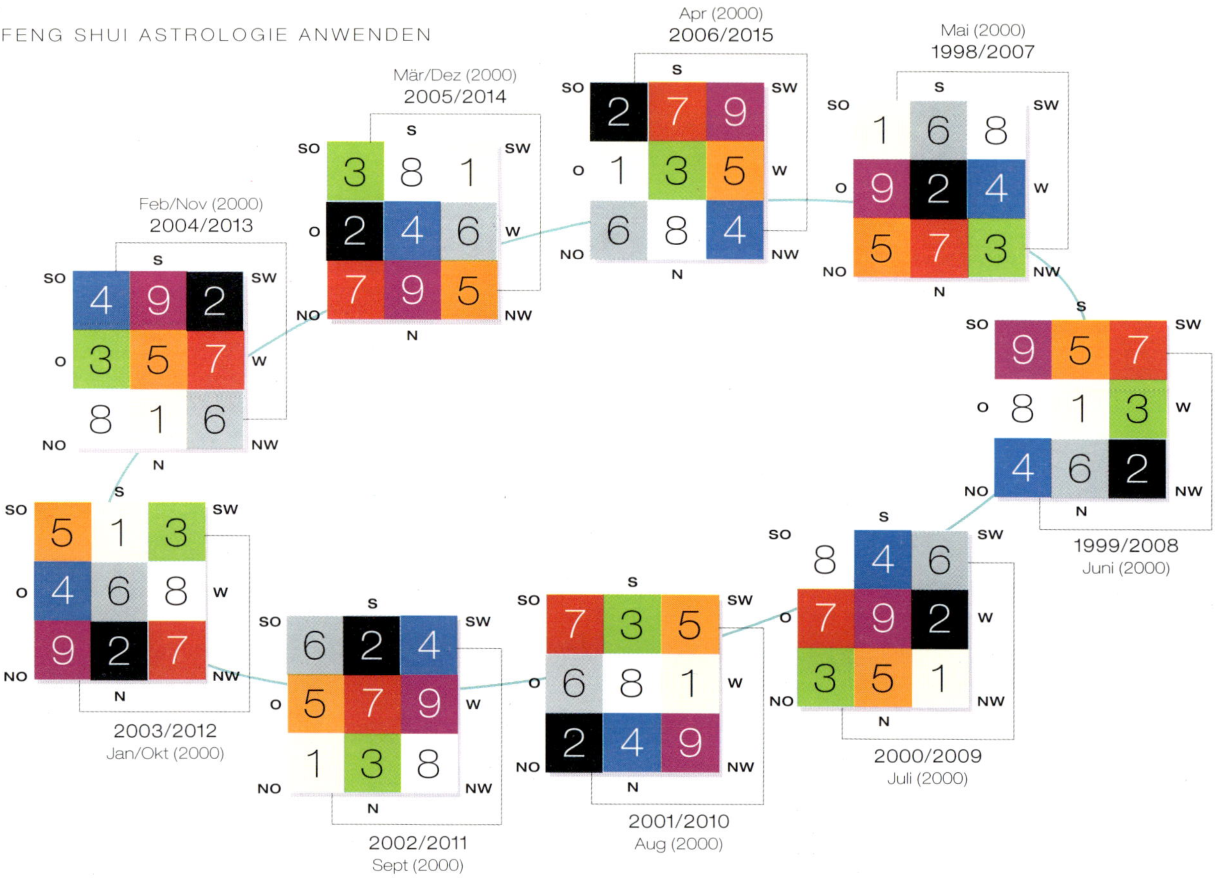

Der Fluss der Jahres-Ki-Energie

Es gibt neun verschiedene Variationen, wie die Jahres-Ki-Energie in der Umgebung fließen kann. Dieses Muster wiederholt sich alle neun Jahre, sodass der Energiefluss für das Jahr 2000 derselbe ist wie der für das Jahr 2009.

Der Fluss der Monats-Ki-Energie

Weil das Jahr 12 Monate hat, aber die Monats-Ki-Energie sich alle neun Monate wiederholt, haben manche Monate dasselbe Horoskop. Zum Beispiel sind im Jahr 2000 die Monate Januar und Oktober, Februar und November, März und Dezember jeweils dieselben. Die Monate im Diagramm oben stimmen für das Jahr 2000.

Neuner-Jahr, 2001 ein Achter-Jahr, 2002 ein Siebener-Jahr und so weiter. Die Zahlen wandern in den Horoskopen in einer bestimmten Reihenfolge um die Mitte. Im Jahr 1999 zum Beispiel steht die Eins im Zentrum. Dann bewegt sie sich zum Nordwesten im Jahr 2000, dann 2001 zum Westen, 2002 zum Nordosten, 2003 zum Süden, 2004 zum Norden, 2005 zum Südwesten, 2006 zum Osten und 2007 zum Südosten. Die anderen Zahlen bewegen sich in derselben Reihenfolge um das Horoskop.

Die Monatszahlen folgen demselben Muster wie die Jahreszahlen: Der Februar 2000 ist ein Fünfer-Monat, der März ein Vierer-Monat, der April ein Dreier-Monat und so weiter (siehe oben). Um die Zahl eines beliebigen Monats zu finden, schlagen Sie in der Tabelle auf Seite 20 nach. Um sie selbst zu berechnen, lesen Sie auf Seite 17 »Berechnung Ihrer Monatszahl«.

Die Ki-Energie des Jahres hat einen stärkeren Einfluss auf Ihre eigene Ki-Energie als die mehr unterschwellig vorherrschende Ki-Energie der Monate. Den stärksten Einfluss gibt es in jedem Jahr dann, wenn die vorherrschende Jahres- und Monats-Ki-Energie die gleiche ist. Wenn Sie eine Heirat planen und Ihre Jahres-Ki-Zahl Acht ist, ist das Jahr 2000 ein gutes Jahr, weil die Acht dann in der südöstlichen Position des Jahreshoroskops steht. Südöstliche Energie wird auch die vorherrschende Energie im Juli sein, was diesen Monat zu einer besonders günstigen Zeit macht.

Der Phasenbeginn

Die Himmelsrichtung, die im Jahreshoroskop von Ihrer Neun-Ki Jahreszahl besetzt ist, wird als »Phase« bezeichnet; wenn also Ihre Jahreszahl im Westen des betreffenden Jahreshoroskops steht, sind Sie in einer westlichen Phase. Die Phase bestimmt die Einflüsse auf Ihr Leben in dem bestimmten Jahr. Vergessen Sie nicht, dass der Feng Shui Kalender im Februar beginnt und Sie deshalb für ein Ereignis im Januar 2003 in der Tabelle für das Jahr 2002 nachschlagen müssen. Für die Planung schauen Sie auf den Seiten 77–93 in der rechten Spalte »Lebensthemen« nach. Dort erfahren Sie mehr darüber, wie Sie sich in der entsprechenden Phase fühlen werden und für welche Jahreszahlen sie am günstigsten ist.

Es gibt zwei Situationen, in denen Sie besonders vorsichtig sein müssen. Die erste und wichtigste ist, wenn sich Ihre Jahreszahl in der Gegenposition zur mächtigen Fünf befindet. Im Jahr 2000 steht die Fünf im Norden und die Vier im Süden gegenüber. Jemand mit der Vier als Jahreszahl wird sich eher blockiert und gestresst fühlen, wenn er versucht, etwas zu erreichen. Im Jahr 2000 ist es deshalb klüger, die Chancen so zu nutzen, wie sie sich ergeben, und sich an Dinge zu halten, die sicher und vertraut sind.

Die zweite Situation, in der Sie besonders vorsichtig sein müssen, ist die, wenn Ihre Neun-Ki Jahreszahl gegenüber ihrer natürlichen Position im Magischen Quadrat steht (siehe Seite 13). Im Jahr 2000 steht die Sieben im Osten gegenüber ihrer westlichen Position im Magischen Quadrat. Für Menschen mit der Jahreszahl Sieben bedeutet das, dass Dinge sich nicht planmäßig entwickeln und Sie sich besser auf Überraschungen gefasst machen.

Sie müssen auch aufpassen, wenn Ihre Jahreszahl im Zentrum des Horoskops steht (Phase der Fünf). In dieser Zeit sind Sie eher plötzlichen und unvorhersehbaren Veränderungen ausgesetzt. Wenn Sie radikale Veränderungen in dieser Phase vornehmen, gehen Sie das Risiko ein, dass die Situation außer Kontrolle gerät und kleine Probleme größer werden. Es ist besser, im Fluss zu bleiben und die Chancen zu ergreifen, die sich ergeben. Genau dafür ist die Phase der Fünf eine gute Zeit. Klären Sie, ob Sie in einer disharmonischen Phase sind; schauen Sie auf Seite 114 nach, bevor Sie irgendeine größere Veränderung in Ihrem Leben in Angriff nehmen.

Kontinuität der Ki-Energie

Wenn Sie mit der Neun-Ki Astrologie vorausplanen und Ihre Möglichkeiten optimal nutzen wollen, ist es wichtig, über einen Zeitraum von mehreren Jahren zu denken. Es ist nicht realistisch, ein Jahr für sich zu nehmen und die Wirkung dieser Ki-Energie zu erwarten. Ideal ist es, wenn Sie in eine neue Phase aus einer Situation der Stärke heraus eintreten, nachdem Sie die vorhergehende Phase voll ausgenutzt haben. Wenn Sie zum Beispiel die westliche Phase mit finanziellen Problemen beginnen, ist es schwierig für

Heiraten

Wenn Sie berechnen, in welcher Phase sich Ihre Jahres-Ki-Zahl befindet, können Sie den Hochzeitstag so planen, dass er in die für Sie und Ihren Partner günstigste Zeit fällt.

Sie, daraus ein finanziell üppiges Jahr zu machen. Die Idee ist, dass sie sich selbst etwa drei oder vier Jahre geben, um eine größere Veränderung vorzubereiten. Wenn Sie zum Beispiel in einer Ostphase eine berufliche Veränderung wollen, sollten Sie die vorhergehenden Nord- und Südwestphasen nutzen, um dahin überzuleiten. Die Nordphase ist eine gute Zeit, um über Ihre Ideen aus einer objektiveren Sicht nachzudenken, während Sie sich alle Möglichkeiten offen halten. Der Südwesten ist dann hilfreich, um nachzuforschen, praktische Erfahrungen zu sammeln und nützliche langfristige Kontakte zu knüpfen. Mit diesen Vorbereitungen werden Ihre Erfolgschancen während der Ostphase steigen. Sie können die dann folgende Südostphase nutzen, um Ihrer Unternehmung zu Expansion und Konsolidierung zu verhelfen.

Es gibt zwei Zeiten größerer Veränderung in jedem Neun-Jahres-Zyklus: in der Phase der Fünf und wenn Ihre Zahl vom Süden des Horoskops in den Norden wandert. Damit haben Sie zwei Vier-Jahres-Perioden, in denen Sie Kontinuität in Ihr Leben bringen können. Die erste ist Norden-Südwesten-Osten-Südosten. Die zweite ist Nordwesten-Westen-Nordosten-Süden. Es kann hilfreich sein, in Vier-Jahres-Blöcken vorauszuplanen.

Familienereignisse planen

Eltern haben die Fürsorge für ihre Kinder. Und die Fähigkeit der Eltern, mit Schwierigkeiten umzugehen, hat großen Einfluss auf das Leben der Kinder. Deshalb sollten innerhalb einer Familie die Ki-Zahlen der Eltern zuerst berücksichtigt werden.

Paare, Familie und Arbeitsteams

Wenn Sie die günstigste Zeit für ein Ereignis wissen wollen, an dem mehrere Personen beteiligt sind, müssen Sie entscheiden, wessen Jahreszahl die wichtigste ist. Normalerweise ist dies die einflussreichste Person, deren Schicksal das der anderen am meisten bestimmt. Ein Paar, das sich auf eine Hochzeit vorbereitet oder über Familiengründung nachdenkt, muss die Jahreszahlen beider Partner berücksichtigen. Genauso sollten Sie in einer geschäftlichen Partnerschaft, in der alle Personen an Eigentum und Kontrolle gleichrangig beteiligt sind, einen Monat und ein Jahr herausfinden, in dem alle gleichzeitig in starken Positionen sind. Eine große Firma wird die Jahreszahl ihres Vorsitzenden, Geschäftsführers oder Direktors nehmen, um den Zeitpunkt für größere Veränderungen zu bestimmen, weil die Entscheidungen dieser Person alle anderen Beteiligten betreffen.

Lebensereignisse planen

In den Tabellen auf den folgenden Seiten sind die Phasen, also die Himmelsrichtungen, für jedes Ereignis so nacheinander aufgeführt, dass die erste Richtung die besten Erfolgschancen bietet. Die zweitbeste Situation ist die, wenn Ihre Jahreszahl in der entsprechenden Monatsphase ist. Wenn Sie zum Beispiel Familienzuwachs planen wollen, nehmen Sie eine Zeit, in der Ihre Jahreszahl in der Nord-Phase ist. Wenn Sie die Jahres- oder Monatszahl

STUDIUM UND AUSBILDUNG

Norden Zu dieser Phase gehört ein gutes Gedächtnis, somit eine ideale Zeit, um sich neue Fertigkeiten anzueignen.

Nordosten Die Ki-Energie dieser Phase ist günstig, um sich Wissen anzueignen und einen schnellen, scharfen Verstand zu entwickeln. Sie hat auch eine konkurrenzbewusste Seite, die Ihre Motivation für Prüfungen stärkt.

Osten Diese Phase ist günstig, um eher digital bezogene Themenbereiche zu erlernen, wie Elektronik, Computerprogramme, logische Systeme und zukunftsorientierte Techniken.

Südosten Der kreative und phantasievolle Aspekt dieser Phase ist hilfreich für das Studium von Fächern, die mit Reisen, Kunst, Sprachen, Film, Medien, Verlagswesen und Fotografie zu tun haben.

Süden Die feurige Ki-Energie dieser Phase ist geistig anregend und deshalb gut für jede Situation, in der Sie ein neues Thema intellektuell meistern müssen.

Südwesten Diese Energie ist beruhigend und deshalb gut für Forschung und Konzentration.

Westen Diese Phase ist mit Vergnügen verbunden, also versichern Sie sich, dass Sie ein Thema lernen, an dem Sie Freude haben.

Nordwesten Diese Phase ist gut für Selbstorganisation und Strukturiertsein. Sie fördert Selbstdisziplin.

BERUF UND FINANZEN

Osten Sie werden sich in dieser Phase zuversichtlich, enthusiastisch und ehrgeizig fühlen, eine gute Zeit für den Beginn einer neuen Karriere. Sie werden einen schnellen Start haben und in kurzer Zeit im Sattel sitzen.

Westen Diese Phase ist mit Interesse für Finanzen verbunden, also werden sich alle Projekte, die mit Geld zu tun haben, für Sie lukrativ entwickeln.

Nordwesten Würde, Verantwortung und Autorität gehören zu dieser Phase. Somit ist sie eine ideale Zeit für eine Beförderung oder einen neuen Führungsposten.

Südosten Dies ist die perfekte Phase, um etwas Neues anzugehen, das Ihnen später zu Wohlstand verhelfen kann.

Süden Dies ist eine gute Phase für eine Beförderung oder eine neue Stelle, weil sie damit zu tun hat, einen guten Eindruck zu hinterlassen und beachtet zu werden.

Nordosten Diese Phase fördert Konkurrenzverhalten und Motivation. Jedoch könnte sie bei einem Karrierewechsel für Stress und Konfliktgefahr sorgen.

Zentrum, Norden und Südwesten Die Ki-Energie in der Zentrumsphase ist zu instabil, um eine gute Wahl zu sein; der Norden ist zu ruhig und der Südwesten zu langsam.

LIEBE UND PARTNERSCHAFT

Osten Sie werden mit Begeisterung mit Ihrer/m Liebsten zusammen sein. Aber vielleicht sind Sie irritierbar und wenig bereit zuzuhören.

Südosten Sie werden Harmonie suchen und die Dinge positiv sehen. Sie können jedoch ziemlich stur und auch unaufrichtig sein.

Zentrum Sie werden es genießen, im Zentrum der Aufmerksamkeit zu stehen. Vielleicht sind Sie in Ihren Gefühlen aber unentschlossen.

Nordwesten Eine hilfreiche Phase, um die Beziehung auf ernsthaftere und beständigere Füße zu stellen. Vielleicht sind Sie aber ein bisschen herablassend.

Westen Eine gute Phase, um romantisch zu sein und Spaß mit Ihrer/m Liebsten zu haben. Körperliches Vergnügen wird wichtig sein. Aber vielleicht nehmen Sie Ihren Partner nicht ernst genug.

Nordosten Dies kann eine verspielte, ausgelassene Phase sein, in der Sie viel zusammen machen. Vielleicht fühlen Sie sich aber danach, zu kämpfen und Ihren Standpunkt besser zu behaupten.

Süden Eine leidenschaftliche und großzügige Phase. Dazu passen dramatische Zerwürfnisse, nach denen Sie gefühlvoll wieder zusammenfinden.

Norden Eine ideale Phase für Sex, Zuneigung und Vertrautsein mit den tieferen Aspekten des anderen.

Südwesten Sie fühlen sich behaglich und vertraut mit Ihrer/m Liebsten. Spontaneität in der Beziehung könnte verloren gehen.

AUFSTIEGSCHANCEN

Nordwesten Dies ist die günstigste Phase, weil Sie in einer Ki-Energie sind, die mit Führung zu tun hat. Es wird leicht sein, Respekt zu bekommen und sich als jemand zu präsentieren, der den Schwung hat, zusätzliche Verantwortung zu übernehmen.

Süden Dies ist eine gute Phase, sich selbst voranzubringen und beachtet zu werden. Weil Sie im nächsten Jahr in der Nordphase sein werden, wäre es gut, wenn Sie am Anfang der Südphase eine Beförderung bekommen würden und damit genug Zeit, sich gut zu etablieren.

Osten Diese Phase bringt Ehrgeiz und hilft Ihnen, nach neuen Möglichkeiten zur Verbesserung Ihrer Position zu suchen. Der schnellste Weg zur Beförderung könnte der Wechsel zu einer anderen Firma sein.

Nordosten Dies ist eine Konkurrenzphase, die günstig ist, um neue Möglichkeiten zu entdecken und sofort darauf zu reagieren.

Südosten Eine positive Phase für einen harmonischen Übergang in eine ranghöhere Position.

Norden, Südwesten, Westen und Zentrum Die Ki-Energie im Norden ist zu ruhig, im Südwesten zu langsam und im Westen zu unreif. Die Ki-Energie des Zentrums ist stark, aber das Ergebnis kann unvorhersehbar sein.

UNTERNEHMENSFÜHRUNG

Osten Die starke Energie dieser Phase bringt neues Wachstum und wird damit einem neuen Geschäft zu rasantem Aufschwung verhelfen. Eine Zeit für Expansion.

Südosten Eine gute Zeit für Marketing und den internationalen Aufbau des Geschäfts.

Zentrum Eine Zeit der Bewegung. Das Geschäft muss sich vielleicht an eine sich verändernde Umgebung anpassen.

Nordwesten Eine Zeit für die Umstrukturierung des Managements: Stärkere Führung wird die Entwicklung von weitreichenden Plänen mit sich bringen.

Westen Das Geschäft wird eine Stufe erreichen, in der sich der Gewinn vergrößert und das Kapital erhöht, etwa durch Veränderungen am Aktienmarkt.

Nordosten In dieser Phase wird das Geschäft stärker auf Konkurrenz ausgerichtet sein und schnelle Reaktionen auf kurzfristige Chancen erfordern.

Süden Das Geschäft wird in dieser Phase in einer guten Position sein, um aus eigener Kraft voranzukommen und den Gewinn durch PR und Werbung zu vergrößern.

Norden Dies ist eine Phase für Überlegungen, für den Blick nach innen und die Konzentration auf die eigenen Systeme mit dem Ziel, flexibler zu werden.

Südwesten Es entwickeln sich harmonische und langfristige Beziehungen zu Angestellten und Klienten.

HEIRAT

Südosten Die Ki-Energie in dieser Phase ist positiv, beharrlich, standfest und harmonisch, gut für eine lange Partnerschaft.

Westen Diese Phase bringt Zufriedenheit und sorgt dafür, dass Sie Ihr gemeinsames Leben mit einem Sinn für Humor beginnen. Sie fördert eine verspielte Ehe, die Vergnügen bietet. Wenn Sie jedoch in der Partnerschaft unreif oder kindlich sind, ist diese Phase nicht ideal.

Nordwesten und Südwesten Diese Phasen stehen für Vater und Mutter und fördern eine reife Ehe. Nordwestliche Energie schafft eher eine verantwortliche und würdevolle Beziehung, während der Südwesten mehr Sinn für Familie, Fürsorge und Nähe hat.

Osten Diese Phase ist ideal für Menschen, die ihre Ehe genießen und sich gleichzeitig die Begeisterung für ihren Beruf bewahren wollen. Sie werden sich positiv, zuversichtlich und angeregt fühlen. Allerdings könnten Sie auch ungeduldig, irritierbar und launisch werden.

Norden, Nordosten, Süden und Zentrum Diese Phasen sind weniger wünschenswert. Der Norden ist zu ruhig; der Nordosten hat zu viel Konkurrenz und Auseinandersetzungen. Der Süden ist zwar sehr leidenschaftlich, kann aber Streit und Ärger begünstigen; das Zentrum ist zu instabil und unvorhersehbar.

NEUE WOHNUNG

Südwesten, Zentrum und Nordosten Diese Phasen haben mit Zuhause und Gebäuden zu tun. Sie werden sich mit Begeisterung und Optimismus ein neues Zuhause schaffen.

Südwesten Diese Phase wird Sie ermutigen, Zeit und Energie zu investieren, um das ideale Zuhause zu finden.

Zentrum Sie haben vielleicht Schwierigkeiten Entscheidungen zu treffen, obwohl Ihnen interessante Objekte begegnen könnten.

Nordosten Diese Phase hilft Ihnen, potentiell gewinnbringende Gelegenheiten zu erkennen.

Westen Diese Phase steht in Bezug zu Finanzen und Sie werden in einer nützlichen Position bei Hypothekenverhandlungen sein.

Nordwesten Diese Phase ist ideal, um alle Möglichkeiten von einem logischen Standpunkt aus zu betrachten.

Osten Sie werden sehr ehrgeizig sein, sich aber zu schnell in Entscheidungen hineinstürzen.

Südosten Mit der Energie dieser Phase werden Sie Ihre Entscheidung eher von Ihrem Gefühl abhängig machen, als dass Sie praktische Faktoren berücksichtigen.

Norden Sie werden sich in dieser Phase nach einem zurückgezogenen und friedlichen Zuhause sehnen.

Wenn Sie umziehen, ist es wichtig, dafür eine günstige Richtung zu wählen (siehe Seite 118–125).

SPIRITUELLE ENTWICKLUNG

Norden Diese Phase ist ideal für Gesundheitsaktivitäten, Genesung, inneren Frieden und tiefe Erholung. Wenn Ruhe und ein entspannterer Lebensstil dazukommen, könnte diese Zeit Ihnen helfen, Ihre Gesundheit wiederzuerlangen und Ihre Batterien aufzuladen. Die nach innen schauende Natur dieser Ki-Energie unterstützt spirituelle Aktivitäten wie Meditation, Musik und Gebet. Diese Zeit eignet sich sehr gut, um Ihr Leben objektiv zu betrachten, und erleichtert es Ihnen, Veränderungen einzuleiten.

Nordwesten Diese Phase ist mit dem Himmel verbunden. Sie stärkt Ihr Vertrauen in spirituelle Dinge und Ihre Intuition dafür, was Sie mit Ihrem Leben anfangen wollen.

Nordosten Die schnelle Energie dieser Phase macht sie zu einer guten Zeit für geistige Klarheit und Inspiration. Dies ist eine gute Phase für eine Therapie.

Süden Diese Phase ist mit Religion verbunden und erleichtert es Ihnen, Ihre Gefühle auszudrücken. Eine Therapie kann hilfreich sein, wenn Sie sich nicht in Ihren eigenen Gefühlen verlieren wollen.

Osten und Südosten Während dieser beiden Phasen ist es schwieriger, sich auf spirituelle Dinge zu konzentrieren.

Südwesten und Westen Die Südwestphase ist zu abhängig und die Westphase zu verspielt.

Zentrum Die Zentrumsphase kann gut für spirituelle Aktivitäten sein, solange sie einen stabilisierenden Einfluss auf Ihr Leben haben. Sie könnten jedoch fanatisch werden und zu Extremen neigen.

FAMILIENGRÜNDUNG

Norden Diese Phase ist ideal, weil Sie im Einklang sind mit den natürlichen Kräften, die Empfängnis bewirken. Sie werden Zufriedenheit empfinden, wenn Sie sich entspannen, zu Hause bleiben und für sich selbst sorgen, was vor allem wichtig ist, wenn Sie schwanger sind.

Südwesten Mutterschaft und Harmonie in der Familie gehören zu dieser Phase und machen sie zu einer idealen Zeit, sich auf das neue Baby zu konzentrieren.

Nordwesten und Westen In diesen Phasen passen Ihre Gefühle zu einer Schwangerschaft und dem Versorgen eines Neugeborenen.

Osten, Südosten und Süden Dies sind die Phasen, in denen Ihre Abenteuerlust am stärksten ist, und wahrscheinlich fühlen Sie sich durch eine Schwangerschaft oder ein Baby am Ausgehen gehindert. Das kann zu Ärger führen.

Nordosten und Zentrum Dies sind weniger stabile Phasen und sie passen nicht sehr gut dazu, für ein Baby zu sorgen. Andererseits gibt es in der Nordostphase eine erhöhte Chance für Empfängnis.

Disharmonische Phasen im Jahr 2000

Die Tabelle unten zeigt die ersten 18 Tage des Jahres 2000. Der Zyklus der Stämme beginnt am 7. Januar mit Holz/Yang und endet am 16.Januar mit Wasser/Yin. Hund und Schwein sind die beiden Tiere, die am Ende des einen Zyklus der Stämme und am Anfang des nächsten übrigbleiben. Deshalb hat jeder, der vom 7. bis einschließlich 16.Januar geboren wurde, seine disharmonische Phase in allen Stunden, Tagen, Monaten und Jahren, die mit dem Hund und dem Schwein verbunden sind (siehe auch Kreis rechts oben).

Disharmonische Phasen

Ein letzter Aspekt, den Sie bei wichtigen Lebensentscheidungen beachten müssen, betrifft Ihre disharmonischen Phasen. Dies sind instabile Zeiten, in denen Sie nichts unternehmen sollten, das von größerer Bedeutung für Sie ist, und insbesondere nichts, das einen bleibenden Einfluss auf Ihr Leben hat, wie zum Beispiel Heirat, der Beginn eines neuen Geschäfts oder eine größere Investition für die Zukunft. Die disharmonischen Phasen beziehen sich auf zwei Jahre, zwei Monate oder vier Stunden des Tages in jedem 12-Jahres-, 12-Monats- und 24-Stunden-Zyklus und sind abhängig von Ihrem Geburtsdatum, wie im Folgenden erklärt wird.

Der alte Chinesische Kalender ist in zwei Zyklen unterteilt. Der erste ist ein 10-Tage-Zyklus (Stamm genannt), in dem jeder Tag mit einem Yin- oder Yang-Element assoziiert ist. Der zweite Zyklus ist ein 12-Tage-Zyklus (Ast genannt), in dem jeder Tag einem der 12 astrologischen Tiere zugeordnet ist. Dieselben Zyklen gelten auch für die Monate und Jahre. Alle zehn Tage beginnt der Zyklus der Stämme neu, während die zwei übrig gebliebenen Tiere den Zyklus der Äste abschließen. Das schafft eine Periode der Veränderung, in der die Harmonie des einen Zyklus unterbrochen ist, bevor der neue beginnt.

Die Tabelle unten zeigt, wie die beiden Zyklen der Stämme und Äste ablaufen. Sie kann in der Zeit vorwärts oder rückwärts weitergeführt werden und gilt damit für jedes Datum, indem man die Zyklen einfach wiederholt. Wenn man sie nach rechts weiterführt, folgt zum Beispiel nach Holz-Yin Feuer-Yang und nach dem Schwein die Ratte. Das bedeutet, dass der 19. Januar 2000 ein Feuer-Yang-Ratte Tag ist und so weiter.

Mit der Tabelle auf Seite 116–117 können Sie die zwei disharmonischen Tiere herausfinden, die zu dem Zyklus der Stämme gehören, in dem Sie geboren wurden. Suchen Sie das Rechteck mit Ihrem Geburtsjahr. Innerhalb dieses Rechtecks schauen Sie in den farbigen Feldern nach, bis Sie Ihr Geburtsdatum oder das Datum unmittelbar vorher finden, und notieren Sie die

Zuordnungen der Jahreszahlen

STAMM	ERDE		METALL		WASSER		HOLZ		FEUER
	Yang	Yin	Yang	Yin	Yang	Yin	Yang	Yin	Yang
AST									
JAN 2000	1	2	3	4	5	6	7 Zyklusbeginn	8	9

Farbe des Hintergrunds. Der Farbenschlüssel oben auf der Seite hilft Ihnen, Ihre disharmonischen Tiere zu bestimmen. Bei dem Geburtsdatum 25. April 1965 zum Beispiel sind es Tiger und Hase. Wenn Sie Ihre zwei Tiere wissen, schauen Sie rechts im Kreis nach, um die disharmonischen Zeiten an jedem Tag, in jedem Monat und Jahr herauszufinden. Wenn zum Beispiel Ihre disharmonische Phase in den Hund/Schwein-Stamm fällt, müssen Sie täglich zwischen 19.00 und 23.00 Uhr, in den Monaten Oktober und November und in den Jahren 2006 und 2007 vorsichtiger sein, genau wie in allen anderen Hund- und Schwein-Jahren. (Um herauszufinden, welches die Tage sind, können Sie die Tabelle unten auf der Seite weiterführen oder einen passenden chinesischen Jahreskalender kaufen. Für die meisten Zwecke ist aber der Einfluss der Tage verschwindend gegenüber dem Einfluss der Jahre.) Wenn Sie nicht warten können, bis Sie in einem Jahr sind, in dem Ihre Ki-Energie harmonischer ist, sollten Sie dafür sorgen, dass wenigstens der Monat, der Tag und die Stunde günstig sind.

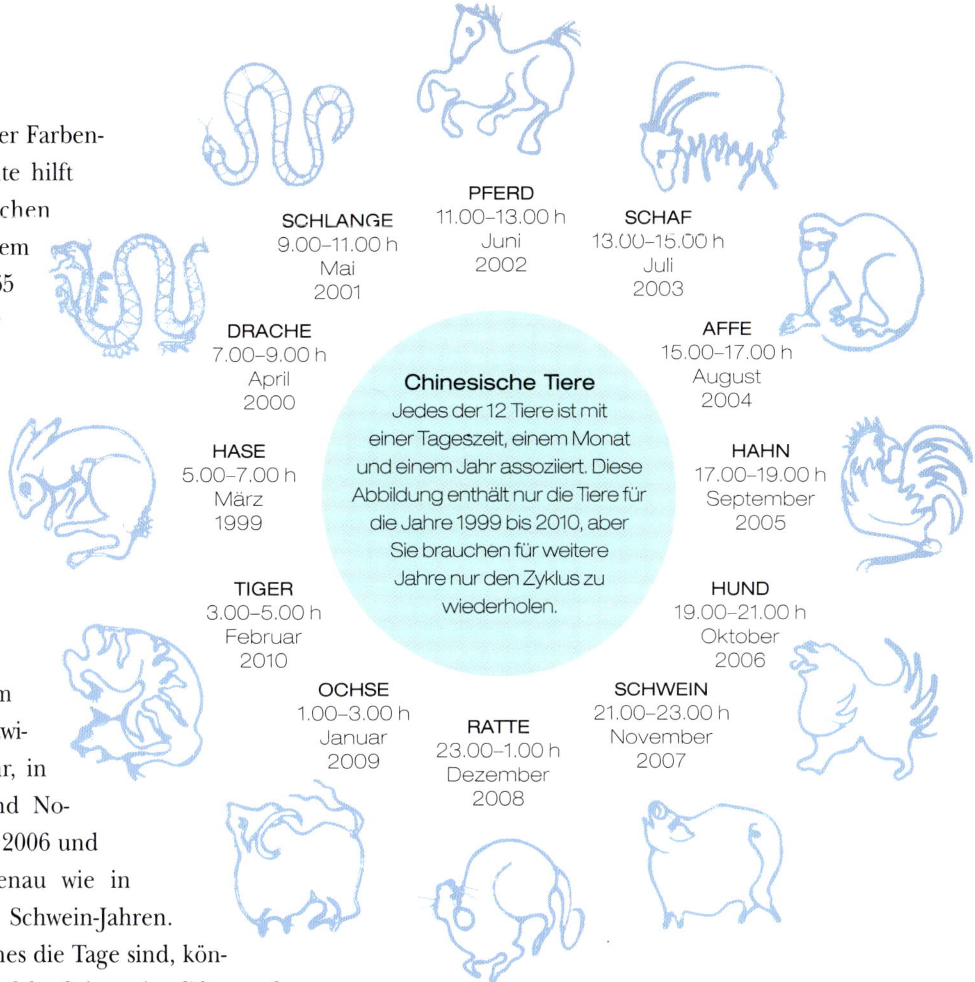

FEUER	ERDE		METALL		WASSER		HOLZ	
Yin	Yang	Yin	Yang	Yin	Yang	Yin	Yang	Yin
10	11	12	13	14	15	16 Zyklusende	17	18

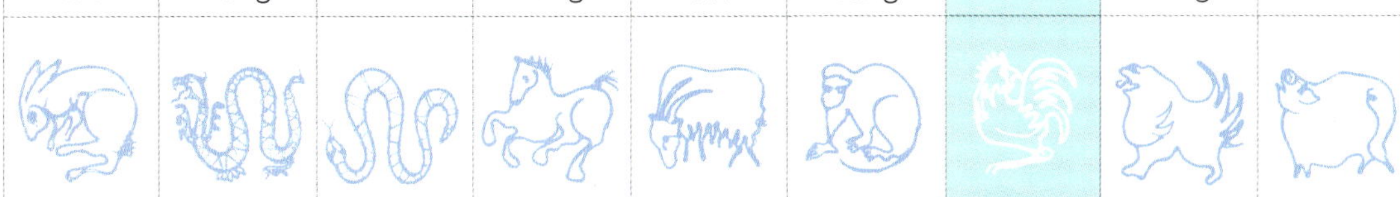

Hund & Schwein

Affe & Hahn

Pferd & Schaf

40			41			42			43			44		
22/1/40 22/3/40 21/5/40 20/7/40 18/9/40 17/11/40	11/2/40 11/4/40 10/6/40 9/8/40 8/10/40 7/12/40	2/3/40 1/5/40 30/6/40 29/8/40 28/10/40 27/12/40	16/1/41 17/3/41 16/5/41 15/7/41 13/9/41 12/11/41	5/2/41 6/4/41 5/6/41 4/8/41 3/10/41 2/12/41	25/2/41 26/4/41 25/6/41 24/8/41 23/10/41 22/12/41	11/1/42 12/3/42 11/5/42 10/7/42 8/9/42 7/11/42	31/1/42 1/4/42 31/5/42 30/7/42 28/9/42 27/11/42	20/2/42 21/4/42 20/6/42 19/8/42 18/10/42 17/12/42	6/1/43 7/3/43 6/5/43 5/7/43 3/9/43 2/11/43	26/1/43 27/3/43 26/5/43 25/7/43 23/9/43 22/11/43	15/2/43 16/4/43 15/6/43 14/8/43 13/10/43 12/12/43	1/1/44 1/3/44 30/4/44 29/6/44 28/8/44 27/10/44 26/12/44	21/1/44 21/3/44 20/5/44 19/7/44 17/9/44 16/11/44	10/2/44 10/4/44 9/6/44 8/8/44 7/10/44 6/12/44
1/2/40 1/4/40 31/5/40 30/7/40 28/9/40 27/11/40	21/2/40 21/4/40 20/6/40 19/8/40 18/10/40 17/12/40	12/1/40 12/3/40 11/5/40 10/7/40 8/9/40 7/11/40	26/1/41 27/3/41 26/5/41 25/7/41 23/9/41 22/11/41	15/2/41 16/4/41 15/6/41 14/8/41 13/10/41 12/12/41	6/1/41 7/3/41 6/5/41 5/7/41 3/9/41 2/11/41	21/1/42 22/3/42 21/5/42 20/7/42 18/9/42 17/11/42	10/2/42 11/4/42 10/6/42 9/8/42 8/10/42 7/12/42	1/1/42 2/3/42 1/5/42 30/6/42 29/8/42 28/10/42 27/12/42	16/1/43 17/3/43 16/5/43 15/7/43 13/9/43 12/11/43	5/2/43 6/4/43 5/6/43 4/8/43 3/10/43 2/12/43	25/2/43 26/4/43 25/6/43 24/8/43 23/10/43 22/12/43	11/1/44 11/3/44 10/5/44 9/7/44 7/9/44 6/11/44	31/1/44 31/3/44 30/5/44 29/7/44 27/9/44 26/11/44	20/2/44 20/4/44 19/6/44 18/8/44 17/10/44 16/12/44

50			51			52			53			54		
29/1/50 30/3/50 29/5/50 28/7/50 26/9/50 25/11/50	18/2/50 19/4/50 18/6/50 17/8/50 16/10/50 15/12/50	9/1/50 10/3/50 9/5/50 8/7/50 6/9/50 5/11/50	24/1/51 25/3/51 24/5/51 23/7/51 21/9/51 20/11/51	13/2/51 14/4/51 13/6/51 12/8/51 11/10/51 10/12/51	4/1/51 5/3/51 4/5/51 3/7/51 1/9/51 31/10/51 30/12/51	19/1/52 19/3/52 18/5/52 17/7/52 15/9/52 14/11/52	8/2/52 8/4/52 7/6/52 6/8/52 5/10/52 4/12/52	28/2/52 28/4/52 27/6/52 26/8/52 25/10/52 24/12/52	13/1/53 14/3/53 13/5/53 12/7/53 10/9/53 9/11/53	2/2/53 3/4/53 2/6/53 1/8/53 30/9/53 29/11/53	22/2/53 23/4/53 22/6/53 21/8/53 20/10/53 19/12/53	8/1/54 9/3/54 8/5/54 7/7/54 5/9/54 4/11/54	28/1/54 29/3/54 28/5/54 27/7/54 25/9/54 24/11/54	17/2/54 18/4/54 17/6/54 16/8/54 15/10/54 14/12/54
8/2/50 9/4/50 8/6/50 7/8/50 6/10/50 5/12/50	28/2/50 29/4/50 28/6/50 27/8/50 26/10/50 25/12/50	19/1/50 20/3/50 19/5/50 18/7/50 16/9/50 15/11/50	3/2/51 4/4/51 3/6/51 2/8/51 1/10/51 30/11/51	23/2/51 24/4/51 23/6/51 22/8/51 21/10/51 20/12/51	14/1/51 15/3/51 14/5/51 13/7/51 11/9/51 10/11/51	29/1/52 29/3/52 28/5/52 27/7/52 25/9/52 24/11/52	18/2/52 18/4/52 17/6/52 16/8/52 15/10/52 14/12/52	9/1/52 9/3/52 8/5/52 7/7/52 5/9/52 4/11/52	23/1/53 24/3/53 23/5/53 22/7/53 20/9/53 19/11/53	12/2/53 13/4/53 12/6/53 11/8/53 10/10/53 9/12/53	3/1/53 4/3/53 3/5/53 2/7/53 31/8/53 30/10/53 29/12/53	18/1/54 19/3/54 18/5/54 17/7/54 15/9/54 14/11/54	7/2/54 8/4/54 7/6/54 6/8/54 5/10/54 4/12/54	27/2/54 28/4/54 27/6/54 26/8/54 25/10/54 24/12/54

60			61			62			63			64		
6/2/60 6/4/60 5/6/60 4/8/60 3/10/60 2/12/60	26/2/60 26/4/60 25/6/60 24/8/60 23/10/60 22/12/60	17/1/60 17/3/60 16/5/60 15/7/60 13/9/60 12/11/60	31/1/61 1/4/61 31/5/61 30/7/61 28/9/61 27/11/61	20/2/61 21/4/61 20/6/61 19/8/61 18/10/61 17/12/61	11/1/61 12/3/61 11/5/61 10/7/61 8/9/61 7/11/61	26/1/62 27/3/62 26/5/62 25/7/62 23/9/62 22/11/62	15/2/62 16/4/62 15/6/62 14/8/62 13/10/62 12/12/62	6/1/62 7/3/62 6/5/62 5/7/62 3/9/62 2/11/62	21/1/63 22/3/63 21/5/63 20/7/63 18/9/63 17/11/63	10/2/63 11/4/63 10/6/63 9/8/63 8/10/63 7/12/63	1/1/63 2/3/63 1/5/63 30/6/63 29/8/63 28/10/63 27/12/63	16/1/64 16/3/64 15/5/64 14/7/64 12/9/64 11/11/64	5/2/64 5/4/64 4/6/64 3/8/64 2/10/64 1/12/64	25/2/64 25/4/64 24/6/64 23/8/64 22/10/64 21/12/64
16/2/60 16/4/60 15/6/60 14/8/60 13/10/60 12/12/60	7/1/60 7/3/60 6/5/60 5/7/60 3/9/60 2/11/60	27/1/60 27/3/60 26/5/60 25/7/60 23/9/60 22/11/60	10/2/61 11/4/61 10/6/61 9/8/61 8/10/61 7/12/61	1/1/61 2/3/61 1/5/61 30/6/61 29/8/61 28/10/61 27/12/61	21/1/61 22/3/61 21/5/61 20/7/61 18/9/61 17/11/61	5/2/62 6/4/62 5/6/62 4/8/62 3/10/62 2/12/62	25/2/62 26/4/62 25/6/62 24/8/62 23/10/62 22/12/62	16/1/62 17/3/62 16/5/62 15/7/62 13/9/62 12/11/62	31/1/63 1/4/63 31/5/63 30/7/63 28/9/63 27/11/63	20/2/63 21/4/63 20/6/63 19/8/63 18/10/63 17/12/63	11/1/63 12/3/63 11/5/63 10/7/63 8/9/63 7/11/63	26/1/64 26/3/64 25/5/64 24/7/64 22/9/64 21/11/64	15/2/64 15/4/64 14/6/64 13/8/64 12/10/64 11/12/64	6/1/64 6/3/64 5/5/64 4/7/64 2/9/64 1/11/64 31/12/64

70			71			72			73			74		
13/2/70 14/4/70 13/6/70 12/8/70 11/10/70 10/12/70	4/1/70 5/3/70 4/5/70 3/7/70 1/9/70 31/10/70 30/12/70	24/1/70 25/3/70 24/5/70 23/7/70 21/9/70 20/11/70	8/2/71 9/4/71 8/6/71 7/8/71 6/10/71 5/12/71	28/2/71 29/4/71 28/6/71 27/8/71 26/10/71 25/12/71	19/1/71 20/3/71 19/5/71 18/7/71 16/9/71 15/11/71	3/2/72 3/4/72 2/6/72 1/8/72 30/9/72 29/11/72	23/2/72 23/4/72 22/6/72 21/8/72 20/10/72 19/12/72	14/1/72 14/3/72 13/5/72 12/7/72 10/9/72 9/11/72	28/1/73 29/3/73 28/5/73 27/7/73 25/9/73 24/11/73	17/2/73 18/4/73 17/6/73 16/8/73 15/10/73 14/12/73	8/1/73 9/3/73 8/5/73 7/7/73 5/9/73 4/11/73	23/1/74 24/3/74 23/5/74 22/7/74 20/9/74 19/11/74	12/2/74 13/4/74 12/6/74 11/8/74 10/10/74 9/12/74	3/1/74 4/3/74 3/5/74 2/7/74 31/8/74 30/10/74 29/12/74
23/2/70 24/4/70 23/6/70 22/8/70 21/10/70 20/12/70	14/1/70 15/3/70 14/5/70 13/7/70 11/9/70 10/11/70	3/2/70 4/4/70 3/6/70 2/8/70 1/10/70 30/11/70	18/2/71 19/4/71 18/6/71 17/8/71 16/10/71 15/12/71	9/1/71 10/3/71 9/5/71 8/7/71 6/9/71 5/11/71	29/1/71 30/3/71 29/5/71 28/7/71 26/9/71 25/11/71	13/2/72 13/4/72 12/6/72 11/8/72 10/10/72 9/12/72	4/1/72 4/3/72 3/5/72 2/7/72 31/8/72 30/10/72 29/12/72	24/1/72 24/3/72 23/5/72 22/7/72 20/9/72 19/11/72	7/2/73 8/4/73 7/6/73 6/8/73 5/10/73 4/12/73	27/2/73 28/4/73 27/6/73 26/8/73 25/10/73 24/12/73	18/1/73 19/3/73 18/5/73 17/7/73 15/9/73 14/11/73	2/2/74 3/4/74 2/6/74 1/8/74 30/9/74 29/11/74	22/2/74 23/4/74 22/6/74 21/8/74 20/10/74 19/12/74	13/1/74 14/3/74 13/5/74 12/7/74 10/9/74 9/11/74

80			81			82			83			84		
21/2/80 21/4/80 20/6/80 19/8/80 18/10/80 17/12/80	12/1/80 12/3/80 11/5/80 10/7/80 8/9/80 7/11/80	1/2/80 1/4/80 31/5/80 30/7/80 28/9/80 27/11/80	15/2/81 16/4/81 15/6/81 14/8/81 13/10/81 12/12/81	6/1/81 7/3/81 6/5/81 5/7/81 3/9/81 2/11/81	26/1/81 27/3/81 26/5/81 25/7/81 23/9/81 22/11/81	10/2/82 11/4/82 10/6/82 9/8/82 8/10/82 7/12/82	1/1/82 2/3/82 1/5/82 30/6/82 29/8/82 28/10/82 27/12/82	21/1/82 22/3/82 21/5/82 20/7/82 18/9/82 17/11/82	5/2/83 6/4/83 5/6/83 4/8/83 3/10/83 2/12/83	25/2/83 26/4/83 25/6/83 24/8/83 23/10/83 22/12/83	16/1/83 17/3/83 16/5/83 15/7/83 13/9/83 12/11/83	31/1/84 31/3/84 30/5/84 29/7/84 27/9/84 26/11/84	20/2/84 20/4/84 19/6/84 18/8/84 17/10/84 16/12/84	11/1/84 11/3/84 10/5/84 9/7/84 7/9/84 6/11/84
2/1/80 2/3/80 1/5/80 30/6/80 29/8/80 28/10/80 27/12/80	22/1/80 22/3/80 21/5/80 20/7/80 18/9/80 17/11/80	11/2/80 11/4/80 10/6/80 9/8/80 8/10/80 7/12/80	25/2/81 26/4/81 25/6/81 24/8/81 23/10/81 22/12/81	16/1/81 17/3/81 16/5/81 15/7/81 13/9/81 12/11/81	5/2/81 6/4/81 5/6/81 4/8/81 3/10/81 2/12/81	20/2/82 21/4/82 20/6/82 19/8/82 18/10/82 17/12/82	11/1/82 12/3/82 11/5/82 10/7/82 8/9/82 7/11/82	31/1/82 1/4/82 31/5/82 30/7/82 28/9/82 27/11/82	15/2/83 16/4/83 15/6/83 14/8/83 13/10/83 12/12/83	6/1/83 7/3/83 6/5/83 5/7/83 3/9/83 2/11/83	26/1/83 27/3/83 26/5/83 25/7/83 23/9/83 22/11/83	10/2/84 10/4/84 9/6/84 8/8/84 7/10/84 6/12/84	1/1/84 1/3/84 30/4/84 29/6/84 28/8/84 27/10/84 26/12/84	21/1/84 21/3/84 20/5/84 19/7/84 17/9/84 16/11/84

90			91			92			93			94		
28/2/90 29/4/90 28/6/90 27/8/90 26/10/90 25/12/90	19/1/90 20/3/90 19/5/90 18/7/90 16/9/90 15/11/90	8/2/90 9/4/90 8/6/90 7/8/90 6/10/90 5/12/90	23/2/91 24/4/91 23/6/91 22/8/91 21/10/91 20/12/91	14/1/91 15/3/91 14/5/91 13/7/91 11/9/91 10/11/91	3/2/91 4/4/91 3/6/91 2/8/91 1/10/91 30/11/91	18/2/92 18/4/92 17/6/92 16/8/92 15/10/92 14/12/92	9/1/92 9/3/92 8/5/92 7/7/92 5/9/92 4/11/92	29/1/92 29/3/92 28/5/92 27/7/92 25/9/92 24/11/92	12/2/93 13/4/93 12/6/93 11/8/93 10/10/93 9/12/93	3/1/93 4/3/93 3/5/93 2/7/93 31/8/93 30/10/93 29/12/93	23/1/93 24/3/93 23/5/93 22/7/93 20/9/93 19/11/93	7/2/94 8/4/94 7/6/94 6/8/94 5/10/94 4/12/94	27/2/94 28/4/94 27/6/94 26/8/94 25/10/94 24/12/94	18/1/94 19/3/94 18/5/94 17/7/94 15/9/94 14/11/94
9/1/90 10/3/90 9/5/90 8/7/90 6/9/90 5/11/90	29/1/90 30/3/90 29/5/90 28/7/90 26/9/90 25/11/90	18/2/90 19/4/90 18/6/90 17/8/90 16/10/90 15/12/90	4/1/91 5/3/91 4/5/91 3/7/91 1/9/91 31/10/91 30/12/91	24/1/91 25/3/91 24/5/91 23/7/91 21/9/91 20/11/91	13/2/91 14/4/91 13/6/91 12/8/91 11/10/91 10/12/91	28/2/92 28/4/92 27/6/92 26/8/92 25/10/92 24/12/92	19/1/92 19/3/92 18/5/92 17/7/92 15/9/92 14/11/92	8/2/92 8/4/92 7/6/92 6/8/92 5/10/92 4/12/92	22/2/93 23/4/93 22/6/93 21/8/93 20/10/93 19/12/93	13/1/93 14/3/93 13/5/93 12/7/93 10/9/93 9/11/93	2/2/93 3/4/93 2/6/93 1/8/93 30/9/93 29/11/93	17/2/94 18/4/94 17/6/94 16/8/94 15/10/94 14/12/94	8/1/94 9/3/94 8/5/94 7/7/94 5/9/94 4/11/94	28/1/94 29/3/94 28/5/94 27/7/94 25/9/94 24/11/94

Drache & Schlange

Tiger & Hase

Ratte & Ochse

45			46			47			48			49		
24/2/45 25/4/45 24/6/45 23/8/45 22/10/45 21/12/45	15/1/45 16/3/45 15/5/45 14/7/45 12/9/45 11/11/45	4/2/45 5/4/45 4/6/45 3/8/45 2/10/45 1/12/45	19/2/46 20/4/46 19/6/46 18/8/46 17/10/46 16/12/46	10/1/46 11/3/46 10/5/46 9/7/46 7/9/46 6/11/46	30/1/46 31/3/46 30/5/46 29/7/46 27/9/46 26/11/46	14/2/47 15/4/47 14/6/47 13/8/47 12/10/47 11/12/47	5/1/47 6/3/47 5/5/47 4/7/47 2/9/47 1/11/47 31/12/47	25/1/47 26/3/47 25/5/47 24/7/47 22/9/47 21/11/47	9/2/48 9/4/48 8/6/48 7/8/48 6/10/48 5/12/48	29/2/48 29/4/48 28/6/48 27/8/48 26/10/48 25/12/48	20/1/48 20/3/48 19/5/48 18/7/48 16/9/48 15/11/48	3/2/49 4/4/49 3/6/49 2/8/49 1/10/49 30/11/49	23/2/49 24/4/49 23/6/49 22/8/49 21/10/49 20/12/49	14/1/49 15/3/49 14/5/49 13/7/49 11/9/49 10/11/49
5/1/45 6/3/45 5/5/45 4/7/45 2/9/45 1/11/45 31/12/45	25/1/45 26/3/45 25/5/45 24/7/45 22/9/45 21/11/45	14/2/45 15/4/45 14/6/45 13/8/45 12/10/45 11/12/45	1/3/46 30/4/46 29/6/46 28/8/46 27/10/46 26/12/46	20/1/46 21/3/46 20/5/46 19/7/46 17/9/46 16/11/46	9/2/46 10/4/46 9/6/46 8/8/46 7/10/46 6/12/46	24/2/47 25/4/47 24/6/47 23/8/47 22/10/47 21/12/47	15/1/47 16/3/47 15/5/47 14/7/47 12/9/47 11/11/47	4/2/47 5/4/47 4/6/47 3/8/47 2/10/47 1/12/47	19/2/48 19/4/48 18/6/48 17/8/48 16/10/48 15/12/48	10/1/48 10/3/48 9/5/48 8/7/48 6/9/48 5/11/48	30/1/48 30/3/48 29/5/48 28/7/48 26/9/48 25/11/48	13/2/49 14/4/49 13/6/49 12/8/49 11/10/49 10/12/49	4/1/49 5/3/49 4/5/49 3/7/49 1/9/49 31/10/49 30/12/49	24/1/49 25/3/49 24/5/49 23/7/49 21/9/49 20/11/49

55			56			57			58			59		
3/1/55 4/3/55 3/5/55 2/7/55 31/8/55 30/10/55 29/12/55	23/1/55 24/3/55 23/5/55 22/7/55 20/9/55 19/11/55	12/2/55 13/4/55 12/6/55 11/8/55 10/10/55 9/12/55	27/2/56 27/4/56 26/6/56 25/8/56 24/10/56 23/12/56	18/1/56 18/3/56 17/5/56 16/7/56 14/9/56 13/11/56	7/2/56 7/4/56 6/6/56 5/8/56 4/10/56 3/12/56	21/2/57 22/4/57 21/6/57 20/8/57 19/10/57 18/12/57	12/1/57 13/3/57 12/5/57 11/7/57 9/9/57 8/11/57	1/2/57 2/4/57 1/6/57 31/7/57 29/9/57 28/11/57	16/2/58 17/4/58 16/6/58 15/8/58 14/10/58 13/12/58	7/1/58 8/3/58 7/5/58 6/7/58 4/9/58 3/11/58	27/1/58 28/3/58 27/5/58 26/7/58 24/9/58 23/11/58	11/2/59 12/4/59 11/6/59 10/8/59 9/10/59 8/12/59	2/1/59 3/3/59 2/5/59 1/7/59 30/8/59 29/10/59 28/12/59	22/1/59 23/3/59 22/5/59 21/7/59 19/9/59 18/11/59
13/1/55 14/3/55 13/5/55 12/7/55 10/9/55 9/11/55	2/2/55 3/4/55 2/6/55 1/8/55 30/9/55 29/11/55	22/2/55 23/4/55 22/6/55 21/8/55 20/10/55 19/12/55	8/1/56 8/3/56 7/5/56 6/7/56 4/9/56 3/11/56	28/1/56 28/3/56 27/5/56 26/7/56 24/9/56 23/11/56	17/2/56 17/4/56 16/6/56 15/8/56 14/10/56 13/12/56	2/1/57 3/3/57 2/5/57 1/7/57 30/8/57 29/10/57 28/12/57	22/1/57 23/3/57 22/5/57 21/7/57 19/9/57 18/11/57	11/2/57 12/4/57 11/6/57 10/8/57 9/10/57 8/12/57	26/2/58 27/4/58 26/6/58 25/8/58 24/10/58 23/12/58	17/1/58 18/3/58 17/5/58 16/7/58 14/9/58 13/11/58	6/2/58 7/4/58 6/6/58 5/8/58 4/10/58 3/12/58	21/2/59 22/4/59 21/6/59 20/8/59 19/10/59 18/12/59	12/1/59 13/3/59 12/5/59 11/7/59 9/9/59 8/11/59	1/2/59 2/4/59 1/6/59 31/7/59 29/9/59 28/11/59

65			66			67			68			69		
10/1/65 11/3/65 10/5/65 9/7/65 7/9/65 6/11/65	30/1/65 31/3/65 30/5/65 29/7/65 27/9/65 26/11/65	19/2/65 20/4/65 19/6/65 18/8/65 17/10/65 16/12/65	5/1/66 6/3/66 5/5/66 4/7/66 2/9/66 1/11/66 31/12/66	25/1/66 26/3/66 25/5/66 24/7/66 22/9/66 21/11/66	14/2/66 15/4/66 14/6/66 13/8/66 12/10/66 11/12/66	1/3/67 30/4/67 29/6/67 28/8/67 27/10/67 26/12/67	20/1/67 21/3/67 20/5/67 19/7/67 17/9/67 16/11/67	9/2/67 10/4/67 9/6/67 8/8/67 7/10/67 6/12/67	24/2/68 24/4/68 23/6/68 22/8/68 21/10/68 20/12/68	15/1/68 15/3/68 14/5/68 13/7/68 11/9/68 10/11/68	4/2/68 4/4/68 3/6/68 2/8/68 1/10/68 30/11/68	18/2/69 19/4/69 18/6/69 17/8/69 16/10/69 15/12/69	9/1/69 10/3/69 9/5/69 8/7/69 6/9/69 5/11/69	29/1/69 30/3/69 29/5/69 28/7/69 26/9/69 25/11/69
20/1/65 21/3/65 20/5/65 19/7/65 17/9/65 16/11/65	9/2/65 10/4/65 9/6/65 8/8/65 7/10/65 6/12/65	1/3/65 30/4/65 29/6/65 28/8/65 27/10/65 26/12/65	15/1/66 16/3/66 15/5/66 14/7/66 12/9/66 11/11/66	4/2/66 5/4/66 4/6/66 3/8/66 2/10/66 1/12/66	24/2/66 25/4/66 24/6/66 23/8/66 22/10/66 21/12/66	10/1/67 11/3/67 10/5/67 9/7/67 7/9/67 6/11/67	30/1/67 31/3/67 30/5/67 29/7/67 27/9/67 26/11/67	19/2/67 20/4/67 19/6/67 18/8/67 17/10/67 16/12/67	5/1/68 5/3/68 4/5/68 3/7/68 1/9/68 31/10/68 30/12/68	25/1/68 25/3/68 24/5/68 23/7/68 21/9/68 20/11/68	14/2/68 14/4/68 13/6/68 12/8/68 11/10/68 10/12/68	28/2/69 29/4/69 28/6/69 27/8/69 26/10/69 25/12/69	19/1/69 20/3/69 19/5/69 18/7/69 16/9/69 15/11/69	8/2/69 9/4/69 8/6/69 7/8/69 6/10/69 5/12/69

75			76			77			78			79		
18/1/75 19/3/75 18/5/75 17/7/75 15/9/75 14/11/75	7/2/75 8/4/75 7/6/75 6/8/75 5/10/75 4/12/75	27/2/75 28/4/75 27/6/75 26/8/75 25/10/75 24/12/75	13/1/76 13/3/76 12/5/76 11/7/76 9/9/76 8/11/76	2/2/76 2/4/76 1/6/76 31/7/76 29/9/76 28/11/76	22/2/76 22/4/76 21/6/76 20/8/76 19/10/76 18/12/76	7/1/77 8/3/77 7/5/77 6/7/77 4/9/77 3/11/77	27/1/77 28/3/77 27/5/77 26/7/77 24/9/77 23/11/77	16/2/77 17/4/77 16/6/77 15/8/77 14/10/77 13/12/77	2/1/78 3/3/78 2/5/78 1/7/78 30/8/78 29/10/78 28/12/78	22/1/78 23/3/78 22/5/78 21/7/78 19/9/78 18/11/78	11/2/78 12/4/78 11/6/78 10/8/78 9/10/78 8/12/78	26/2/79 27/4/79 26/6/79 25/8/79 24/10/79 23/12/79	17/1/79 18/3/79 17/5/79 16/7/79 14/9/79 13/11/79	6/2/79 7/4/79 6/6/79 5/8/79 4/10/79 3/12/79
28/1/75 29/3/75 28/5/75 27/7/75 25/9/75 24/11/75	17/2/75 18/4/75 17/6/75 16/8/75 15/10/75 14/12/75	8/1/75 9/3/75 8/5/75 7/7/75 5/9/75 4/11/75	23/1/76 23/3/76 22/5/76 21/7/76 19/9/76 18/11/76	12/2/76 12/4/76 11/6/76 10/8/76 9/10/76 8/12/76	3/1/76 3/3/76 2/5/76 1/7/76 30/8/76 29/10/76 28/12/76	17/1/77 18/3/77 17/5/77 16/7/77 14/9/77 13/11/77	6/2/77 7/4/77 6/6/77 5/8/77 4/10/77 3/12/77	26/2/77 27/4/77 26/6/77 25/8/77 24/10/77 23/12/77	12/1/78 13/3/78 12/5/78 11/7/78 9/9/78 8/11/78	1/2/78 2/4/78 1/6/78 31/7/78 29/9/78 28/11/78	21/2/78 22/4/78 21/6/78 20/8/78 19/10/78 18/12/78	7/1/79 8/3/79 7/5/79 6/7/79 4/9/79 3/11/79	27/1/79 28/3/79 27/5/79 26/7/79 24/9/79 23/11/79	16/2/79 17/4/79 16/6/79 15/8/79 14/10/79 13/12/79

85			86			87			88			89		
25/1/85 26/3/85 25/5/85 24/7/85 22/9/85 21/11/85	14/2/85 15/4/85 14/6/85 13/8/85 12/10/85 11/12/85	5/1/85 6/3/85 5/5/85 4/7/85 2/9/85 1/11/85 31/12/85	20/1/86 21/3/86 20/5/86 19/7/86 17/9/86 16/11/86	9/2/86 10/4/86 9/6/86 8/8/86 7/10/86 6/12/86	1/3/86 30/4/86 29/6/86 28/8/86 27/10/86 26/12/86	15/1/87 16/3/87 15/5/87 14/7/87 12/9/87 11/11/87	4/2/87 5/4/87 4/6/87 3/8/87 2/10/87 1/12/87	24/2/87 25/4/87 24/6/87 23/8/87 22/10/87 21/12/87	10/1/88 10/3/88 9/5/88 8/7/88 6/9/88 5/11/88	30/1/88 30/3/88 29/5/88 28/7/88 26/9/88 25/11/88	19/2/88 19/4/88 18/6/88 17/8/88 16/10/88 15/12/88	4/1/89 5/3/89 4/5/89 3/7/89 1/9/89 31/10/89 30/12/89	24/1/89 25/3/89 24/5/89 23/7/89 21/9/89 20/11/89	13/2/89 14/4/89 13/6/89 12/8/89 11/10/89 10/12/89
4/2/85 5/4/85 4/6/85 3/8/85 2/10/85 1/12/85	24/2/85 25/4/85 24/6/85 23/8/85 22/10/85 21/12/85	15/1/85 16/3/85 15/5/85 14/7/85 12/9/85 11/11/85	30/1/86 31/3/86 30/5/86 29/7/86 27/9/86 26/11/86	19/2/86 20/4/86 19/6/86 18/8/86 17/10/86 16/12/86	10/1/86 11/3/86 10/5/86 9/7/86 7/9/86 6/11/86	25/1/87 26/3/87 25/5/87 24/7/87 22/9/87 21/11/87	14/2/87 15/4/87 14/6/87 13/8/87 12/10/87 11/12/87	5/1/87 6/3/87 5/5/87 4/7/87 2/9/87 1/11/87 31/12/87	20/1/88 20/3/88 19/5/88 18/7/88 16/9/88 15/11/88	9/2/88 9/4/88 8/6/88 7/8/88 6/10/88 5/12/88	29/2/88 29/4/88 28/6/88 27/8/88 26/10/88 25/12/88	14/1/89 15/3/89 14/5/89 13/7/89 11/9/89 10/11/89	3/2/89 4/4/89 3/6/89 2/8/89 1/10/89 30/11/89	23/2/89 24/4/89 23/6/89 22/8/89 21/10/89 20/12/89

95			96			97			98			99		
2/2/95 3/4/95 2/6/95 1/8/95 30/9/95 29/11/95	22/2/95 23/4/95 22/6/95 21/8/95 20/10/95 19/12/95	13/1/95 14/3/95 13/5/95 12/7/95 10/9/95 9/11/95	28/1/96 28/3/96 27/5/96 26/7/96 24/9/96 23/11/96	17/2/96 17/4/96 16/6/96 15/8/96 14/10/96 13/12/96	8/1/96 8/3/96 7/5/96 6/7/96 4/9/96 3/11/96	22/1/97 23/3/97 22/5/97 21/7/97 19/9/97 18/11/97	11/2/97 12/4/97 11/6/97 10/8/97 9/10/97 8/12/97	2/1/97 3/3/97 2/5/97 1/7/97 30/8/97 29/10/97 28/12/97	17/1/98 18/3/98 17/5/98 16/7/98 14/9/98 13/11/98	6/2/98 7/4/98 6/6/98 5/8/98 4/10/98 3/12/98	26/2/98 27/4/98 26/6/98 25/8/98 24/10/98 23/12/98	12/1/99 13/3/99 12/5/99 11/7/99 9/9/99 8/11/99	1/2/99 2/4/99 1/6/99 31/7/99 29/9/99 28/11/99	21/2/99 22/4/99 21/6/99 20/8/99 19/10/99 18/12/99
12/2/95 13/4/95 12/6/95 11/8/95 10/10/95 9/12/95	3/1/95 4/3/95 3/5/95 2/7/95 31/8/95 30/10/95 29/12/95	23/1/95 24/3/95 23/5/95 22/7/95 20/9/95 19/11/95	7/2/96 7/4/96 6/6/96 5/8/96 4/10/96 3/12/96	27/2/96 27/4/96 26/6/96 25/8/96 24/10/96 23/12/96	18/1/96 18/3/96 17/5/96 16/7/96 14/9/96 13/11/96	1/2/97 2/4/97 1/6/97 31/7/97 29/9/97 28/11/97	21/2/97 22/4/97 21/6/97 20/8/97 19/10/97 18/12/97	12/1/97 13/3/97 12/5/97 11/7/97 9/9/97 8/11/97	27/1/98 28/3/98 27/5/98 26/7/98 24/9/98 23/11/98	16/2/98 17/4/98 16/6/98 15/8/98 14/10/98 13/12/98	7/1/98 8/3/98 7/5/98 6/7/98 4/9/98 3/11/98	22/1/99 23/3/99 22/5/99 21/7/99 19/9/99 18/11/99	11/2/99 12/4/99 11/6/99 10/8/99 9/10/99 8/12/99	2/1/99 3/3/99 2/5/99 1/7/99 30/8/99 29/10/99

Ortsveränderungen

Datum und Himmelsrichtung eines Umzugs können einen großen Einfluss auf Ihre Ki-Energie haben. Das kommt daher, dass sich Ihre persönliche Ki-Energie mit der Ki-Energie bestimmter Richtungen besser mischt als mit anderen. Und weil die Ki-Energien sich jedes Jahr ändern, ändern sich auch die für Sie günstigen Richtungen. Wenn Sie in eine hilfreiche Richtung umziehen, wird es Ihnen leichter fallen, das Beste aus Ihrer persönlichen Ki-Energie zu machen, während der Umzug in eine Richtung mit destruktiver Ki-Energie einen negativen Effekt haben kann.

Damit Sie besser verstehen, wie dieser Prozess funktioniert, stellen Sie sich vor, Sie topfen eine Pflanze um. Als Erstes würden Sie die Pflanze auf eine Art aus der Erde nehmen, die ihr nicht schadet. Dann würden Sie sie zu einer Jahreszeit wieder einpflanzen, die ihr hilft, sich in ihrer neuen Umgebung zu verwurzeln. Zuletzt würden Sie noch dafür sorgen, dass sie in eine Art von Erde gepflanzt wird, die ihr hilft, gut zu wachsen. Wenn all diese Schritte für die Pflanze förderlich sind, wird sie in ihrer neuen Umgebung gedeihen und möglicherweise schneller wachsen als vorher. Wir sind genauso: Wo auch immer wir leben, mischt sich unsere Ki-Energie mit der Ki-Energie der Umgebung. Wenn Sie einen Ort verlassen, ist es fast so, als wenn Sie Ihre Wurzeln aus der Erde ziehen – Sie ziehen Ihre persönliche Ki-Energie aus der Ki-Energie des Ortes, mit dem Sie vertraut geworden waren.

Ortsveränderungen, um Ziele zu bekräftigen

Die Beziehung zwischen persönlicher und räumlicher Ki-Energie kann auch andere Ortsveränderungen beeinflussen, wie zum Beispiel eine neue Arbeitsstelle oder eine Reise. Die Ki-Energie eines Ortes beeinflusst unsere eigene Ki-Energie, die wiederum Einfluss hat auf Gedanken, Gefühle und Ideen. Jedes Land und jede große Stadt hat Orte, an denen bestimmte Arten von Aktivitäten gedeihen: Maler, Schriftsteller, Musiker, Banker, Werbefirmen und reiche Geschäftsleute fühlen sich oft zu bestimmten Gegenden hingezogen, wo sie das Gefühl haben, dass die Ki-Energie für das, was sie tun, am günstigsten ist.

Wenn Sie in eine neue Wohnung oder an einen neuen Arbeitsplatz umziehen, haben Sie die Möglichkeit, Ihr Leben zu verbessern und auf dieselbe Art aufzublühen wie eine gesunde Pflanze. Auf der anderen Seite kann ein Umzug in eine Himmelsrichtung und zu einer Zeit, die nicht zu Ihrer eigenen Ki-Energie passen, Sie eher verkümmern lassen, genau wie ein Samen,

Leben in guter Ki-Energie

Die Himmelsrichtung Ihres neuen Hauses, von Ihrer alten Wohnung aus gesehen, verändert Ihre Ki-Energie, sobald Sie dorthin ziehen. Sie können die Ki-Energie dadurch verbessern, indem Sie mit passenden Yin- und Yang-Farben streichen (siehe Seite 75).

der in der falschen Jahreszeit in die Erde gelegt worden ist. Das Geheimnis des Feng Shui zur Erfüllung Ihrer Zukunftspläne ist, diese Träume zur richtigen Zeit an den richtigen Ort zu pflanzen, damit sie in die Realität hinein blühen können.

Dasselbe Prinzip gilt auch für Umbauten. Wenn Sie Ihr Haus oder Ihren Arbeitsplatz verändern, ändern Sie die Ki-Energie in dem betreffenden Teil des Hauses. Wenn die Himmelsrichtung, in der die Veränderung stattfindet, für Sie zu der betreffenden Zeit günstig ist, wird das Resultat im Sinne einer harmonischen Mischung der Ki-Energien günstig sein. Wenn dasselbe aber in einer Himmelsrichtung stattfindet, die nicht mit Ihrer persönlichen Ki-Energie in der betreffenden Zeit harmoniert, können Sie in unerwartete Schwierigkeiten geraten.

Die Bestimmung der Richtung

Um die Himmelsrichtung für eine günstige Ortsveränderung herauszufinden, schauen Sie sich die Tabelle auf der nächsten Seite an. Die für Sie günstigsten Richtungen sind mit der Farbe markiert, die zu Ihrer Neun-Ki Jahreszahl gehört. Vergessen Sie nicht, dass das Neun-Ki Jahr immer im Februar beginnt, sodass Sie für einen Umzug am 4. oder 5. Februar im Jahr vorher nachschauen müssen. Wenn Sie zum Beispiel als Neun-Ki Jahreszahl die Fünf haben und planen, am 4. Februar 2000 umzuziehen, sind die günstigsten Richtungen für dieses Jahr der Südosten, Südwesten und Westen.

Als Nächstes nehmen Sie einen Stadtplan, auf der die Gegend, in der Sie leben, und die Gegend, in die Sie umziehen wollen, abgebildet sind. Markieren Sie Ihr derzeitiges Zuhause mit einem X. Ziehen Sie eine Linie von dort nach Norden. Wenn die Karte genordet ist, ist eine Linie nach oben richtig. Dann nehmen Sie den Kompass von Seite 12 und zeichnen Sie die acht Himmelsrichtungen so ein, dass die Mitte des Kompasses über Ihrem Haus liegt und der Norden mit dem Norden auf der Karte übereinstimmt (siehe Zeichnung rechts). So können Sie sehen, welche Gebiete in den günstigsten Richtungen für ein neues Zuhause oder einen neuen Arbeitsplatz liegen.

Wenn Sie sich für ein Urlaubsziel oder den Zeitpunkt einer Geschäftsreise ins Ausland entscheiden müssen, nehmen Sie stattdessen eine Landkarte. Beachten Sie bei der Planung, dass der Zeitpunkt, an dem Sie das Haus verlassen, wichtiger ist als die Abfahrtszeit des Busses, Zuges oder Flugzeugs.

Günstige Richtungen

Jede Ortsveränderung hat eine bestimmte Art von Ki-Energie, die Ihre persönliche Ki-Energie beeinflusst. Wenn Sie zu einer günstigen Zeit nach Norden gehen, sorgen Sie zum Beispiel für mehr Unabhängigkeit und das Erreichen künstlerischer Ziele. Der Weg nach Süden zu einer günstigen Zeit hilft Ihnen, mehr öffentliche Anerkennung zu bekommen.

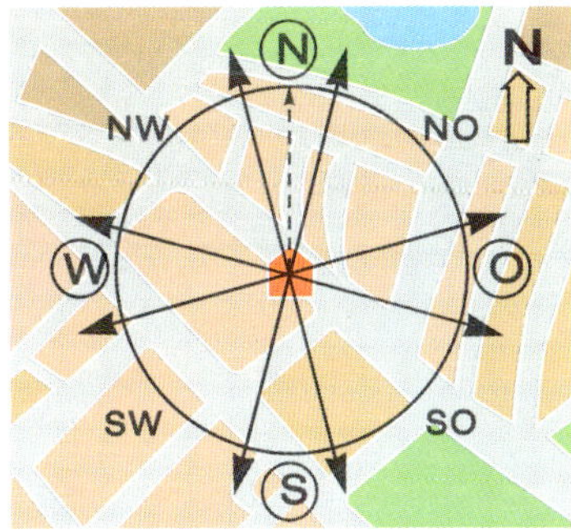

Welche Richtung?
Übertragen Sie den Feng Shui Kompass von Seite 12 auf einen Stadtplan mit Ihrem Haus. Achten Sie darauf, dass der Norden übereinstimmt. Dann benutzen Sie die Tabelle auf Seite 120, um zu bestimmen, welche Himmelsrichtungen für Sie in diesem Jahr günstig wären.

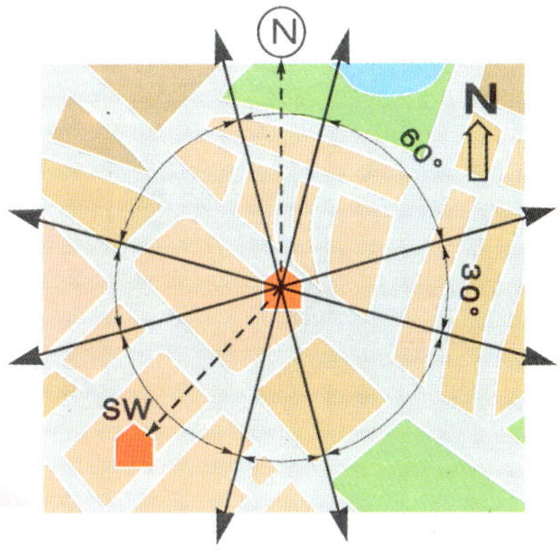

Wenn Sie einen Umzug planen
Wenn Sie herausfinden wollen, ob das geplante neue Haus für Sie günstig ist, übertragen Sie die acht Richtungen auf einen Stadtplan, auf dem beide Gebäude zu finden sind, wobei die Mitte über Ihrem derzeitigen Zuhause ist. Bestimmen Sie die Richtung, in der das neue Haus liegt, und schauen Sie auf Seite 120 nach, ob sie günstig für Sie ist.

Günstige Himmelsrichtungen für eine Ortsveränderung

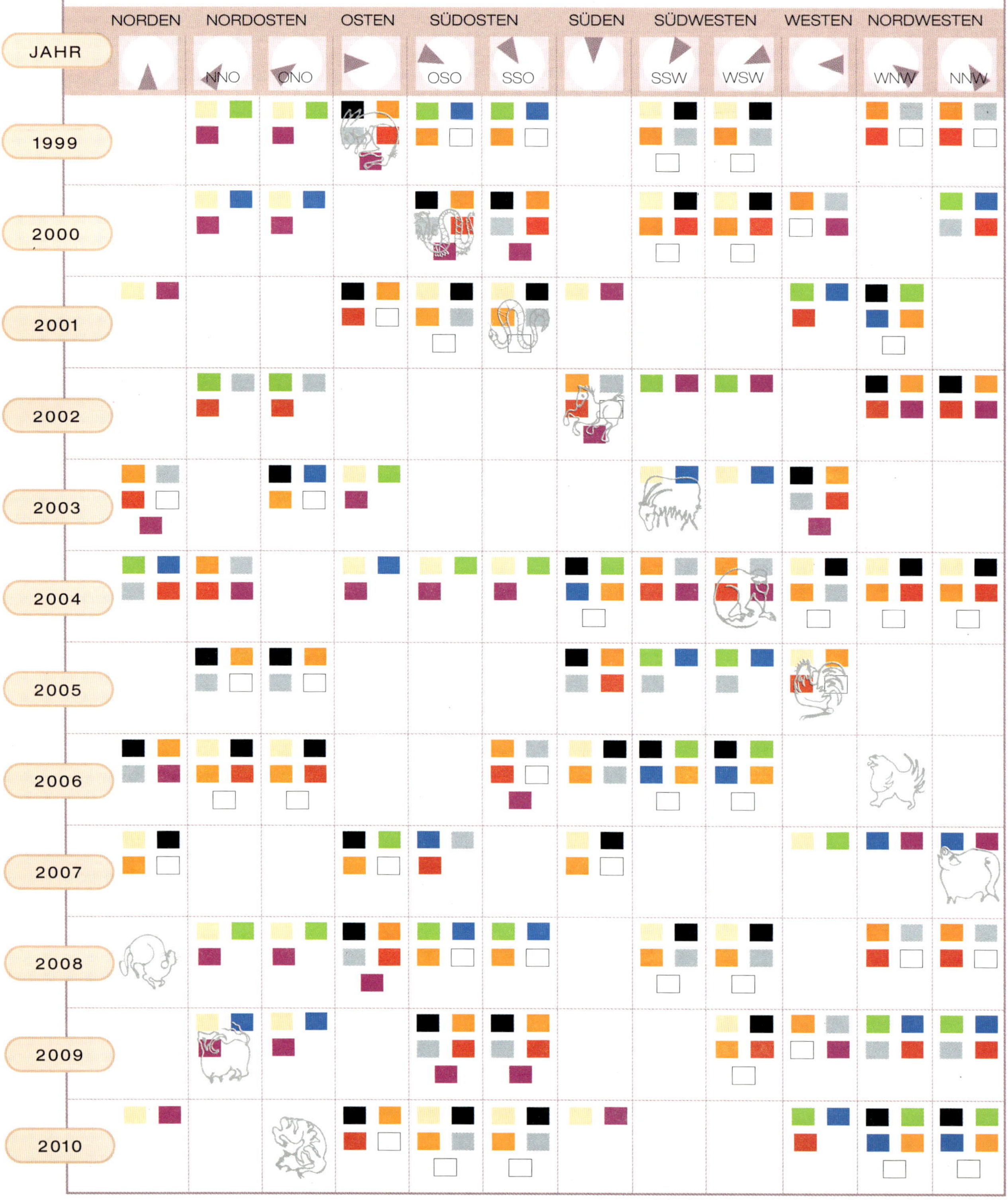

Jahreszahlen und ihre Farben

Jeder Neun-Ki Jahreszahl ist eine Farbe zugeordnet, die Sie ablesen können. Wenn Sie Ihre Farbe unter einer der Richtungen in der Tabelle links sehen, ist die Richtung günstig für einen Umzug.

Wenn Sie reisen, begeben Sie sich nicht nur in die Ki-Energie einer bestimmten Himmelsrichtung, sondern auch in die Ki-Energie einer bestimmten Zahl (siehe auch Seite 123). Wenn Sie zum Beispiel im Jahr 2000 in den Südosten gehen, bewegen Sie sich nicht nur in die Ki-Energie des Südostens hinein, sondern auch in die Ki-Energie der Acht. Die Tabelle auf Seite 122 beschreibt die Vorteile, die Sie sich von einer Ortsveränderung in jede der acht Richtungen erhoffen können. Diese sollten zusammen mit der Ki-Energie der Zahl, die in der jeweiligen Richtung steht, berücksichtigt werden (siehe Seite 72–93). Beachten Sie dabei auch, dass die Himmelsrichtung in dem entsprechenden Jahr auch günstig in Bezug auf Ihre Jahreszahl sein muss, wenn sich die Vorteile erfüllen sollen.

Ungünstige Richtungen

Jedes Jahr gibt es Richtungen, die für alle Menschen ungünstig sind. Sie können in der Tabelle links sehen, dass niemandem im Jahr 2000 geraten wird, sich in den Norden, Süden oder Westen zu begeben. Es gibt sieben Richtungen, die potentiell schädlich sind. Die ersten vier haben das Potential für den größten Schaden: Wenn Sie sich in die Richtung der Fünf oder Ihrer eigenen Jahreszahl sowie in die jeweils entgegengesetzten Richtungen bewegen, kann Ihre eigene Ki-Zahl in eine problematische Entwicklung geraten, die sich über Jahre hinweg verschlechtert. Die letzten drei Richtungen sind weniger schädlich: die Bewegung weg von dem aktivsten Tier des Jahres in die Richtung einer Zahl, die entgegengesetzt zu ihrer natürlichen Position steht, oder zu einem der fünf Elemente hin, das nicht mit Ihrer Neun-Ki Jahreszahl harmoniert. Diese drei Richtungen würden einen Prozess in Gang setzen, der aber mit der Zeit verblasst. Suchen Sie sich das Horoskop für das Jahr oder den Monat eines geplanten Umzugs heraus (siehe Seite 108) und prüfen Sie die folgenden Punkte nach:

In die Richtung der Fünf Vermeiden Sie einen Ortswechsel in die Richtung der Zahl Fünf. Im Jahr 2000 zum Beispiel steht die Fünf im Norden. Ein Umzug in den Norden wird deshalb als gefährlich angesehen, weil Fünf die stärkste Energie ist, die unvorhersehbare Ergebnisse und Stress erzeugen und damit eine allmähliche Verschlechterung Ihrer Gesundheit, des Geschäfts oder der Karriere mit sich bringen kann.

Günstige Ortswechsel

1 Norden

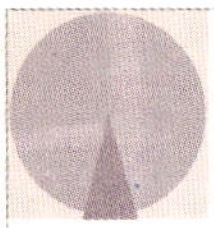

Eine Reise in den Norden, die Richtung der Eins, wird Ihnen helfen, sich unabhängiger, objektiver und ruhiger zu fühlen. Der Norden ist generell günstig für Zurückgezogenheit und damit gut, wenn Sie allein sein wollen – auch für ein erotisches Abenteuer. Sie können im Norden auch einen Platz zum Schreiben, Malen oder Komponieren finden. Er unterstützt Heilung und Rekonvaleszenz.

8 Nord-osten

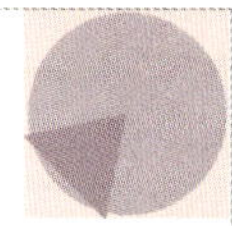

Ein Ortswechsel in den Nordosten oder in die Ki-Energie der Zahl Acht hinein ist nützlich, wenn Sie gerne mehr Motivation hätten oder Klarheit in Lebensentscheidungen brauchen. Er hilft Ihnen, wenn Sie sich festgefahren fühlen und eine Veränderung suchen. Er unterstützt Sie darin, besser Ihre eigenen Angelegenheiten gut zu regeln, als sich um die anderer zu kümmern.

3 Osten

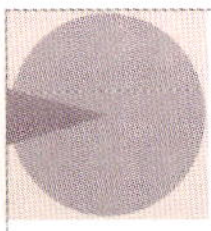

Die Ki-Energie des Ostens ist auch die Energie der Zahl Drei. Osten ist eine gute Richtung zum Reisen und wenn Sie gerne ehrgeiziger, zuversichtlicher und enthusiastischer wären. Ein Wechsel in diese Richtung hilft Ihnen, sich aktiver zu fühlen und Ihr Leben besser in die Hand zu nehmen. Im geschäftlichen Bereich ist sie günstig für ein neues Geschäft oder eine neue Stelle.

4 Südosten

Ein Ortswechsel in südöstliche Richtung oder zur Ki-Energie der Zahl Vier hin wird Ihre Phantasie und Kreativität anregen. Der Südosten wäre gut für die Arbeit an einem Film, einem Buch oder einem Musikstück. Außerdem ist er eine gute Richtung für den Beginn einer Partnerschaft, für eine Heirat und den Start in einer neuen Karriere, einer neuen Arbeit oder eines Geschäfts.

9 Süden

Wenn Sie sich in die südliche Richtung bewegen, die Richtung der Zahl Neun, werden Sie sich eher gefühlvoll, leidenschaftlich und feurig fühlen. Sie hilft Ihnen, beachtet zu werden und öffentliche Anerkennung zu bekommen. Sie werden sich besser ausdrücken können – auch gut für Schauspiel. Es ist eine gute Richtung für neue Freundschaften und vielfältige gesellschaftliche Kontakte.

2 Süd-westen

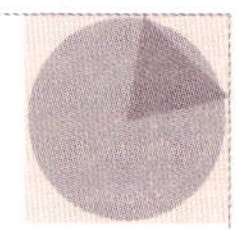

Eine südwestliche Reise ist empfehlenswert, wenn Sie einen praktischeren und handfesteren Zugang zum Leben suchen. Die Ki-Energie der Zwei, der Zahl des Südwestens, ist gut für Teamarbeit, langfristige Freundschaften und stetigen Fortschritt. Sie kann Ihnen helfen zu bestätigen, was Sie erreicht haben, und harmonische Familienbeziehungen aufzubauen.

7 Westen

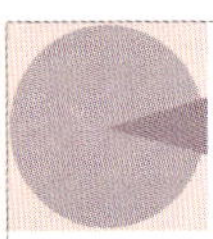

Mit einem Ortswechsel in den Westen zur Ki-Energie der Sieben hin werden Sie sich zufriedener fühlen und offener für die Freuden des Lebens werden. Ein Thema des Westens ist die Liebe, damit ist er eine gute Richtung für Heirat oder den Beginn einer Liebesbeziehung. Er steht auch für Finanzen, sodass Sie an einen Kredit, eine neue Stelle oder ein neues Geschäft denken können.

6 Nord-westen

Der Nordwesten ist eine hilfreiche Richtung, wenn Sie mehr Kontrolle über Ihr Leben haben möchten. Er kann Ihnen das Gefühl von Würde, Respekt und Autorität geben. Ein Wechsel in diese Richtung, zur Zahl Sechs hin, ist empfehlenswert, wenn Sie auf eine Beförderung hoffen, sich für eine Führungsposition bewerben oder größere Verantwortung übernehmen wollen.

Weg von der Fünf Dies wird als gefährlich bewertet, weil Sie sich weg von einer potentiell zerstörerischen Kraft bewegen und damit Ihre persönliche Ki-Energie schwächen, sodass Sie Unfällen, Verletzungen und Diebstahl stärker ausgesetzt sein können. Sie können sich durch den Energiemangel fühlen wie in einem Vakuum.

Hin zu Ihrer eigenen Jahreszahl Wenn Sie sich zu Ihrer eigenen Ki-Energie hin bewegen, ist das, als wenn Sie zwei Magneten gegeneinander halten. Wenn Sie Ihre eigene Energie in die Richtung zwingen, die schon dieselbe Ki-Energie hat, können Sie verwirrt und ruhelos werden, Entschlussfreudigkeit und der klare Kopf könnten verloren gehen. Einfache Ereignisse können sich als unnötig kompliziert herausstellen.

Weg von Ihrer eigenen Jahreszahl Wenn Sie sich von Ihrer eigenen Jahreszahl wegbewegen, ist das, als wenn Sie einen Teil Ihrer selbst hinter sich lassen. Sie könnten Ihr Selbstvertrauen verlieren, sich leer fühlen und Schwierigkeiten haben, Ihr Leben richtig zu organisieren. Das Risiko für Ihre persönliche Energie ist noch größer, wenn Ihre Neun-Ki Jahreszahl die Fünf ist und damit zwei problematische Aspekte zusammentreffen.

Weg von dem Tier des Jahres Jedes Jahr ist einem der 12 astrologischen Tiere zugeordnet. In diesem Jahr entwickelt die Richtung, die zu diesem Tier gehört, mehr aktive Ki-Energie. Wenn eine Reise Sie von der Ki-Energie des Jahrestieres wegführt, kann Ihre eigene Energie geschwächt werden. Das könnte sich im Auseinanderbrechen einer Liebesbeziehung äußern, einer Trennung von Ihrer Familie oder der Kündigung geschäftlicher Verträge oder Vereinbarungen. Das Jahr 2000 zum Beispiel ist das Jahr des Drachen, der mit Ostsüdost assoziiert ist. Daher riskiert jeder, der im Jahr 2000 in Richtung Westnordwest reist, eine Schwächung seiner persönlichen Ki-Energie und ernsthafte Störungen.

Zur Zahl hin, die gegenüber ihrer natürlichen Position steht Dieser Ortswechsel kann Ereignissen eine merkwürdige Entwicklung geben. Zum Beispiel steht im Jahr 2000 die Sieben im Osten. Ihre Position im Magischen Quadrat ist im Westen, sodass sie im Jahr 2000 gegenüber ihrer natürlichen Position steht. Also wäre es für jeden, der im Jahr 2000 in die östliche Richtung reist, besser, sich alles offen zu halten und für Alternativen zu sorgen, falls die Dinge sich nicht planmäßig entwickeln.

Hin zu einem disharmonischen Element Zu Ihrer Neun-Ki Jahreszahl gehört eines der Fünf Elemente (siehe Seite 10). Wenn Sie in eine Richtung fahren, deren Element nicht harmonisch in Bezug auf das Element

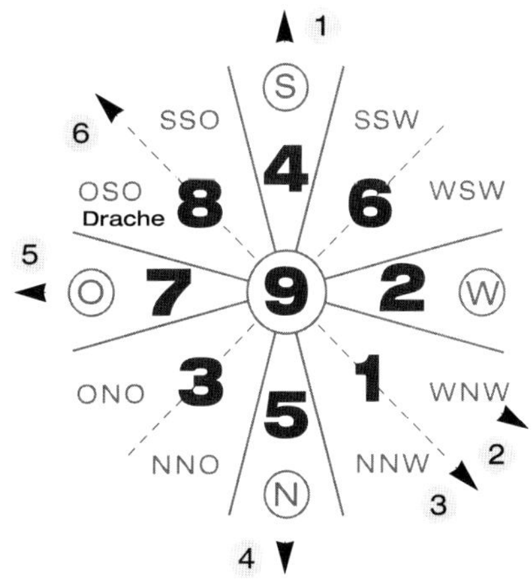

1 Weg von der Fünf

2 Weg vom Tier des Jahres

3 Hin zur Jahreszahl

4 Hin zur Fünf

5 Hin zu der Zahl, die gegenüber ihrer natürlichen Position steht

6 Weg von der Jahreszahl

Ungünstige Richtungen bestimmen

Das Beispiel oben zeigt, wie jemand mit der Jahreszahl Eins die für einen Ortswechsel ungünstigen Richtungen im Jahr 2000 bestimmen kann. Die günstigsten Richtungen wären der Nordosten und der Südwesten.

Ihrer Jahreszahl ist, kann daraus turbulente Energie entstehen. Das Element der Jahreszahl Eins ist zum Beispiel Wasser. Wenn Sie in eine Richtung reisen, deren Zahlen im Jahreshoroskop Feuer- oder Erde-Energie haben, wie Zwei, Fünf, Acht oder Neun, mischt sich Ihre persönliche Ki-Energie mit der Ki-Energie der Umgebung und deren disharmonischen Elementen.

Problemlösungen für ungünstige Umzüge

Wenn Sie, nachdem Sie dieses Buch gelesen haben, feststellen, dass Ihr neues Zuhause in einer für Sie sehr ungünstigen Richtung liegt, dann gibt es mehrere Möglichkeiten, Ihre Ki-Energie neu auszurichten. Wenn Sie zum Beispiel vor kurzem in die Richtung der Fünf oder weg von ihr umgezogen sind, können Sie zwischenzeitlich in eine günstigere Richtung gehen, dort für drei Monate jede Nacht schlafen (was lange genug ist, um Ihre Ki-Energie dort zu verankern) und dann in einer besseren Richtung in Ihr neues Zuhause zurückkehren. Wenn Sie zwischenzeitlich lieber auf einen anderen Kontinent gehen, um Ihre Ki-Energie neu auszurichten, reicht es, dort zwei Monate lang zu bleiben. Idealerweise sollten Sie dort jede Nacht am gleichen Platz schlafen.

Wenn Sie zum Beispiel die Neun-Ki Jahreszahl Eins haben und Ihre Ki-Energie neu ausrichten wollen, sind im Jahr 2000 sowohl der Südwesten als auch der Nordosten günstige Richtungen, in die Sie zwischenzeitlich umziehen könnten. Beachten Sie, dass es nicht um den Weg geht, den Sie zu Ihrem neuen Heim benutzen, sondern darum, wo die Orte liegen, an denen Sie vorher lebten und wo Sie sich letztendlich niederlassen werden. Je größer die Entfernung zwischen beiden, desto stärker und schneller sind die Auswirkungen der Energieveränderungen.

Eine andere Lösungsmöglichkeit für einen Umzug in eine ungünstige Richtung – wenn auch vielleicht nicht für jeden machbar – ist es, um die Erde herum in einer günstigen Richtung zu reisen. Wenn Sie zurückkommen, müssten Sie anschließend zwei Monate lang jede Nacht zu Hause schlafen, bevor Sie wieder verreisen. Wenn zum Beispiel im Jahr 2001 die Acht in der Mitte steht, könnte jemand mit der Jahreszahl Sieben nach Osten um die Erde herum reisen. Damit diese und die vorher erwähnte Lösungsmöglichkeit den Aufwand rechtfertigen, sollten Sie auch die besten Monate und Tage für die Reise berechnen.

Wenn keine dieser Möglichkeiten für Sie praktikabel ist, wäre die nächstbeste Lösung, auf jeden Fall die erste Unternehmung jeden Tag in eine für Sie günstige Richtung zu legen. Wenn Sie zum Beispiel die Neun-Ki Jahreszahl Drei haben, sollten Sie im Jahr 2007 (wenn die Zwei in der Mitte steht) täglich von zu Hause aus in Richtung Osten fahren. Ideal wäre es, sich zwanzig Minuten lang in der günstigen Richtung aufzuhalten, bevor Sie weiterfahren. Wenn diese erste Tagesreise Sie in eine andere Richtung führt, als

Sie eigentlich wollen (weg von Ihrem Büro zum Beispiel), könnten Sie überlegen, morgens vor der Arbeit in einem nahe gelegenen Park spazieren zu gehen oder in ein Café zu gehen, das in der richtigen Richtung liegt.

Veränderungen in Ihrer Wohnung

Egal ob Sie einen Anbau oder Ausbau planen, Renovierungsarbeiten durchführen oder einfach nur ein Zimmer neu streichen wollen, die Regeln für Lebensplanung und Umzüge in eine günstige Richtung können auch auf den Beginn solcher Arbeiten angewendet werden. Das Ziel ist, den Ki-Energiefluss Ihres Zuhauses zu einem Zeitpunkt zu verändern, der für Sie vorteilhaft ist. Wenn Sie zum Beispiel Ihr Bett umstellen wollen, damit es in einer günstigen Richtung steht, wäre es ratsam, dafür einen günstigen Zeitpunkt auszuwählen. Veränderungen in Ihrem Zuhause haben eine ähnliche Wirkung wie das Einsetzen eines Samens: Die ersten Tage sind entscheidend, wenn Sie den Samen in die Erde setzen. Genauso ist die Ki-Energie, wenn Sie Ihr Bett umstellen, am Anfang besonders wichtig für Ihr Wohlbefinden. Wenn Sie sich in der neuen Richtung verwurzelt haben, nimmt die Wirkung wieder ab.

Oft beeinflussen Änderungen in Ihrem Zuhause nicht nur Ihr Privatleben, sondern auch Ihren beruflichen Erfolg. Wenn Sie ein Wasser-Spiel, wie zum Beispiel einen Zimmerbrunnen, im Osten Ihrer Wohnung aufstellen, stärkt das die Ki-Energie für Ihre Karriere. Wenn Sie den Effekt steigern wollen, sollten Sie dafür eine Zeit wählen, in der die Ki-Energie des Wassers sich entfaltet.

Wenn Sie die günstigen Zeiten für Veränderungen in Ihrem Zuhause bestimmen wollen, suchen Sie sich das Horoskop für den entsprechenden Monat oder das entsprechende Jahr heraus (siehe Seite 108). Schreiben Sie die Zahlenkonstellation dieses Jahres auf Ihren Kompass mit den acht Richtungen. Markieren Sie die Achsen, auf denen die Zahl Fünf und Ihre eigene Jahreszahl liegen. Wenn Sie mit anderen zusammenleben, markieren Sie deren Zahlen ebenso. Wenn Sie eine Familie sind, nehmen Sie die Jahreszahlen der Eltern oder der Person, die für den Lebensunterhalt sorgt. Übertragen Sie den Kompass auf den Grundriss Ihrer Wohnung und beachten Sie dabei, dass der reale Norden mit dem Norden auf Ihrem Plan übereinstimmt. Stellen Sie fest, in welchen Bereichen Ihrer Wohnung die Achsen mit der Fünf und der Jahreszahl liegen und vermeiden Sie dort größere Veränderungen. Dieser Aspekt der Feng Shui Astrologie kann auch dafür genutzt werden vorherzusagen, welche Bereiche Ihrer Wohnung in einem bestimmten Jahr oder Monat besonders problematisch sind. Sie können die Problemlösungen des Feng Shui natürlich auch vorbeugend einsetzen.

Die neue Ki-Energie verankern

So, wie ein Samen sich nicht in der Erde verankern wird, wenn man ihn immer wieder umsetzt, brauchen auch Sie Zeit, um sich in Ihrer neuen Ki-Energie niederzulassen. Wenn Sie innerhalb eines Kontinents umziehen, sollten Sie mindestens drei Monate lang jede Nacht an dem neuen Ort schlafen. Wenn Sie auf einen anderen Kontinent umziehen, sind dazu zwei Monate jede Nacht am neuen Ort nötig.

Register

Danksagungen

Der Verlag **Carroll & Brown** möchte sich bei folgenden Personen bedanken:

Gestaltung: **Simon Daley**
Assistenz: **Gilda Pacitti, Dorian Cassidy, Vimit Punater, Adelle Morris**
Redaktion: **Dawn Henderson, Nikki Taylor, Caroline Uzielli**
Produktion: **Wendy Lawson**
Satz: **John Clifford, Paul Stradling, Elisa Merino**
Bildredaktion: **Richard Soar**
Register: **Madeline Weston**

Abbildungsnachweis

S. 5 Telegraph Colour Library (unten); S. 6 Goddard Space Flight Centre/Nasa; S. 7 Carroll & Brown Ltd (unten); S. 8 The Kobal Collection; S. 9 Telegraph Colour Library; S. 12 Telegraph Colour Library; S. 14 Telegraph Colour Library (oben), Carroll & Brown Ltd (unten); S. 16 Telegraph Colour Library; S. 18 Telegraph Colour Library; S. 25 Rex Features (oben), Carroll & Brown Ltd (unten); S. 26 Rex Features (unten); S. 27 Rex Features (oben), Jules Selmes (unten); S. 28 The Kobal Collection (oben); S. 29 Rex Features (unten); S. 30 Rex Features (oben); S. 31 The Kobal Collection (oben); S. 32 Rex Features; S. 33 Rex Features (oben); S. 74 Telegraph Colour Library; S. 76 David Murray (rechts); S. 77 Jules Selmes (links); S. 78 Jules Selmes (rechts); S. 80 Jules Selmes (rechts); S. 83 Jules Selmes (links); S. 84 Steven Graham (rechts); S. 85 Jules Selmes (links); S. 86 David Murray (rechts); S. 87 Jules Selmes (links); S. 88 Jules Selmes (rechts); S. 89 Telegraph Colour Library (rechts); S. 90 Jules Selmes (rechts); S. 91 Jules Selmes (links); S. 93 Jules Selmes (links); S. 95 Telegraph Colour Library (rechts); S. 109 Telegraph Colour Library; S. 110 Telegraph Colour Library; S. 118 Telegraph Colour Library; S. 125 Telegraph Colour Library; COVER: Telegraph Colour Library (Mitte links, Mitte rechts), Jules Selmes (unten links), Carroll & Brown Ltd (unten Mitte).

Über den Autor

Simon Brown begann sich 1981 intensiv mit östlicher Philosophie und Medizin auseinanderzusetzten. Er war sieben Jahre lang der Leiter des Londoner East-West-Centre, das ein breitgefächertes Angebot an Kursen in Orientalischer Heilkunst anbot. Seit der Zeit hat er Feng Shui zu seinem Hauptberuf gemacht. Unter seinen Klienten sind berühmte Persönlichkeiten, wie der Sänger Boy George, und große Firmen, wie The Body Shop und British Airways. Er schrieb eine wöchentliche Kolumne im *Saturday Express* und zahlreiche Artikel für *Feng Shui for Modern Living*.

Der Autor **Simon Brown** möchte sich bei folgenden Personen bedanken:

Es wäre unmöglich gewesen, dieses Buch zu schreiben ohne all die Menschen, denen ich Feng Shui Astrologie-Beratungen geben konnte. Mein Computer ist voll von Namen und Neun-Ki Zahlen-Codes. Meine ganze Familie und alle Freunde haben bereitwillig an meiner Suche nach echter Lebenserfahrung mit Feng Shui Astrologie teilgenommen. Ich möchte Euch allen dafür danken, dass Ihr dieses Buch möglich gemacht habt. Besonders danke ich meiner Mutter, Patsy, und Dragana, der Frau, die ich bewundere und die unschätzbar wertvoll war, weil sie fähig ist, sich die Neun-Ki Zahlen von so vielen Menschen zu merken. Ich danke meinen Kindern Christopher, Alexander, Nicholas und Michael; meinem Bruder Adam, Angela und ihren Kindern; den Waxmans, besonders Melanie und Denny. Ein riesiges Dankeschön an Dich, Boy George, für all Deine Hilfe über die Jahre hinweg, zusammen mit Tony Gordon, Tony Denton und Virgin, die mit all meinen Änderungen in den Reiseplänen von George zurechtkommen mussten. Dank auch an: meine Freunde und Klienten Jeremy Parkin, Kim Andreolli, Enno und Dusica von Landmann, Michael Maloney, Christopher Foyle, die Mosbachers, Mark und Roslyn Palmer, Diana und Jimmy Hern, Ginie Lyras, David Simmons, Mark Dean, Audrey Pissani Crockford, Jerry Thompson und Lorenzo Poccianti; meine Lehrer und Kollegen, besonders Michio und Aveline Kushi und Shizuko Yamamoto; Nimita Parmar und Stephen Skinner von *Feng Shui for Modern Living*, Jon Sandifer und allen von der Feng Shui Society; meinen Kollegen John und Maria Brosnan; und allen bei Carroll & Brown, besonders Amy Carroll, Denise Brown und Madeleine Jennings.

SIMON BROWN

Beratungen bei Simon Brown

Simon Brown arbeitet als Feng Shui Berater in Europa und den USA. Informationen über Feng Shui Beratungen und Seminare mit Simon Brown in Deutschland erhalten Sie über:

Feng Shui Concepts München,
Postfach 11 06, D-85758 Oberschleißheim,
Tel. 089 / 315 50 18 oder 0172 / 90 22 717.

Oder Sie wenden sich an den Autor selbst:

Simon Brown, PO Box 10453, London, NW3 4WD
Tel. 0044 / 171 / 431 98 97
e-mail: 106025.3515@compuserve.com

Informationen über Feng Shui und Neun-Ki finden Sie auch auf Simon Brown's homepage im Internet:
http:/ourworld.compuserve.com/homepages/simonbrown_fengshui